刑事案件
事实认定的推论基础与解释性结构研究

巩寒冰 / 著

XINGSHI ANJIAN
SHISHI RENDING DE TUILUN JICHU
YU JIESHIXING JIEGOU YANJIU

中国法制出版社
CHINA LEGAL PUBLISHING HOUSE

前 言

对刑事案件事实认定的研究是从属于证据及证明理论研究的。因此，有关证据学科的观念基础或原则规范，如其认识论基础、规则体系、理性原则以及对事实这一基本范畴的把握等，都将提供我们研究事实认定形成机制与逻辑结构的理论工具或观察视角。在刑事案件中，如何有效地捕获并描述潜藏在事实认定活动经验性或常识性做法背后的理性因素及一般结构，正是本书研究的目标和旨趣所在。通常，我们认为“事实认定是一个经验推论的过程”①，其中经验以其“关于事物因果关系和属性状态的稳定性认识”的特征，形成了所谓“经验法则”的事实认定依据。就据此得出的事实认定结论的可靠性而言，稳定性等同于法则性，其根源在于“经验性”。例如，戴维·宾德和保罗·伯格曼在《事实调查》一书中所述：“我们（每个人）已经积累了一个有关我们生活环境中一般人和物行为方式的被普遍持有的观念的巨大知识库。”在刑事案件事实认定中，这个知识库构成了我们展开经验推论的观念基础，据此我们可以对典型行为进行归纳概括。

一方面，这种归纳概括帮助我们完成了从证据现象到待证事实的刑事案件事实认定推论活动。这个推论过程彰显了以“理性主义”假定为基础的现代法庭事实认定的基本模式，包括其对待事实的态度、关于“求真”认识论的基本立场以及对多元价值观诉求的体现。而推论过程在性质上是非演绎型的实质论证活动，其与适用法律的决策过程同属于法律认识论范畴，受认识论的决策责任机制影响。事实认定推论具有一般性，其论证过程的正当性源于内容而非形式，并且刑事案件事实认定的推论是以探寻真相为最终目的的，所不同的是其探寻真相的过程是在刑事程序语境的对话结构当中实现的，是对社会认识论框架下的知识性产物的探寻活动。另一方面，这种归纳概括又影响甚至构成了我

① 张保生：《事实、证据与事实认定》，载《中国社会科学》2017年第8期。

们每天都须面对和采取行动的理由，这些理由决定了具体行为的展开形式，最终形成了引发推论的解释性动因。而在推论的具体展开过程中，刑事证据的命题化归包含了从观察到的证据现象到解释性假设的形成过程，解释性假设以命题主张的形式呈现，并经由疑问式命题的对照性求解过程推动论证。最终，解释性机制通过在经验知识与证据现象间建立某种关联，进而实现对推论过程的正当性或内心可接受性的寻求。而这个整体构成了完整的解释性结构。

上述根源于经验归纳的两项思维活动，正对应了事实认定过程包含的两个重要却又彼此不同，并常被混淆的环节——推论（Inference）和解释（Explanation）。概言之，一个完整的心证过程，除为寻求事实真相结论的推论过程外，还包括对逻辑理性运用过程及所获结论的解释理解活动。其中，推论活动重在关注“论证的逻辑理性”，属于亚里士多德所建构的“确立结论的科学”体系。它强调论证过程中的理性推理形式，即前提与结论间的逻辑关系，并以获取真相为动因。推论是对悬而未决的结论（真相）的理性论证过程。刑事案件事实认定活动正是一个典型的寻求未知结论（待认定事实）的论证过程。这是通过理性认识世界（事实）的重要体现，而推论的严格形式性规范，也赋予了其可供检验审视的形式标准，这也是理论和实践观察者通常会首先形成对推论过程关注的研究倾向；相较而言，由对推论所获结论的正当性或可靠性的理性反思所构成的解释活动范畴，则易被忽视。解释是建立内心确信的理解过程。就特定案件事实而言，证据是给定的，是先于心证而存在的，刑事案件的裁判活动即事实认定者实际解释并探寻对现有证据事实“好”的，或者说合理的、正当的解释方案，同时尽可能地避免那些可能导入歧途的解释方案的过程。这提供了描述刑事案件理性心证的另一个重要的角度。同推论指向结论的方向相反，解释是对已存在结论的原因的寻求，是在待解释对象为真或已存在的假定前提条件下，就其存在本身的合理性或可信度的确证活动。在这个意义上，完整事实认定过程自然应当包含对解释性结构的容纳。而包括大陆法系对“心证责任伦理”的要求，英美理性主义传统的核心假定是存在一个可被发现的“外在（Out There）”客观真相，以及我国证据制度的客观印证实践，都是寻求被特定范围对象所理解的解释性活动，是对解释性部分的体现，也因此，提供裁决理由才被认为是一项极为重要的程序保障。这对应道格拉斯·沃尔顿所言，理性既存在于解释中，也存在于推论中。也正如皮特·利普顿所强调的，这两个活动占据着我们智识生活的核心，我们以其形成新的对事物如其所是的确信，并在我们有所发现之时解释其何以如此。

本书的整体思路即以推论和解释为两条主线，重新阐释刑事案件事实认定的形成基础与逻辑结构。两条主线统一于人类理性认识本身，受理性认识能力、认识规律以及其经验基础所支配。至此，刑事案件事实认定活动可以抽象地简述为四个概念，即“理性”“经验”“推论”“解释”。理性源于经验，经验塑造理性；解释引导推论，推论验证解释；理性和经验又在各自的范围内，影响和制约着推论与解释的实际情形。

就理论模型化研究而言，对推论基础与解释性结构关系的论述，帮助解构了以命题主张为最小核心基础的论证闭环结构。而对该结构的阐释或将有助于实现一些潜在的应用价值。首先，命题凭借与经验事实同构性的特征实现了经验事实在主体之间的传递和交流，这是事实认定得以展开的认识论前提；其次，命题是包含主张或断言的逻辑内容，符合转化为可供计算机识别的机器语言的形式要求，而将其纳入逻辑运算过程，便可在理论上实现对事实认定推论活动的模型化建构。由此，命题主张不但成为连接推论和解释的锁扣，也构成了融贯 R. M. 昂格尔所称“法律中的形式问题”的框架工具。而无论是依据命题展开的推论过程还是形成命题的解释性机制，都包含了事实认定模型化建构的重要元素。这或将开启司法证据制度及其证明系统量化尝试的全新路径。从“新证据学研究”在概率数学与证明过程结合研究时所遭遇的根本性障碍，到“人工智能与法律交叉研究”所构建的证据性法律论证的模型范式，我们似乎又看到了司法数字化——事实认定人工智能化，在未来发展的全新可能。

此外，刑事案件事实认定的模型化研究是从属于一个更大范围的学科融合趋势的，法庭裁判的认识论活动本质提供了这种融合发生的窗口。在 20 世纪后半叶美国法律研究体系中，率先出现了法学作为一门封闭学科独立性的丧失趋势。尽管此时交叉结合研究的探讨还主要是在人文社会学科内部，但仅仅十年之后的“新证据学研究”的短暂尝试便真正打开了“潘多拉的盒子”。纯粹形式理性的数学、统计学、概率学被引入法庭事实认定的证据证明活动中。在数学化视野下重获理解的相关性和证明力等概念以及用数学模型描述证明和法庭裁判的过程，为研究者们开启了多样的事实认定研究形式。但遗憾的是，受制于当时算法和算力工具的局限，以及缺乏对法庭认识论本质的深刻把握与反思，

“新证据学研究”发起的概率化模型研究很快归于沉寂。而与此同时，“人工智能与法律的交叉研究”在经历了长达25年左右的致力于发展法律信息检索系统的基础探索或初期积累后，迎来了全面的“运用计算机科学的概念框架以及工具研究人类心智”的学科体系的建成与完善。人工智能以其在推理、谋略、计划以及决策，在文本档案中发现信息、分析数据，以及自然语言处理和机器学习方面的发展，为事实认定的模型化提供了前所未有的技术支持。也正是得益于计算机科学技术的强大支持，使得跨人工智能展现了“证据科学”概念整合的现实可能。这一概念在模型化早期是经由东西方研究者分别独立地进行了实践化探索尝试的，这也使得证据学科研究第一次（粗略）涵盖了包括数学、医学、地理学、哲学、史学、经济学，乃至法庭科学在内的广泛学科，但这种“硬性”整合的思路受制于在经济、技术和人力成本的限制，终究未能照进现实。而人工智能技术通过分别介入推论过程和解释性结构的模型化，一方面学习人类的经验性推论；另一方面模拟与之相伴生的获得内心确信的解释性过程，描绘了实现整合性“证据科学”概念的理论可能。

综上，本书以对理性主义认识论的一般原则遵循为前提，并受逻辑形式和经验法则的统摄，以刑事案件事实认定为研究边界与旨趣，探讨由推论基础和解释性结构共同形塑的事实认定思维系统。具体而言，包含五章内容。

第一章，探讨刑事案件事实认定的推论基础。刑事案件事实认定是建立在证据和证明活动基础上的，是以事实调查和证据筛选为标志的一套“理性”论证过程。这一过程以现代法庭及其证据证明理论中对“事实”问题的裁判、对“求真”认识论立场的坚守、对“理性”最终裁决的贯彻为共同的前提假定。刑事案件事实认定的推论表现为“运用证据认定事实的思维过程”，其关注事实认定者通过证据及推论在其内心形成对争议事实的“妥协信念”的过程。与偏重“逻辑形式”的“狭义法律推理”相比，既存在“结构性的、价值取向和形成机制”方面的差异，也在决策机制和认识论实质方面呈现某种共性；刑事案件事实认定的推论是从属于与“形式逻辑”分野的实践论证范畴的，其逻辑形式决定了它的正当性判定与推论形式无关，而与推论的实质内容密切相关；最终，尽管实践论证范畴下的事实认定推论是以探寻真相为目的的，但刑事程序语境决定了实现真相的独特论证方式。

第二章，阐释刑事案件事实认定的解释性结构。刑事案件事实认定的解释性结构包含三个组成部分，分别是引导推论的决策动因、以解释性假设形式呈现的推论的逻辑前提、在经验知识与证据事实之间的解释性关联机制。就决策动因而言，解释引导推论，推论所获结论服务于对推论的解释性考量，表现为由“信念和期待所引发”的推论符合“理性决定具体行为”的要求；构成推论的逻辑前提源于对证据现象的命题化归，一切客观证据材料必须以命题化的解释性假设形式进入人类经验领域，才能为主观理性推理系统所把握。这个具体过程即体现为“解释性假设”的形成；解释性发生机制根源于经验归纳，经验知识库提供事实认定者解释特定证据现象的根本依据。而解释的遴选过程更是包含了实践理性的复杂作用形式，这在本质上是由人类内心确信的不同需求角度和程度所决定的。

第三章，论证刑事案件事实认定的心证闭环结构。刑事案件事实认定的心证过程受理性推理规则和经验法则的约束。完整理性心证由推论和解释构成。推论以寻求结论真相为目的，强调过程中的规范形式；解释是建立内心确信的理解活动，其实质是为证据性主张或结论提供某种可接受性说明，并获得来自控辩双方理解的过程。二者构成理性证明的闭环结构。推论的一般形式符合道格拉斯·沃尔顿描述的从证据性命题前提到论证结论的组建过程，其在实质上是理性决策的结果。而正因其形式性特征，使得事实认定推论过程得以论证形式呈现。但实践中，这一过程在裁判文书中的展现是存在问题的。具体而言，推论过程缺乏对冲突证据的解释说明，缺乏对规范论证形式的遵循，也缺乏对过程正当性的实质分析，这些问题构成了加强完善推论的重要部分；而解释与对事实真相的推论互为补充。就事实认定的具体解释活动而言，证据现象包含的语义构成了解释的出发点和基本界限，解释应遵循经验合理性和正当性的基本内涵，“客观的目的论标准”提供了解释的外在环境，刑事程序规范性语境限定了解释的最外边界。而通过探讨五种典型的事实认定解释模型，包括因果关系模型、熟识度模型、演绎律规性模型、统一模型、原因模型，进一步阐释了解释是建立在事实认定主体的主观把握之上的，以说服自己或说服他人为主要形式，并进而引发某种主观上的理性共鸣的过程。最终，基于上述解释模型，文章尝试探讨了“印证”模式与解释性结构的内在同源性，以及其不以寻求结论真相为直接目的，缺乏严格的形式推导过程的非论证性特征。

第四章，梳理评估刑事案件事实认定的模型化路径。司法证据制度及其证明系统的量化尝试在科技水平以及认知水平的发展中，呈现出了强大的制度自我纠错和演进能力。这一方面得益于事实认定活动推论基础的经验性特征，当“量化形式”与经验性认识相冲突时，在依据理性与经验的事实认定心证伦理中会“自动”生发出对证据法和法律证明过程的认识论以及道德基础的哲学反思，亦如中世纪“法定证据制度”所受到的启蒙思想家的批判，以及对“新证据学研究”在概率数学与证明过程结合时所面临根本性障碍的解读。另一方面是事实认定的解释性结构，在同样根源于经验知识库的基础稳定性之外，其与事实认定主体内心理解的紧密关联，或者说其从属于实践理性的明智判断或理性感知都保障了在其与“模型化”表述相冲突时的纠错能力。而就目前阶段跨人工智能论证模型的典型应用而言，尽管对推论过程的模型化已经取得了较高的预测精度，但仍然缺乏对“解释性结构”的有效转化。这在实质上反映了研究者对解释性假设的形成机制、解释的引导作用、解释的发生机制等问题根源的把握和理解的不足，而这也构成了事实认定模型化完善的潜在突破口。

第五章，论证与展望刑事案件事实认定的跨学科趋势和“证据科学”概念的整合。法学跨学科是多学科辅助法律实现社会控制的产物，其中法庭裁判的事实认定活动提供了跨学科知识和方法介入的窗口和途径。在从证据事实到要件事实的推论链条中，多学科知识与方法论体系将通过构建推论的基础性准备工作，以及理性评估和理性引导过程介入事实认定活动中。在解释性结构中，多学科知识与方法论体系将体现在对推论过程的引导、对证据现象的解释、对解释性发生机制的参与中。法庭裁判的本质是一场认识论事件，在这起事件中，立足结论的观察视角将不可避免地陷入攻讦和质疑，而多学科知识与方法的介入，提供了从过程展开论证的可能。如跨人工智能对更先进、更合理算法的探寻，其实质上是对“一套可靠论证程序”的确立。而在解释层面，多学科知识与方法的发展将深刻影响主体对“理解”本身的判断标准与程度把握，反映在意图探寻未知现象的方法体系和知识储备的进化、对证据现象进行命题转化的认知水平与技术能力的发展以及对推论结论的形成机制与理解确信的更科学把握。

此外，需要强调的是，首先，尽管对证据以及证明过程的重要性已经获得了理论和实践研究的重视，但围绕“事实和事实问题”概念的认知及其与“法律”的比照研究仍相对薄弱，对事实认定经验法则的相关探讨也相对发展迟滞。这种迟滞又突出地表现在基础理论和结构研究的缺乏，如对刑事案件事实认定的形成机制和内部结构的描述尚付阙如。而在涉及推论以及解释的具体实践中，主体谙熟从事的事实认定活动与研究者很难从理论原理方面加以阐释和评价间的反差更是非常明显。也正因如此，开展有关事实认定的基础理论和结构的研究才有了相对明确的意义。

其次，有关“推论”和“解释”的主题都是异常巨大的。就推论而言，尽管我们大多数的推论活动，包括在科学领域以及日常生活中，形式上都遵循着相似范式，但毫无疑问推论是人类理性活动的高度复杂形式，涉及思维理性的方方面面，“总有推论过程的某个侧面，无法被这样的描述所捕获”①，尤其是围绕事实认定推论所依赖经验基础的探讨，无疑又是这众多侧面中最为复杂和基础性的。而以解释学立场分析事实认定结构的尝试，又面临着对“解释”本身理解的不完整。解释学本身就是一个复杂的学科，它具有“广大的范围和重大的意义”②。时至今日，我们仍未达成一种关于“解释”方案的共识，如“在什么可以解释特定现象与什么不可以之间进行正确的区分”，“对一种解释方案何以优于另一种方案作出判断”等。并且，对事实认定经验性基础问题的研究，还有赖于对推论和解释关系的深刻阐释，这又是另外一重困难。

最后，对于我国尚不够发达的证据理论研究传统而言，困囿于概念或属性之争的时代尚未久远。如果说专注规则的研究现状是导致忽视事实认定研究的外部因素，那么缺乏对“事实”经验性的认识和把握则是更为本质的原因。这里所说的事实是经验意义上的事实，是基于“事实性的东西和经验性的东西在概念上是同义”的命题，且它被认为是“证据学的逻辑起点”③。因此，忽视对“事实和事实问题”关注的证据理论研究，将很难用来有效地描述证据及证明活动，或为证据及证明研究提供正确有效的指引。而本书尝试对事实认定活动展开的基础性理论研究正是基于对“事实和事实问题”的重视，并希望以此构建一套描述证据和证明活动的有益理论模型。

---

① Peter Lipton, *Inference to the Best Explanation* (*Second Edition*), Routledge, 2004, p. 1.

② [德] 汉斯-格奥尔格·加达默尔：《哲学解释学》，夏镇平、宋建平译，上海译文出版社 2004 年版，第 18 页。

③ 张保生：《事实、证据与事实认定》，载《中国社会科学》2017 年第 8 期。

目 录

第一章 刑事案件事实认定的推论基础 …… 1

第一节 刑事案件事实认定的理性主义内涵 …… 3

一、英美法系证据理论理性主义的基本假设 …… 6

二、大陆法系事实认定理论理性主义的体现 …… 16

三、我国证据证明体系中的“理性主义”要素 …… 20

第二节 刑事案件事实认定的实质性论证特征 …… 31

一、从“证据推理”到“法律推理”的一般性问题 …… 32

二、“事实推理”与“法律推理”的区分与关联逻辑 …… 34

三、刑事案件事实认定的正当性源于内容而非形式 …… 44

第三节 刑事案件事实认定的认识论内涵 …… 46

一、刑事案件事实认定以探寻真相为目的 …… 46

二、刑事案件事实认定“真相”目的的再反思 …… 48

三、对待错误的态度 …… 55

第二章 刑事案件事实认定的解释性结构 …… 64

第一节 刑事案件事实认定的决策动因 …… 65

一、以证据为“规则与律令”的解释性活动 …… 65

二、事实认定推论形成的解释性动因 …… 68

三、解释性考量引导下的推论链条 …… 71

第二节 刑事案件事实认定的逻辑前提 …… 75

一、解释性假设与命题主张的本质 …… 75

二、刑事证据的命题化归 …… 81

三、解释过程的具体展开：疑问式命题主张的对照性求解 …… 89

第三节 经验知识与证据事实的解释性关联 …… 97
一、经验基础上的解释性发生机制 …… 97
二、最佳解释推论 …… 101
三、解释性考量的经验立场 …… 108
第三章 刑事案件事实认定的心证闭环 …… 112
第一节 理性心证下的刑事案件事实认定 …… 112
一、事实探知模式的理性边界 …… 114
二、理性心证的基本结构 …… 117
第二节 探知事实真相的推论过程 …… 122
一、刑事案件事实认定推论的一般模式 …… 122
二、我国刑事案件事实认定推论的过程外化与说理现状 …… 126
三、我国刑事案件事实认定推论过程的问题分析 …… 130
四、刑事案件事实认定推论过程的说理完善 …… 138
第三节 建立内心确信的解释活动 …… 142
一、源于法律解释的分析与启示 …… 142
二、事实认定过程的解释标准 …… 146
三、理解事实认定过程的描述模型 …… 150
第四节 印证的本质：基于推论与解释关系的分析 …… 157
一、“印证”并非具备推论结构的心证模式 …… 158
二、常见印证模式的解释性模型分析 …… 161
第四章 刑事案件事实认定的模型化路径与评估 …… 167
第一节 “新证据学研究”的短暂探索与启示 …… 169
一、20 岁跨学科领域的模型化尝试 …… 169
二、概率数学与证明过程结合的根本性障碍 …… 173
第二节 我国类案判断的当前逻辑与模型化解读 …… 177
一、类案判断的当前逻辑：经典归类理论的结构化模型 …… 178
二、经典归类模型的实践困难 …… 181
第三节 跨人工智能的事实认定数字化新方向 …… 187

一、人工智能语境下司法数字化的实质 …… 187
二、证据性法律论证的模型范式 …… 190
三、法定推理的规范化模型范式——基于“事实”与“法律”在认识论本质上一致性的思考 …… 195
第四节 事实认定人工智能化的风险与评估 …… 199
一、事实认定人工智能化实现的伦理困境 …… 200
二、事实认定人工智能化的技术困境 …… 204
三、事实认定人工智能化的解释性结构困境 …… 205
四、事实认定人工智能化的开放性探讨与反思 …… 209
第五章 刑事案件事实认定的跨学科趋势与问题 …… 211
第一节 跨学科基础：事实认定的窗口性意义 …… 211
一、法学跨学科的整体趋势 …… 211
二、法学跨学科的窗口——法庭裁判 …… 213
三、推论与解释的内在要求 …… 214
第二节 跨学科实质：经验推论的科学化论证 …… 223
一、经验论证的正当性依据问题 …… 223
二、从结论正当到过程正当性论证 …… 226
三、跨学科的认识论实质 …… 231
第三节 整合性“证据科学”概念的完善契机：事实认定的人工智能化 …… 234
一、威廉·特文宁的反思：后“新证据学研究”时代的迷茫 …… 234
二、跨人工智能的整合路径 …… 236
三、跨人工智能整合的现状与未来发展 …… 243
参考文献 …… 251
后 记 …… 260

第一章　刑事案件事实认定的推论基础

现代法律语境中的“事实”概念诞生于早期“非理性的证明方式被以理性调查和重要的证据筛选为标志的一套逐渐复杂的证据系统所取代”① 的过程。在这个过程中，证据裁判原则确立，证据大量出现在法庭中，形成了连接事实和法律的枢纽，服务于法律框架下的事实认定活动，而这在刑事诉讼语境中，有更明确的体现。一方面，刑事法律有更强烈的规制评价证据和证明活动的意愿，并借此影响事实的呈现；另一方面，自然意义上的事实经由刑事法律构成要件的剪裁，获得法律上的表达。尽管“事实”由客观世界的存在本身决定，但事实认定或者说审判活动中事实问题的解决却依赖于法律的裁决。这是因为“事实包含在个体参与的一种行为或一起事件中，该行为或事件可以被知晓却无法在法庭审判时被直接观察”②，而通过一定程序确立建构的证明活动恰好提供了法庭据以形成确信（Belief）并作出法律裁判的基础。因此，刑事案件事实认定的实现过程应在于对“认定”的把握，即依据证据所形成的对既往之事存在与否的理性过程的把握。

传统上，事实认定的研究是从属于经验性范畴的。研究者或从哲学认识论立场出发，强调事实必须以裁判者主观观念中所把握的“为我之物”③ 的经验性为核心特征，或关注经验（归纳概括）在确立证据与特定待证事实间关联关系时所发挥的“黏合剂般的保障作用”④。也正如霍姆斯在《普通法》一书开

---

① 证据的理性化趋势被认为是中世纪晚期普通法司法系统最重要的改变，这一改变也在很大程度上促使了“事实问题”的产生和发展。See R. C. Caenegem, *The History of European Civil Procedure*, Encyclopedia of Comparative Law 16, Tubingen, 1972, p. 12.

② Ronald J. Allen & Michael S. Pardo, *Facts in Law and Facts of Law*, Vol. 7 International Journal of Evidence & Proof, No. 3, p. 153-171 (2003).

③ 张保生：《事实、证据与事实认定》，载《中国社会科学》2017年第8期。

④ [美] 特伦斯·安德森等：《证据分析》（第二版），张保生译，中国人民大学出版社2012年版，第346页。

篇所申明的“法律的生命不在于逻辑，而在于经验”①，其意在指出经验性认识成分在创制和运用规则的影响中扮演的角色重于三段论式的演绎逻辑。诚然，经验归纳在事实认定过程中的重要性毋庸置疑，但在司法实践中过于强调其经验性属性也是很多问题的根源所在，典型如在强调经验概括的印证证明模式要求下，某些案件因“囿于传统证明模式的局限……重视经验法则的运用”而常常出现“不敢定、不敢判”② 的问题。

究其原因，事实认定是一个系统性的复杂思维推理过程，“混合了各种理性推理类型的交错运用和彼此衔接”③，其复杂性正是对依据证据的综合运用理性思维能力的体现。而刑事案件的程序性语境，又进一步“建制和规范化”了这一过程的具体环节，诸如“专家统治的、科层式的、集权式的以及国家主义背景”④ 等。而经验归纳推理以及源于经验归纳的观念知识更多是服务于这一过程完成的基础构成，经验性并非事实认定活动的全部意涵，事实认定活动本身包含着更丰富的内容。有研究者梳理总结了司法实务中办案人员应对事实认定活动的一般路径，提出了包括“关注要件事实之外的事实、重视补助证据、不是简单地通过印证获得事实认定结论，以及放弃追求绝对确定性结论”⑤，并在此基础上提出了一套所谓“依据司法推理过程所确立的、综合运用核心证据与补助证据并容许运用或然性法则的司法证明模式”⑥。暂且不论这种模式提法作为一种理论模型的完整性与合理性，单就其所揭示出的证明实践本身的综合性与系统性而言，也很好地回应了本书旨在申明的刑事案件事实认定活动本身的复杂语境。

当从一个更宏观的视角来审视这种复杂性时，我们将会获得一种更清晰的认知。尤其是在早期的法律纠纷解决模式中，裁决过程并非天然以事实为取向

---

① See Oliver Wendell Holmes, *The Common Law*, The Lawbook Exchange, 1881, p. 1.

② 向燕：《综合型证明模式：性侵未成年人案件的证明逻辑》，载《中国刑事法杂志》2021 年第 5 期。

③ 巩寒冰：《证据整理与假设评估：侦查阶段的事实认定问题研究》，载《山东警察学院学报》2019 年第 1 期。

④ ［英］威廉·特文宁：《反思证据——开拓性论著》（第二版），吴洪淇等译，中国人民大学出版社 2015 年版，第 98 页。

⑤ 向燕：《综合型证明模式：性侵未成年人案件的证明逻辑》，载《中国刑事法杂志》2021 年第 5 期。

⑥ 向燕：《论刑事综合型证明模式及其对印证模式的超越》，载《法学研究》2021 年第 1 期。

(Fact-Orientation)。彼时法庭裁判下的争端解决并不以事实为基础。神明裁判是通过某种抽象的仪式掩盖事实争议，共誓涤罪在很大程度上绑架了或者说混淆了“同外部事实相符”的真相信念与“对被告的可信性和自己誓言的纯洁性”的道德信念，而司法决斗的胜负结果更是“独立于认识上的真相观念”①。对此有学者指出，早期法庭的争端解决并不是证明的结果，而是裁判的结果，“它标志着争端的终结，而非对事实的认定”②。而此后伴随着“理性证明”的全面展开，“认真对待事实”③ 成为现代法庭裁判的区别性特征。尤其是在刑事诉讼活动中，法律不能通过抛硬币、盟誓或者自认的方式裁决犯罪，而必须通过确实充分、排除合理怀疑的证据体系以及符合理性、经验常识的推论链条，探寻并表述曾经发生的真相，依据事实作出裁判。至此事实信仰取代了历史上的神明敬畏、宗教信仰和道德审判，重塑了法律的精神内核。直到晚近，作为现代英美证据理论体系奠基者之一的詹姆斯·塞耶将这种解决争议事实和法律问题时所运用的依赖事实和证据的思维过程描述为合乎情理的理性活动，而包括神明裁判、共誓涤罪、决斗等“前现代”的纠纷裁决方式被其认为是非理性的。而至于何为理性，他将其概括为“任何通过法院在理性天平上衡量证词或其他证据并且像现在那样来裁决被诉问题的判决”④。在这个意义上，对于建立在证据和事实基础上的现代刑事诉讼程序而言，事实认定过程应当分享了某些共通的理性内涵。

第一节 刑事案件事实认定的理性主义内涵

刑事案件事实认定是建立在证据和证明活动基础上的，在这一意义上“关于证据和证明的观念，看起来比‘事实问题’的概念更基本”⑤。也因此，对刑

---

① R Howard Bloch, *Medieval French Literature and Law*, University of California Press, 1977, p. 46.

② ［新加坡］何福来：《事实认定》，张保生译，载《证据科学》2019 年第 1 期。

③ ［英］威廉·特文宁：《反思证据——开拓性论著》（第二版），吴洪淇等译，中国人民大学出版社 2015 年版，第 14-21 页。

④ ［英］威廉·特文宁：《反思证据——开拓性论著》（第二版），吴洪淇等译，中国人民大学出版社 2015 年版，第 37 页。

⑤ ［新加坡］何福来：《事实认定》，张保生译，载《证据科学》2019 年第 1 期。

事案件事实认定的研究实际上应立足于证据及证明理论研究，或至少应确立这样一种观念，即对刑事案件事实认定的研究应遵循证据及证明活动的相关理论概念和原则要求。究其原因，刑事案件的（负责裁决事实问题的）事实认定者并不掌握与案件发生有关的亲身知识，他们并非（不能是）案件的目击者或知情人，其本身并不知晓案件历史事实，因此只能以控辩双方提交的证据，包括目击证人提供的言词证据和其他实物证据等“间接的信息媒介”[①] 为基础，进行理性推论，以此来认定事实。这就决定了联系“证据”与“认定的结论（推论结论）”之间的理性思维活动的核心重要性。在这个意义上，刑事案件事实认定是对从证据到认定结论的理性过程的概述，证据是这一过程的起点。例如，在官方文本的权威表述中，有“认定案件事实，必须以证据为根据”[②]，理论研究中也有类似的共识，如“证据法的逻辑起点在于事实认定”或“运用证据以明事实”[③]。总而言之，事实认定是指建立在证据基础上的、以还原历史真相为结论目标的一切理性推理活动的总称。

尽管我们在感性认识上可以接受将事实认定冠以理性的这种表述，但这里的“理性”仍然是一个缺乏可识别具体内涵或外延的概念。这也直接导致围绕司法事实认定的类型化梳理研究面临很多困难。英国证据学代表性人物威廉·特文宁在梳理从吉尔伯特·哈曼、边沁到威格摩尔、尼尔·麦考密克等英美证据学研究者的著述后指出“几乎毫无例外，所有的英美证据法作者们都——无论是明确还是隐含地——共享了非常相近的假设”[④]。而正是这些假设共同建构了被称为“理性主义传统”的英美证据法学研究体系。那么这些假设是否也同样存在于大陆法系或我国事实认定理论和实践当中呢？甚至更进一步，如果说现代诉讼程序背景下的刑事案件事实认定是遵循一套共通的理性逻辑前提的，那么这些理性前提包括什么？又体现在何处？我们能否尝试对其予以界定，关

---

① Geoffrey C. Hazard, *Preclusion as to Issues of Law: The Legal System's Interest*, 70 Iowa Law Review, 1984, p. 88.

② 参见《最高人民法院关于适用〈中华人民共和国刑事诉讼法〉的解释》（以下简称《高法解释》）第69条。

③ 栗峥：《“理性”抑或“怀疑”：英美证据思想的“世纪之争”》，载《证据科学》2011年第1期。

④ ［英］威廉·特文宁：《反思证据——开拓性论著》（第二版），吴洪淇等译，中国人民大学出版社2015年版，第90页。

系到对刑事案件事实认定基础和结构的重新认识。

综上，本章的思路是所谓“理性”或“理性主义”并非某种制度或某个法系中有关事实认定理论（证据及证明理论）的独特性产物，其应当是现代法庭的“理性”诉讼程序的必然选择。即便在具体的制度设计、规则安排乃至原则理念上存在差异，但这些差异同样是理性选择的结果，甚至差异本身也是理性的体现。因此，“理性”才可被认为是“对（事实认定有关的）客观世界、社会生活以及学术问题等所持有的系统的理论和主张”的反映，并值得被冠以“主义”之名。

如果刑事案件事实认定的理性推论确实遵循一套共同的逻辑前提，那么这套理性逻辑应首先体现在证据证明规范中，包括非法证据排除规则、证人出庭作证规则、证据收集规则、证据保管规则以及证明责任规则等，而由这些规则所构成的证据法系统本身正是被“视为对证明自由和证据的自由评价的不同限制的一个集合”①，这些限制应是基于共同理性前提推导的产物；此外，这套理性逻辑还应体现在事实认定实践中，如“无现实证据的支撑时需要借助经验法则进行判断”② 的情况，有研究者又在此基础上提出了进一步细分“经验法则与经验判断”③ 的理论必要，但其实这些细分并不影响它们在理解上的本质同源性。这些经验层面的事实认定规则的可靠性、合理性也应同样源于前述的理性前提。如《高法解释》第 88 条第 2 款对“根据一般生活经验判断”、第 140 条第 5 项“符合逻辑和经验”等概念、短语的表述。而要完成该论证尝试，我们还需要对比考察英美法系、大陆法系和我国司法事实认定实践中的“理性主义传统”“理性主义限制”或“证据证明规则”的理论内核。尝试分析成就这些传统的逻辑前提——如威廉·特文宁所称的“明确还是隐含地共享的假设”是否也同样为大陆法系国家和我国的证据证明理论体系和实践所体现，以及其中呈现的理论体系间的内在关联。

---

① ［英］威廉·特文宁：《反思证据——开拓性论著》（第二版），吴洪淇等译，中国人民大学出版社 2015 年版，第 89 页。

② 桂梦美：《经验法则的刑事适用模式：表述、样态与程序指引》，载《政法论坛》2021 年第 5 期。

③ 龙宗智：《刑事证明中经验法则运用的若干问题》，载《中国刑事法杂志》2021 年第 5 期。

一、英美法系证据理论理性主义的基本假设

在英美法系有关刑事程序的主流语境中，自吉尔伯特·哈曼、边沁建基的理性主义传统被区分为两种模式：一种是所谓的“裁判的理性主义模式”，即主要体现于程序法规范设置的逻辑理性，如刑事程序规范的直接目的、程序对于准确裁判结果的追求等；另一种是有关“证据与证明的理性主义模式”，该种模式主要体现在与事实及事实认定有关的诸多领域中的理性逻辑，如所采取的认识论的基本立场、对于真相的态度、对于理性能力本身的认知，以及对包括真相在内的诸多价值的平衡与排序等。此外，需要强调的是，两种理性主义模式并非泾渭分明，如在待证事实所需达到的证明标准、不同价值标准的权衡取舍等问题上，会同时涉及两种理性主义模式。并且在更本质的认识论范畴中，这两种模式又可追溯到一些共同的理性假设当中。而受本书的研究主旨所限，我们将关注探讨的重点置于“证据与证明的理性主义模式”。

（一）裁判事实问题的理性法庭

这里的理性法庭是相对历史上非基于事实的裁判法庭，即那些允许通过神明裁判、盟誓自认、司法决斗等方式裁决犯罪的非理性法庭而言的。也因此才有前文所言，认真对待事实成为现代法庭裁判的区别性特征。在这个意义上，所谓“理性”或“理性主义”的核心标志应是事实信仰的确立与否。法庭重视裁决事实问题，或将事实认定作为罪罚裁决的排他性方式正是理性的核心体现。而当回顾“事实或事实问题”在法律语境中的萌芽和发展过程时，我们可以进一步得出确证该结论的一种必然的关联，即“事实”与“理性”在法律语境中的必然关联。同理性并非法律与生俱来的特征一样，事实也并不是法律的天然附庸，这点我们回顾人类早期的神明裁判便可确知。在以费朗西斯·培根、约翰·洛克、约翰·密尔等人的经典著作为代表的近代英国经验主义哲学研究中，建立在事实问题之上的理性证明开始出现，与事实认定有关的假定或其他技术手段也在这一时期被广泛讨论和采用。而有关“事实或事实问题”的探讨在主要英语国家的文化传统、历史、哲学乃至自然科学研究中均被认为“最早起源

自法律语境”[①]。

事实在法律语境中的出现伴随着证据及证明活动的发展与完善，当“事实问题”被专门地独立纳入刑事诉讼程序提交法庭时，如何认定事实自然就成了首先需要解决的问题。正如威格摩尔所言：“证据是任何一件或一组可知的事实，而不是法律的和伦理的原理，它被看作……（影响）主张的真实性（并）产生肯定否定的信念，依据这个信念，法庭才能作出判断。”[②] 也正是为了解决认定事实的途径问题，证据、证明、理性、推理等概念开始伴随“事实和事实问题”涌入现代法律话语体系当中。“事实和事实问题”在本质上是服务于解决理性经验对历史事实的把握途径的，其关注高度明确具体的地方性现象，是经验认识论的关注领域。在生活乃至诉讼程序中的绝大多数场景，普通人或法律职业者们将“事实”概念的认知和适用视作理所当然，其被推定或假定为一系列可知的状态、过程或行为[③]，并为人们的感官和经验所把握，也因此有学者称其为“在初始水平上……是一个常识问题”[④]。但当作为“理性主义传统”的研究基础时，我们发现事实却并非如此不言自明。“作为研究者，我们更能意识到‘事实’概念的问题性。然而，即便有了这种意识，我们在研究中仍然倾向于无意识地建立并使用‘事实’。”[⑤] 而这种冲突在皮特·利普顿看来再正常不过，他指出：“似乎人类就是被设计来完成一些活动，而非去分析或探讨其合理性的。”[⑥] 对此，他常提及的一个例子是“骑自行车很容易，这一过程怎样完成却很难描述”。司法实践中的事实认定活动正如同皮特·利普顿所言的骑自行车，具备基本素养的法官或其他司法从业者通常能够胜任事实认定工作——解释事实、构建事实、利用事实进行推论、作出法律裁决。但胜任是一回事，而理解其是怎样得以完成以及为何如此，往往是另一回事。或许正是对

① Barbara Shapiro, *The Concept "Fact": Legal Origins and Cultural Diffusion*, Albin: A Quarterly Journal Concerned with British Studies, Vol. 26, 1994, p. 227-252.

② 卞建林、刘玫：《外国刑事诉讼法》，人民法院出版社 2002 年版，第 218 页。

③ 状态如故意或过失的心理情形，过程如未遂中止的发生，行为如杀人事件的发生。See John R. Searle, The Construction of Social Reality, NY: The Free Press, 1995, p. 120-125.

④ ［新加坡］何福来：《事实认定》，张保生译，载《证据科学》2019 年第 1 期。

⑤ Barbara Shapiro, The Concept "Fact": Legal Origins and Cultural Diffusion, Albin: A Quarterly Journal Concerned with British Studies, Vol. 26, 1994, p. 227.

⑥ Peter Lipton, Inference to the Best Explanation (Second edition), Routledge, 2004, Introduction 3, p. 12.

“事实”进行描述的复杂性本身，使得针对事实的研究，大多数法律人并不看好先验分析的前景，而是提倡一种实用主义的方法。而所谓的实用主义方法正是卡尔·亨佩尔在《科学解释的几个方面》一书中对经验常识的观察结论——“我们并非解释事件，只是解释事件的某个方面”①。对此一个更清晰的表述方式是“我们并不直接描述事物何以如此，而是在对照中寻求对其的理解”②。这种对照性分析的解释路径是如此贴合逻辑思维的自然过程，以至于在绝大多数的研究中，研究者对事实问题的关注是放置在“事实与法律相区分”的对照语境中。而这种研究思路也造成了我们习惯将事实与法律视作对等的概念。按照美国学者夏皮罗的考察，托马斯·莫尔在其1533年的著作《塞勒姆和比赞的德贝拉西恩》一书中探讨陪审团与法官职能区分的问题时，首次区分使用了法律问题与事实问题的概念。③ 詹姆斯·塞耶也认为，与陪审团裁决相关的事实与法律的区分在某种程度上等同于法官与陪审团职能事项的区分④，也即事实与法律问题的区分。这对应了曾被爱德华·库克⑤和詹姆斯·塞耶等人在相关著作中反复引用的拉丁文法律格言“陪审团必须解决事实问题，法官必须解决法律问题（ad quaestionem facti non respondent judices，ad quaestionem juris non respondent juratores）”⑥，而这一格言也被我国学者在有关刑事陪审中的事实与法律问题研究中普遍引用。⑦

---

① Carl Hempel，*Aspects of Scientific Explanation*，Free Press，1965，p. 421-423.

② Alan Garfinkel，*Forms of Explanation*，Yale University Press，1981，p. 28-41.

③ 夏皮罗指出，在其所查阅的相关文献材料中，托马斯·莫尔是最早探讨事实问题与法律问题区分的研究者。在托马斯·莫尔的研究中，一种特殊形式的审判吸引了他的注意，其中陪审团负责裁决事实问题，而法官负责法律和事实问题，这种分工在当时已经引起了公众的广泛讨论。See Barbara Shapiro，*The Concept “Fact”：Legal Origins and Cultural Diffusion*，Albin：A Quarterly Journal Concerned with British Studies，Vol. 26，1994，p. 229.

④ 詹姆斯·塞耶认为在追寻陪审团形成的漫长历史及其如何演变成裁判者的过程时，我们应当注意到事实从法律中分离是这一过程形成的必要条件，这种分离甚至扮演着形塑整个法律体系的重要角色。See James. B. Thayer，A Preliminary Treatise on Evidence at the Common Law，Boston：little Brown，1898，p. 183.

⑤ 爱德华·库克出生于英国一个中产阶级家庭，先后从事律师、法官、反对派政治家，被公认为是伊丽莎白时代和詹姆斯时代最伟大的法学家和法律著作家。

⑥ 詹姆斯·塞耶认为这一曾被爱德华·库克经常引用的法律格言，是由精通英文、法文和拉丁文的布莱克顿所表述。See James. B. Thayer，*A Preliminary Treatise on Evidence at the Common Law*，little Brown，1898，p. 183-185.

⑦ 陈学权：《刑事陪审中法律问题与事实问题的区分》，载《中国法学》2017年第1期。魏晓娜：《刑事审判中的事实问题与法律问题》，载《中外法学》2020年第1期。

而在实际上，“事实”与“法律”的关联关系远不如“事实”与“理性”的关系紧密。事实与法律的区分，尽管“看起来暗示着某种前置或预设的不兼容性”①，但正如罗纳德·J. 艾伦教授所言“唯一超过事实与法律区分重要性的是其神秘性”②。而美国联邦最高法院在一些判例中称这种区分是“难以捉摸（Elusive）”“不可靠（Slippery）”的、是“令事实认定者苦恼的”③，因为“根本没有将事实认定问题从法律结论中区分出来的规则和原则”④。而在另外一些案例的判决中出现了“法官在论证其‘认定何者为事实的结论’的合理依据时，居然是依靠回溯法官和陪审团的职能区分本身”⑤。概言之，在法律系统中实质上缺乏评估判定何为事实、何为法律的具体标准。甚至有些情节或片段可以同时作两种归类，如刑法中关于疏忽大意过失的认定，它们既是关系犯罪构成的法律问题，也是事实认定的相关事项。其成因是复杂的，但这种区分本身缺乏严格的理论论证和分析、侧重修辞式的表述应是重要原因。总而言之，事实与法律的联系并非天然存在的，事实进入裁判是法律发展到相对理性阶段的产物。

相较而言，“事实”与“理性”的关联则更为直接和根本。事实在法庭中的系统出现，即标志着理性证明方式的产生，标志着与“非理性”法庭的分野。如前所述，事实认定阶段的推理是依据证据的推理，事实认定者通过控辩双方提交的证据了解案情、进行推论，并由此形成关于真相的某种程度的内心确信。而该确信是经由证明过程实现的，即通过证据判定历史事实真实发生与否的过程。其研究的难点是皮特·利普顿所指出的“描述性问题”，即如何描述从证据以及推理规则到真相信念（True Belief）的结论形成过程？这种困难正对应前述事实认定的复杂性。对此，我们将在后文予以阐释。但可以明确的

---

① 一般情况下，被选择作为对照组的两个概念应代表某种体现在工作流程或特定目标上的差异性特征。See John W. Carroll, *Lipton on Compatible Contrasts*, Analysis, 1997, p. 57, 170-178.

② Ronald J. Allen & Michael S. Pardo, *The Myth of The Law-Fact Distinction*, 97 Nw. U. L. Rev., 2002, p. 1769.

③ See Miller v. Fenton, 474 US 104, 1985, p. 113. Thompson v. Keohane, 516 US 99, 1995, p. 111.

④ Pullman-Standard v. Swint, 456 US 273, 1982, p. 288.

⑤ Cooper Industries, Inc. v. Leatherman Tool Group, Inc., 532 U. S., 2001, p. 424.

是“事实认定应该被视为一个典型的理性过程”[①]，也因此米尔森才强调了现代法庭“对事实日益增加的敏感性”，这种敏感性又进一步促进了“法律作为规则体系的发展”[②]。对照我国司法实践，邓某娇案[③]、于某故意伤害案[④]、于某明正当防卫案[⑤]等事实的发生，也在很大程度上影响了对正当防卫的法律认知，也因此西方才有法律格言“借助事实我们才能认清法律”[⑥]。此外，还需要强调的是，在刑事诉讼程序中，并非只要依据或建立在事实性证据之上的认定结论就一定是符合理性正当性要求的，从证据到事实认定结论的理性论证过程本身才是具有决定性意义的。也即“只有在判决的作出是经由适当的归纳推理以及演绎推理（的理性推论过程）得出的情况下，其才是符合理性正当性的”[⑦]。

（二）关于“求真”认识论的基本立场

“法庭裁判（事实认定）本质上是一起认识论事件”[⑧]，其“首先且最重要的是一个认识装置……是从混乱集合中搜寻出事实真相的工具”[⑨]。因此，这场事件的核心目的是围绕获取有关历史事实的真相进行的，而所谓“真相”，在迈克·帕多教授看来，是“非偶然性的真实信念”[⑩]。就裁判的结果或争端的解决而言，真相的发现可能只是基于偶然，如在巫术裁判中，神明旨意的显现存在符合实体真实的概率可能，在纠问式诉讼中，罪从供定也并不必然意味着冤假错案。但这种缺乏证据和理性论证支持，仅仅基于巧合（或其他原因）而产生的事实结论，并不是法律系统所期待的。因此，这就需要我们重新评估事实

---

① 该观点早在边沁的论述中已经得到充分展现，但遗憾的是在相当长的时间内，该观点“仅仅被有限地接受”，法律职业者们显然直到相当晚近才重新意识到“事实和事实问题”对于纠纷裁决的重要意义。参见［英］威廉·特文宁：《反思证据——开拓性论著》（第二版），吴洪淇等译，中国人民大学出版社2015年版，第19页。

② S. F. C. Milson, *Fact and Law in Legal Development*, 17 University of Toronto L. J. 1, 1967, p. 19.

③ 湖北省巴东县人民法院（2009）巴刑初字第82号刑事判决书。

④ 《最高人民法院关于发布第18批指导性案例的通知》指导案例93号。

⑤ 最高人民检察院第十二批指导性案例（检例第47号）。

⑥ Max Radin, *Interpretations of Modern Legal Philosophies—Essays in Honour of Roscoe Pound*, in Paul Sayre ed., OUP 1947, p. 583.

⑦ Michael S Moore, *The Plain Truth about Legal Truth*, 26 Harvard J of Law and Policy, 2003, p. 23-25.

⑧ Michael S. Pardo, *The Field of Evidence and the Field of Knowledge*, 24 Law and Philosophy, 2005, p. 321.

⑨ Larry Laudan, *Truth, Error, and Criminal Law*, Cambridge University Press, 2006, p. 2.

⑩ Michael S. Pardo, *The Field of Evidence and the Field of Knowledge*, 24 Law and Philosophy, 2005, p. 322.

认定活动。

首先，法庭认识论从属于一般认识活动。事实认定是从证据、推理到真相信念的形成过程，是哲学家阿尔文·戈德曼所指称的“有关求真认识论的社会实践”①。该实践围绕历史事实发生与否的争论展开，旨在探寻“自然意义上的历史事实”②。在这个意义上，罗纳德·J. 艾伦教授驳斥了詹姆斯·赛耶的观点，他指出“就社会认识论而言，证据法在形成真知这方面与其他社会实践不存在任何不同”③。也即从历史学到自然科学到证据学，它们秉持本质上无差别的求真立场（Veritistic Standpoint）。因此，法庭事实认定在本质上分享了人类一切社会生活和其他学科领域求真探索活动的基本内容。哲学家戴维·奥伊洛特在其经典著作中使用了一个拱形结构的概念“Arch of Knowledge”来描述人类对某一事实或情况认知过程的思维图景。戴维·舒姆将其从自然科学领域扩展到了法律事实认定领域④，而原因正在于该结构体现了“在事实认定及其相关调查活动的特定背景下”⑤ 的共通本质。这也从哲学认识论基础上阐明了法庭事实认定活动与多学科求真探索活动的内在同源性。

其次，与刑事案件事实认定有关的认识论是可知论。关于“理性主义”法庭认识论的核心假定被认为是“存在一个可被发现的‘外在’客观真相”⑥，而真相借此被定义为与该外在现实相一致的认识，即所谓“真相符合论”。尽管真相符合论受到了研究者的批判，但“符合论”确实能够解决关于真相认识把握的合理性依据问题。威廉·特文宁便特别强调了比起真理融贯论来一般更偏爱于某种真相符合论，他还正面评价了这种“试图为知识、道德、公正等语

---

① Alvin I. Goldman, *Knowledge in a Social World*, Oxford University Press, 1999, p. 5.

② 詹姆斯·塞耶在其一篇著名的文章中写道：“当人们谈及历史证据和科学证据，以及神学证据时，他们是在谈论完全不同的事物。”这种观点显然夸大了不同类型证据以及事实认定活动的差别，而忽视了其本质上的相似性。罗纳德·J. 艾伦教授在文章中驳斥了这种观点。Ronald J. Allen & Michael S. Pardo, *Facts in Law and Facts of Law*, 7 International Journal of Evidence & Proof , 2003, p. 159.

③ Ronald J. Allen & Brian Leiter, *Naturalized Epistemology and the Law of Evidence*, 87 VA. L. REV. , 2001, p. 1499-1500.

④ David A. Schum, *Species of Abductive Reasoning in Fact Investigation in Law*, The Dynamics of Judicial Proof, Physica-Verlag, 2002, p. 307.

⑤ 巩寒冰：《侦查思维的认知结构与推进模式》，载《江苏警官学院学报》2018 年第 4 期。

⑥ Crook, *Modernist Radicalism and its Aftermath: Foundationalism and Anti-Foundationalism in Radical Social Theory*, Routledge, 1991, p. 68.

词提供一个不可动摇的（外在）基础”[①] 的认识论模式。而一种反对诉诸抽象外在的认识论体系将导致维持一个有说服力的道德或政策论证变得极不可能，并将进一步限制人们在事实认定领域中使用诸如真相、正义、公正等概念。而这无疑是同司法实践的整体语境相冲突的。或者说当然不存在完美的理论，但“符合论”在解读理性认识时的比较性优势还是值得肯定的。申言之，真相符合论为有关事实认定认识实践的两个关键性问题提供了合理依据，即对“真相”的定义，以及通过何种方式“发现”真相：真相是与“外在”相符合，而发现的方式即对“符合”的理性把握。以此明确了法庭认识论对于“可知论”和“理性”的依赖。可知论明确了对过去事实的认识可能，而这个发现真相的过程能且仅能借助理性。其原因在于，对于历史事实的认识，通常是基于并不完整的证据（Incomplete Evidence）（集合）的，并且证据与待证事实之间的关联也并非直观显现的，这就需要主体借助理性推理能力去建构这种联系。总而言之，法庭认识论排斥“神秘主义”“不可知论”，因为这在根本上与理性相悖。

最后，对历史事实真相认识的概率性质。理性主义遵循“裁判中主张事实的真相的建立是与概率相关的，缺乏纯粹的确定性”[②]。这主要是由以下五个方面的原因导致的：第一，证据本身是不完整的。作为记录历史事实曾经发生的“痕迹”，证据与事实并不总是一一对应的，多数证据会湮没在时空环境中，此外还有相当多的信息痕迹（证据）是无法为当前的技术水平所获取的。这使得事实认定在不得不依赖人类理性经验填补证据缺失的同时，也造成了结论真相的某种不确定性。第二，事实认定结果的非结论性。尽管历史真相是唯一的，但如皮特·利普顿所论述，刑事案件事实认定是典型的“源于不完全决定（underdetermination）”的结论，即在描述从证据以及推理规则到真相信念的形成过程中，“证据以及特定的逻辑推导规则不完全决定事实认定的结论”[③]。换言之，一个所谓源于不完全决定的结论是指“关于最初状况（Initial Condition）

---

① Crook, *Modernist Radicalism and its Aftermath: Foundationalism and Anti-Foundationalism in Radical Social Theory*, Routledge, 1991, p.68.

② ［美］特伦斯·安德森等：《证据分析》（第二版），张保生译，中国人民大学出版社 2012 年版，第 327-328 页。

③ 结论的不完全决定是指初始状态的信息、相关规则以及原则无法保障得出一个唯一的结论。See Peter Lipton, *Inference to the Best Explanation (Second Edition)*, Routledge, 2004, p.7.

的一些信息以及规则或原则并不能保证得出一个独一无二的解决答案”①。因此在司法实践中，基于证据的事实认定结论常常表现为一种倾向性主张，甚至某种中间状态。法官只能得出证据更倾向于争议双方中的某一方主张的认识结论，甚至在一些疑难案件中，相应主张会陷入罪与非罪的中间状态。第三，运用证据的证明存在不确定性。证据同事实认定间的关系并非直观显现，理性推理能力承担了发现识别和桥梁连接的作用，但理性推理能力运用本身包含着不确定性。概率性证据证明过程中的“基准比率忽视”② 问题，正是一个典型的对证据数据错误解读的实例，对作为潜在证据的数据信息的不当运用，使得理性对数据信息的解读并未以有利于事实真相发现的一面呈现。因此，即便收集获取了证据，能否完成对待证事实的证明并发现真相仍然是充满不确定性的。第四，证据集合的内在冲突。证据是记载历史事实曾经发生的信息材料，不同证据介质的记载方式、记载侧面以及记载的完整程度都存在非常大的差异，这就导致特定案件的证据集合内部也常常是不和谐的。某些证据支持一方主张，另外的证据支持相对方的主张，当证据呈现这种共存又彼此冲突的情形时，任何选择取舍背后都意味着概率上的风险。第五，证据来源可靠性的等级差异。证据是事实认定推论的基础，但这个基础本身的可靠性也同样存在风险。证据存在来源可信性的识别困难，如证人的可信性几乎是所有纠纷解决模式中都不得不面对的问题。“（实际上）有罪的被告人怀有各自的动机……无辜的被告人也同社会的（整体）利益相左”，证据所包含的“信息的私人性质（被称作‘信息不对称问题’）创造了可被当事人加以利用的欺骗机会”③。而对这些证据是否可信以及可信度层级判断背后同样蕴藏着事实认定结论的概率属性。

（三）事实认定的理性主义同程序制度间不存在必然关联

威廉·特文宁还区分了其论述的所谓英美“理性主义传统”的分析性维度和历史性维度。就分析性维度而言，理性主义作为一种事实认定活动的清晰、融贯以及有用的符合理想类型的思维工具，其也面临着重要的理论争议，这些

---

① See Peter Lipton, *Inference to the Best Explanation* (*Second Edition*), Routledge, 2004, p. 5.

② 巩寒冰：《概率性证据研究中的认识悖论》，载《证据科学》2016 年第 2 期。

③ 参见［美］亚历克斯·斯坦：《证据法的根基》，樊传明、郑飞等译，中国人民大学出版社 2018 年版，第 169-170 页。

争议与程序制度无关，而是源于更抽象的认识论反思。在通常程序背景下，对事实认定结果真相的把握多是立足“超然观察者的外在视角”① 展开的，而超然观察者对于事实认定活动的评价判断，取决于刑事程序产出或导致正确事实认定的结果。从经验认识来看，一个相对稳定的导出准确事实认定结果的诉讼制度才是更符合理性主义基本要求的。事实认定是在对事实的主张与事实本身之间建立某种符合性的过程，即便“我们在司法活动中尝试确立的多数事实是‘社会性’事实，而非自然现象”②，但其判断标准仍无外乎某种外在真相。一份事实认定准确的判决被认为是对外在现实的真实思想或语言的反映，而要验证记载判决的思想或语言是否与外在现实相符，我们必须首先感知外在现实，并且将其命题化。这里就产生了两个基本矛盾。

一是外在现实无法先于法庭事实认定而被感知，甚至无法被感知。就认识规律而言，法庭事实认定是根据现有证据或材料片段通过推理寻求事实真相的思维活动，是主体与客体间相互作用的关系，而所谓“外在客观真相”是存在论范畴的概念。因此真相符合说“是把存在论层面谁决定谁的反映论关系，机械地套用到认识论层面的主客体关系了”③。然而造成这一矛盾的根本原因又可回溯到“法律学术体系整体对于哲学概念（和体系）的浅薄认知，且几乎没有任何哲学家（为这种对客观、真相、真知等概念的法学解读）背书”④。

二是命题化本身将不可避免地改造或建构所谓“外在现实”。维特根斯坦认为“语言应用将建构而非表述现实”⑤，其意指命题化的“语言翻译或加工过程将为（‘外在现实’）附加上其先前并不存在的内容”⑥。因此当尝试建立真

① 参见［新加坡］何福来：《事实认定》，张保生译，载《证据科学》2019 年第 1 期。实践中，相当数量的研究者持有这种“外在视角”。如亚历克斯·斯坦认为“如果裁判者没有准确地裁决事实，那么他们所裁决的就不是‘事实’”。［美］亚历克斯·斯坦：《证据法的根基》，樊传明、郑飞等译，中国人民大学出版社 2018 年版，第 11 页。杨波：《以事实认定的准确性为核心——我国刑事证据制度功能之反思与重塑》，载《当代法学》2019 年第 6 期。

② Mirjan R. Damaska, *Truth in Adjudication*, 49 Hastings L. J. 289, (1997-1998), p. 290-291.

③ 张保生、阳平：《证据客观性批判》，载《清华法学》2019 年第 6 期。

④ Ronald J. Allen & Brian Leiter, *Naturalized Epistemology and the Law of Evidence*, 87 VA. L. Rev. 2001, p. 1492.

⑤ Ludwig Wittgenstein, *Philosophical Investigations*, G. E. M. Anscombe, P. M. S. Hacker and Joachim Schulte Trans., Basil Blackwell, 1958, p. 2-3.

⑥ Olaf Tans, *Knowledge Construction in Legal Reasoning: A Three Stage Model of Law's Evolution in Practical Discourse*, 3 Int. J. Semiot Law, 2017, p. 4.

相符合论的等式时，这个等式的两端实际上就已经发生了“建构主义”的变化。

这两个基本矛盾即哲学上的主客体关系、语言命题的内在逻辑均是超越法系或程序构造的。并且从前文的论述中我们也可以看出，“人类理性”“事实”“真相”“思维推理”等概念语词并不存在跨诉讼制度和文化理解的根本差异。在关于裁判的直接目的、服务于解决纠纷的性质，以及有关事实问题的广泛应用场景中，“理性主义”的本质是对人类思维推理能力的一种整合与统摄，是回归一般经验领域的。

而至于从历史性维度展开的解读，则包含着可能的误解与危险。威廉·特文宁一连使用了“谨慎”与“小心翼翼”等语词来表述这一概念可能引起的广泛争论。在英美等国，“理性主义”自 20 世纪 80 年代被首次作为一种假设模型提出，其后经历了近 20 年的广泛评论和探讨。这个最初萌生于“选择性著作样本”的“实验性假设”，在经历了更完整的样本加入、更深刻的论证反思后，才逐渐被接受为“总体正确”。这个过程所遭到覆盖样本范围方面的或意识形态方面的争论，是我们应当警惕的。

总而言之，理性主义在刑事案件事实认定中的实质体现是通过理性的方式探求案件历史真相。在这个意义上，理性主义可看作现代法庭获得纠纷解决的工具体系，其以事实为基础，以认识论为指导。而这套工具体系包含着丰富的内容，正如威廉·特文宁所言，以围绕真相、公平、政策等价值的不同优先级排序，到关于盖然性推理的数学性（培根主义）或非数学性（帕斯卡主义）倾向，再到程序正义或犯罪控制的模式之争，“都可以容纳进理性主义内部”①。而值得思考的是，这些争议总是或多或少地存在与对抗式或职权式模式的各自绑定，如对抗式如同“一场竞赛”偏爱程序正义、强调平等武装，而职权式则犹如“一项官方调查”相较更重视犯罪控制也更关注事实真相。当然这并不是绝对的，米尔伊安·R. 达玛什卡进一步探讨了国家司法权力组织方式对程序制度的影响，他指出司法组织体系的“科层式和协作式”的两种不同权力模式，才是与迥异的程序制度相对应的，如“科层式天然的等级和层次之别，对应程

---

① ［英］威廉·特文宁：《反思证据——开拓性论著》（第二版），吴洪淇等译，中国人民大学出版社 2015 年版，第 430 页。

序的步骤流转，仰赖职权的监控、厌恶私人程序；而协作式在层级上的未分化局面，赋予了当事人以动议等形式影响程序的极大自由，呈现官方程序与私人行动的混合”①。因此，当面对理性主义是否专属英美法系对抗式法庭证据及证明理论传统的疑虑时，更有依据与合理性的回答是，理性主义与“非理性主义”纠纷解决模式区别的核心属性是查明事实真相的方法体系的不同，二者均反映了文明进程的阶段性差异。而对抗式程序模式则是与职权式（纠问式）程序模式相对照的产物，二者描述两种源于现实存在的历史制度演进的“权力组织理想型”。

综上，从理性主义的本质、内涵、传承渊源来看，它是现代法庭以证据和事实为裁判依据时的方法论工具体系，同特定认识论相关联，与司法权力的组织结构和诉讼构造之间并不存在直接的联系。后文围绕大陆法系事实认定模式的探讨也将印证这一点。也正是在这个意义上，理性主义将提供围绕证据证明理论研究的普适原理，并为证据学研究的跨学科趋势奠定认识论基础。

二、大陆法系事实认定理论理性主义的体现

就大陆法系国家而言，尽管尚没有类似威廉·特文宁所描述的围绕司法证明和证据制度的理性假设的系统性的检验性研究，但这并不影响在其事实认定语境中所同样包含的“理性主义”色彩。尤其是在一些大陆法系学者的研究探讨中，当面对构建自英美法系一脉研究者的“理性主义传统”时，并未见预想中不同司法文化制度所造成的疏离感。他们反而强调“理性主义似乎更契合于‘职权纠问’模式而非‘当事人的对抗’模式”②。而其原因似乎又简单直接：其一，在传统的认知逻辑中，纠问式相较于对抗式而言，更关注真相的发现与查明，这甚至被认为是纠问式法庭权威公信力的重要来源；其二，纠问式诉讼相较对抗程序更关注纠纷解决的合法性问题。正如大陆法系的启蒙思想家对法定证据制度的首要批判正是针对其无益于发现真相，其“仅是一套获取口供的强力机器”，贝卡利亚更是在此基础上强调“建构理性的证明系统对于构架现

---

① ［美］米尔伊安·R. 达玛什卡：《司法和国家权力的多种面孔——比较视野中的法律程序》，郑戈译，中国政法大学出版社2015年版，第62-85页。

② ［英］威廉·特文宁：《反思证据——开拓性论著》（第二版），吴洪淇等译，中国人民大学出版社2015年版，第96页。

代型刑事诉讼程序至关重要”①。

具体而言，理性主义在大陆法系司法事实认定中的系统性呈现与反思也开始于事实全面进入法庭裁决过程。米尔伊安・R. 达玛什卡在其一篇文章中指出，对整个欧陆法律系统而言，事实与法律分类的相关研究都是“比较新颖的关注”②。而此处所谓的新，不仅是指出现时间的晚近，更是指与旧有诉讼制度体系和价值目标不相契合的“立异”之新，诸如“证据自由、证据自由评价、建立在事实推定基础上的认知”③ 等。对于大陆法系的理性主义基础而言，事实在法律语境中的呈现是“通过立法的形式直接赋予事项以规范效力”④ 的，这使得法律中的“事实和事实问题”在大陆法系呈现明确的规范性特征。而这种从规范理性发展起来的对“相对周全的立法框架”的追求，因立法者无法凭借理性避免法律体系内部的矛盾冲突，预见全部的构成事实⑤，而最终走向了相反的演进路线。这反而破除了他们形成如英美法系同行对先例和尚古的尊崇，使得对“难以理解的成文法，人人都可以研讨”⑥。在实用主义的动机之下，出现了多样化的、难以归类的划分依据。而这种实用主义倾向伴随着外部政策和内在逻辑等影响而发生变化，体现在以下两个方面。

一方面，基于历史原因，在前现代的相当长一段时期内，欧洲法律体系的诉讼目标是所谓“‘正确’放宽对罪错认定”⑦ 的矫枉过程。在这一目标之下，诉讼活动的整体价值取向获得了新的解读，即与特定事实的真相无关（或不主要与此相关），而是主要与主张或辩护所蕴含的公平、正义等价值相关。

---

① 施鹏鹏：《刑事裁判中的自由心证——论中国刑事证明体系的变革》，载《政法论坛》2018 年第 4 期。

② Mirjan Damaska, *Rational and Irrational Proof Revisited*, 5 Cardozo Journal of International and Comparative Law, 1997, p. 26-28.

③ 施鹏鹏：《刑事裁判中的自由心证——论中国刑事证明体系的变革》，载《政法论坛》2018 年第 4 期。

④ 有研究者认为“授权形式”是大陆法系同英美法系之间在“事实与法律区分”问题上的最大不同，英美法系主要通过司法传统，经由法官在个案中造法的形式，确立事实与法律问题的各自边界，但两大法系最终倾向上殊途同归。参见陈杭平：《论“事实问题”与“法律问题”的区分》，载《中外法学》2011 年第 2 期。

⑤ ［美］约翰・亨利・梅利曼：《大陆法系》，顾培栋、禄正平译，法律出版社 2004 年版，第 23 页。

⑥ ［法］托克维尔：《论美国的民主》（上卷），董果良译，商务印书馆 2013 年版，第 338 页。

⑦ Mirjan Damaska, *Rational and Irrational Proof Revisited*, 5 Cardozo Journal of International and Comparative Law, 1997, p. 25.

另一方面，欧洲大陆素有对法典化的文本、抽象化规则的喜好，这种欧式理性传统也自然体现在了“事实”的实践层面。事实作为引起法律规则适用的前提，在法律推理活动中也逐渐受到了影响。体现为法律中的“事实”距离生活中的“事实”越发遥远。被抽象法律语词和思维编辑加工过的，并在法庭上表述重构的事实，构建了一个人为痕迹明显的“与法律相关的虚拟世界”。

上述变量使得大陆法系裁判所依赖的事实基础似乎变得越来越模糊。而“事实”研究本身的模糊又造成了法律与事实之间界限的混淆，或者更确切地说是法律与事实分类研究的薄弱。也因此“法律与事实的划分……更多的是一种理性的启示，而非裁判的现实”①。此外，也有相当多的欧洲学者将事实与法律的这种混淆状况视作“格式塔（Gestaltist）”式的动态整体，即不应当脱离具体的社会（司法系统）情况去评价或探讨相关研究状态。事实与法律的混淆并不是抽象存在的，它是被嵌套在特定的社会文化背景当中的，孤立地观察探讨事实认定活动是没有意义的。比如，在德国，事实与法律的分类研究一直到16世纪才出现，它是与司法行政机关的律师化以及将上诉审作为常规化手段引入大陆法系统的改造同步产生的。有着完全不同于普通法系职业法官与陪审团二元式法庭的演进路线。事实与法律的关系在欧陆法庭上的存在感似乎远不及在英美“二元法庭”鲜明。这种观点也在一定程度上得到了欧洲大陆审级制度设置的支持与佐证，如德国的“续审制”是“阶段性和间断性”② 的事实调查方式，在各个审级之间不存在明确的法律审或事实审的区别；而法国审级制度的司法改革也朝向进一步打破不同审级之间（从下至上的）关于事实审或法律审的分工③。

然而正如此前分析，事实与法律的关联关系远不如事实与理性的关系紧密。尽管事实与法律的区分在大陆法系的诉讼体系中形式模糊，但这并不妨碍事实

---

① Mirjan Damaska, *Rational and Irrational Proof Revisited*, 5 Cardozo Journal of International and Comparative Law, 1997, p. 25.

② See Oscar G. Chase, *Civil Litigation Delay in Italy and the United States*, Vol. 36, American Journal of Comparative Law, 1988, p. 41-87.

③ 有研究者指出“法国司法改革方案与其他西方国家逆向而行，正考虑允许在中级上诉程序中提交新证据或提出新理由的可能性，以增强上诉法院的监督和纠错职能”。而这实际上进一步扩展了传统事实审的覆盖范围。参见傅郁林：《审级制度的建构原理——从民事程序视角的比较分析》，载《中国社会科学》2002 年第 4 期。

及其蕴含的理性在其法律体系中的日益根深蒂固。早在自由心证制度完善之前，贝卡利亚即已经主张了一种“理性证明系统”的建立，在其看来“裁判者基于‘良知’而对案件事实的‘确信’，才是最为理性的证明系统”[①]。其中对于案件事实的关注，建基于“可知论”而形成的内心确信，回归人类理性逻辑的“良知”同英美“理性主义传统”的诸多理论前提相融贯。而实际上，贝卡利亚在论述其“理性程序”时，已深受英国经验主义哲学的影响，如其强调“这些真理已为英国所接受”[②]。这一萌芽也为法国大革命后所确立的近代意义自由心证体系所接纳，而其核心要义即被更清晰地表述为“探索事实真相的直觉感知模式，法官通过证据自由评价实现从客观确信至判决责任伦理的跨越”[③]。而这种“探寻真相的直觉感知模式”同英美理性主义传统的“通过理性方式探求历史真相”的表述极为相似。在其“自由心证”原则的内部逻辑体系中，以事实为基础的理性证据系统、对证据持理性批判态度的充分审查、通过逻辑经验理性判断完成向未知事实的认知推定，乃至建立在公众心理基础上的类似英美外行陪审团的“平民理性”——依赖普遍理性及良知制约的心证责任伦理的完善，都遵循着理性主义的基本逻辑。

亦如理性主义传统在英美证据证明理论研究中的争议与共识，“事实”及其所蕴含的理性在大陆法系的司法实践中也呈现着与其特定的社会文化背景息息相关的演化趋势。总而言之，建立在事实基础上的现代证据证明系统分享着一些共通的基于经验常识或逻辑理性的认识，这些认识为理性假说或解释模型提供了基础。事实是法律适用的社会基础，是实体公正的最终诉求，反映了法律的理性化程度。而法律是事实的抽象表达，是权利义务关系的承载，并提供评价事实的观念标准。因此，“事实”对于现代司法系统而言有着重要的结果(Significant Consequences)[④] 意义。这也对应了前文所言，“事实”只是法律体系发展到理性阶段的产物，与特定的裁判功能或机制相关联，在不同的法律体系中发挥着相似的实用价值，也暴露出一些相似的问题。

---

① 施鹏鹏:《贝卡利亚刑事诉讼思想论略》，载《暨南学报》2008 年第 3 期。

② 施鹏鹏:《贝卡利亚刑事诉讼思想论略》，载《暨南学报》2008 年第 3 期。

③ 施鹏鹏:《刑事裁判中的自由心证——论中国刑事证明体系的变革》，载《政法论坛》2018 年第 4 期。

④ Ronald J. Allen & Michael S. Pardo, *The Myth of The Law-Fact Distinction*, 97 Nw. U. L. Rev., 2002, p. 1769.

三、我国证据证明体系中的“理性主义”要素

伴随着证据在现代法庭事实认定活动中日益增显的数量和影响力，世界各国的法律体系中，都相应出现了规制证据运用和事实认定的原则与制度。当我们从内在视角审视近现代法庭裁判的变化实质时，在这场法庭认识实践中，通过证据完成的事实认定所具有的深刻意义常常是被低估的。作为一个成文法国家，尤其在我国，刑事案件事实认定是在证据证明的规制之下进行的，证据法被认为“是一个规制在法律程序中向事实裁判者提供信息的规则体系”①。具体而言是“关于诉讼中如何收集、审查和判断证据以认定案件事实的法律规范”②。因此，同刑事案件事实认定相关的理性主义要素也将首先体现在证据证明的原则规范当中。

（一）证据裁判原则及其事实根基

在司法事实认定活动中，证据扮演着至关重要的角色，“证据裁判原则被认为是现代法治国家证据制度的基石”③。2010 年出台《最高人民法院、最高人民检察院、公安部、国家安全部、司法部关于办理死刑案件审查判断证据若干问题的规定》第 2 条规定的“认定案件事实，必须以证据为根据”被认为是我国对“证据裁判”原则的正式确立。2017 年最高人民法院在《关于全面推进以审判为中心的刑事诉讼制度改革的实施意见》的开篇即明确“坚持证据裁判原则，认定案件事实，必须以证据为根据”。主流观点认为，证据裁判原则是从口供裁判阶段转向证据裁判阶段的过程中诞生的。该原则同大陆法系国家“自由心证”制度所奉行的“证据自由”“证据评价自由”“内心确信”④ 有着相同的本源，同英美法系以证据相关性为“逻辑主线”的可采性与排除规则系统有着相似的体系精神。尽管证据裁判原则的对应表述从未直接出现在两大法系的法律规范中，但这并不意味着证据裁判原则是证据证明体系的细枝末节。

---

① 张保生等：《证据法学》，高等教育出版社 2013 年版，第 54 页。

② 陈光中主编：《证据法学》（第四版），法律出版社 2019 年版，第 3 页。此外，一些代表性的证据法学著作也持有类似观点，如陈瑞华：《刑事证据法学》，北京大学出版社 2012 年版，第 7-9 页。何家弘、刘品新：《证据法学》，法律出版社 2011 年版，第 3-30 页。

③ 陈光中、郑曦：《论刑事诉讼中的证据裁判原则——兼谈〈刑事诉讼法〉修改中的若干问题》，载《法学》2011 年第 9 期。

④ 施鹏鹏：《刑事诉讼中的证据自由及其限制》，载《浙江社会科学》2010 年第 6 期。

通过对两大法系证据证明制度的审视，可以发现在近现代刑事法庭事实认定逻辑的演化进程中，通过证据发现真相已经固化成为不言自明甚至不需言明的共识和公理。例如，在前述大陆法系“自由心证”的“三大支柱”中，在证据形式不受限制、证据个体和证据集合的证明力不受法律预设影响、证明标准为法官诉诸理性良心之“内心决断”的背后，是严格的依据理性“对证据批判性审查的……核心任务”①，以及对社会公开并附有说服义务的立足控辩所提交证据的严格推理过程。可以说自由建立在证据的严格审查之上。再如，传统的研究观点认为英美刑事“初审程序在一般情况下具备终审的性质”②，其终审性质源于初审程序的事实认定者（陪审团）在裁决事实问题方面的权威性，而这种权威性源于陪审团接触“第一手材料”并能够直接处理“经过感官接触的材料和信息”③，因此对事实问题的裁决能力和条件要优于上诉审法官。而从经验实践的现实来看，“上诉法院（确实）很少能够成功挑战初审法院认定的案件事实”④。这似乎说明作为事实认定者的刑事陪审团并不受证据裁判基础的钳制，然而在实际上《美国联邦证据规则》（以下简称《联邦规则》）第 401 条确立了关于证据采纳的“经验相关性”规则。尽管该标准被认为是“最低程度的要求，旨在最大限度地放宽标准，鼓励事实认定者接触尽可能多的证据”⑤，但其后美国《联邦规则》第 403 条明确了所谓“法律相关性”的可采性权衡规则，以及《联邦规则》第四章、第六章、第七章、第八章等就品性证据、事后补救措施、特定先前行为、证人弹劾规则、专家证言的可采性规则、传闻的排除及其例外、证据的验真与辨认等庞杂繁复的证据可采性规则。而这些规则无疑都旨在保障事实认定结论的达成是基于事实、理性，而非误导、曲解或臆想，也

---

① 施鹏鹏：《刑事裁判中的自由心证——论中国刑事证明体系的变革》，载《政法论坛》2018 年第 4 期。

② ［美］米尔伊安·R. 达玛什卡：《司法和国家权力的多种面孔——比较视野中的法律程序》，郑戈译，中国政法大学出版社 2015 年版，第 321 页。

③ 研究者认为初审阶段，陪审团得以直接观察证据，尤其是证人证言，他们不但能听到证言，而且能感知到证人讲述证言的方式，而这对于辅助他们判断证人是否如实陈述有着非常大的帮助。See Chad M. Oldfather, Appellate Courts, *Historical Facts*, *and the Civil-Criminal Distinction*, 57 Vanderbilt L. Rev., 2004, p. 512.

④ See Michael Hannon, *A Closer Look at Unpublished Opinions in the United States Courts of Appeals*, 3 J. APP. PRAC. & PROC, 2001, p. 221.

⑤ 王进喜：《美国〈联邦证据规则〉（2011 年重塑版）条解》，中国法制出版社 2012 年版，第 56-57 页。

正是在这个意义上其“与证据裁判原则的基本精神完全一致”①。

回到证据裁判原则在我国刑事程序的具体实践中，其组成要素包含如下四个方面：第一，认定案件事实只能依据证据，禁止事实认定者以非理性的方法判断案件情况；第二，认定案件事实所依据的证据必须是具备证据能力（资格）前提的；第三，认定案件事实所依据的证据必须经过法庭质证程序公开查证属实②；第四，综合全案证据，应达到法定证明标准。据此可见证据裁判原则正是用于规制从证据到事实认定结论过程之理性规范性的。也因此说，我国刑事证据制度是在证据裁判原则基础上构建的，研究者将该理性规范过程表述为“材料—证据—定案根据”③ 的纵向框架。

首先，“材料”为 2012 年《刑事诉讼法》修正时，更正以往对证据概念的“事实”定性，规定证据是“可以用于证明案件事实的材料”。以“材料说”弥补证据概念“事实说”又需“查证属实”的逻辑漏洞。而“材料”定性的较低标准正对应大陆法系的“证据自由”的形式不设限制，以及美国的“逻辑相关性”的宽泛要求。这些设置都旨在鼓励事实认定者尽可能多地接触证据，这也符合边沁回归自然的真相观，即“只有接触尽可能多的证据，才更有可能查明案件事实真相”。也因此，“所有‘材料’必须综合审查和运用，方能作出证据的排除或采信以实现对事实的认定”④。

其次，“材料”只有在符合特定证据种类的形式和实质合法性要求之后才被称为证据，也才能被用于证明案件事实。这一过程表现为对证据资格的形式限制，但在实质上正体现为查明案件事实真相的理性干预。例如，自杜某武案中出现“警犬辨认与测谎仪测试结论”⑤ 被用于证明案件事实之后，其包含的技术风险与伦理缺陷即实际上被吸收进了从材料到证据的转化过程。此外，更具规范价值的是，这一转变还包含了类型化的查证思路，在我国《刑事诉讼法》及相关司法解释当中，即基于八种证据类型的各自特点而分别规定了查

---

① 陈光中、郑曦：《论刑事诉讼中的证据裁判原则——兼谈〈刑事诉讼法〉修改中的若干问题》，载《法学》2011 年第 9 期。

② 公开查证属实要求存在例外情形，即通过监听、刑事特情等技术侦查手段获取的证据。

③ 吴洪淇：《证据法体系化的法理阐释》，载《法学研究》2019 年第 5 期。

④ 张栋：《中国刑事证据制度体系的优化》，载《中国社会科学》2015 年第 7 期。

⑤ 汪建成：《论证据裁判主义与错案预防——基于 16 起刑事错案的分析》，载《中外法学》2015 年第 3 期。

证、采信的不同方式。如物证、书证在不符合法定程序、可能严重影响司法公正、不能补救或合理解释的情况下才能排除；以及生理上、精神上有缺陷的被害人、证人和被告人所作的陈述、证言和供述要有其他证据印证的才可以采信；视听资料、电子数据在制作、取得的时间、地点、方式等有疑问不能证明或合理解释的等。由此可见，从材料到证据的“合法性”规范，也同样包含了去伪存真，服务于查明事实真相的理性努力。

最后，“证据必须经过查证属实，才能作为定案的根据”。查证属实的方式包括但不限于当庭出示、辨认、质证，这些过程同样体现了符合经验、理性的方法论要求。其不依赖神明旨意，不听信虚妄誓言，更不需要决斗者手中的武器。也即从证据到定案根据，必须经过某种理性方法的查验。例如，“证人证言必须经过双方质证，才能作为定案根据”“鉴定人拒不出庭作证的，鉴定意见不得作为定案根据”“材料来源不明或者其真实性无法确认的，不得作为定案根据”等。在这些具体方法背后体现的是经由理性把握的经验概括或理性共识，如兼听则明、当面对质、可靠来源以及原件原物等。同时查证属实本身也是指向事实真相的，经过查证属实的证据将直接建立与事实认定结论间的证明关系，这一关系是对“被认为是正在发生或曾经发生的任何行为或事件状态”①的确认。换言之，是对曾经发生的时空真实性的确认。这种真实性反映于客观实际，记录于相应的载体材料。例如，恐龙之于恐龙化石、历史事件之于出土文物，认定前者必基于后者。

(二)“事实清楚，证据确实、充分”的认识论基础

在《中共中央关于全面推进依法治国若干重大问题的决定》（以下简称《决定》）确立的以审判为中心的诉讼制度改革思路中，以审判为中心的表述被解读为“侦查机关以司法审判标准为中心，对证据事实与法律适用严格把关、能够经受审判检验”②。这就意味着从刑事诉讼程序立案开始，就应当按照能够经得起控辩双方质证、经得起审判查证认证的检验。就认识层层推进的规律而言，现有刑事证明标准“事实清楚，证据确实、充分”无疑正扮演以审判

---

① John H. Wigmore, *A Students' Textbook of the Law of Evidence* 7 (1935), quoted in Bryan A. Garner, ed., Black's Law Dictionary 11th edition, p. 735.

② 龙宗智：《“以审判为中心”的改革及其限度》，载《中外法学》2015 年第 4 期。

为中心改革推进中的“认识完成的节点”①。在传统上，“事实清楚，证据确实、充分”被认为是“以客观性为基点……受‘唯物主义’哲学主张的影响”② 的“外部性”认识体系，其被认为有别于诉诸内在判断的西方证明体系。直到2012年《刑事诉讼法》的修正，英美语境下的“排除合理怀疑”概念才被纳入我国立法，用以帮助解释“证据确实、充分”的具体含义。这一举措被一些研究者解读为“中体西用”③ 的立法创制。同时也有研究者根据走访的实践指出，实务办案人员似乎“并未体会出这种嫁接前后的不同”④。其中既有“合理怀疑”概念本身所蕴含的文化差异、理解上的缺乏共识等因素⑤，也有“合理、怀疑”的语词含义相较仍在立法条文中的“确实、充分”而言，难以把握的原因。毕竟以证据间的彼此印证来实现“确实、充分”的标准要求，既符合诉诸外在的客观性，也便于操作和厘清权责。反而是“怀疑”或者“合理怀疑”，因明显诉诸内心的判断逻辑，过于凸显主观性，易造成实践中的权责混淆、不便于操作，如依照前述我国刑事程序层层推进的逻辑，这种怀疑是法官的怀疑还是侦查人员或检察官的怀疑？此外，什么是合理的怀疑？什么又是不合理的怀疑？也因此，在当前的司法实践中，其所具有的观念破局意味或许仍胜于其实践价值。

在当前的立法条文中，“证据确实、充分”被阐释为定罪量刑的要件事实均有证据证明、作为定案根据的证据均经法定程序查证属实、综合全案证据排除合理怀疑。在这种官方解读中，要件化的事实与证据间的对应证明以及“材料—证据—定案根据”的纵向转化程序是符合传统外部性的认识逻辑的，具有

① 谢小剑：《以审判为中心改革中的统一证明标准：学术争辩与理论反思》，载《当代法学》2019年第5期。秦宗文：《司法改革新语境下公诉证据标准在检讨》，载《暨南学报（哲学社会科学版）》2018年第12期。

② 龙宗智：《中国法语境中的“排除合理怀疑”》，载《中外法学》2012年第6期。

③ 李训虎：《刑事证明标准“中体西用”立法模式审思》，载《政法论坛》2018年第3期。

④ 实务部门的办案人员反映“没觉得办案和以前有什么不同”。参见张栋：《中国刑事证据制度体系的优化》，载《中国社会科学》2015年第7期。

⑤ 在基督教信仰的前科学世界中，事实认定者一方面承受着审判“僭越神的权力”带来的精神压力；另一方面有时也可能面临（来自审判中被判败诉一方的）家族复仇的危险。“排除合理怀疑”形成于这样的信仰背景中，被认为“是一个让法官免于道德危险的制度设计”。而这种文化背景既不存在于我国的司法实践中，甚至也已经不存在于其起源地的英美国家。参见［美］詹姆士·Q. 惠特曼：《合理怀疑的起源——刑事审判的神学根基》，佀化强、李伟译，中国政法大学出版社2012年版，第15-17页、第189-192页。

较明显的客观性；而“排除合理怀疑”的表述则在某种程度上动摇了关于证明标准的客观性语境，其需要诉诸侦查人员、检察人员或审判人员内心对于“合理、怀疑”的主观判断。这被权威观点解读为主客观统一的“双保险”，只有对“客观”证据证明结论（事实认定结论）不存在“主观”的合理怀疑时，才能认定达到刑事证明标准①，满足认识要求。但也有研究者指出，这种立法解读方式“已经承认了证明标准的主观范畴……甚至是在一定程度上降低了‘证据确实、充分’”② 的原“客观主义”标准要求。此外还有研究者提出，“两种异质证明标准”的互为解读，实际上难以起到互相平衡、优势互补的预期效果，反而可能给司法实务人员的实践操作留下混淆的空间，“由其自主选择适用或者合并适用”③，而这正呼应了前述办案人员未感受嫁接前后的不同的问题。

围绕这种主客观融合，打通中西的立法模式的争论仍在持续，也吸引着来自学术研究和实务部门的广泛关注与思考。而无论支持者还是反对者都默认了“证据确实、充分”与“排除合理怀疑”代表了“两种异质”证据证明理论。即便立法者在这种“冲突的混合”之后多次重审混合并未修改“证据确实、充分”的实质内容④，但在这看似冲突的表象之下，实则是容易被忽略的二者在认识论系统中的某些重要相似性，而或许正是这种相似性才是塑造当前模式，并能够帮助我们更好地理解它的“存在合理性”的关键所在。在认识论系统中，作为“以知识为对象而作理论的陈述（的）学问”⑤，其包含了个体对知识本质、知识结构、知识的来源以及对知识所持信念的态度等方面。在这套系统中，认识论所体现的不只是主体对知识理解的某个侧面，而是呈现知识理解和运用的复杂性，并使主体认识在复杂性的各个层面都可以发挥其效用。换言之，在所谓的“实用主义立法策略”之下，传统上被认为是“唯心主义的代表”⑥ 的“排除合理怀疑”之所以可以为我所用，其实用主义的合理解释即在

---

① 郎胜主编：《中华人民共和国刑事诉讼法修改与适用》，新华出版社 2012 年版，第 123 页。

② 汪建成：《刑事证据制度的重大变革及其展开》，载《中国法学》2011 年第 6 期。

③ 李训虎：《刑事证明标准“中体西用”立法模式审思》，载《政法论坛》2018 年第 3 期。

④ 参见全国人大常委会法制工作委员会编：《关于修改〈中华人民共和国刑事诉讼法的决定〉条文说明、立法解释及相关规定》，北京大学出版社 2012 年版，第 53 页。

⑤ 金岳霖：《知识论》，商务印书馆 2019 年版，第 1 页。

⑥ 李训虎：《“排除合理怀疑”的中国叙事》，载《法学家》2012 年第 5 期。

于二者在认识论系统中的重要功能相似。具体而言，在认识论范畴中，刑事证明标准是用于衡量诉讼认识结果（事实认定结论）的，这正是传统认识论所重点关注的，即“知识是否以及在多大程度上与对象一致，以及在多大程度上独立于认识主体”①，也即“认识结果的客观性”。在这个意义上，“证据确实、充分”强调的证据对定罪量刑事实的证明、对证据的查证属实过程自然是独立于认识主体的，是追求与认识对象——案件事实——相一致的，是传统上认为的“在根本上，任何案件事实，通过正确地收集、分析证据，是可以查清的”②；而“排除合理怀疑”在前述的英美“理性主义传统”概念之下，也同样是强调“回归真相”，寻求与“外在”客观真相相符的，绝不是认识主体的“想当然”。诚然，即便“排除合理怀疑”那“无法琢磨、难以界定”③的混合着神学、宗教、道德慰藉的演化历史仍然让作为域外观察者的我们倍感担忧，但可以明确的是，这一标准绝非事实认定规则体系中的仅字面含义的孤立存在，它与前述美国《联邦规则》中对相关性规则、可采性规则等的复杂设计共同源于一套共生的证据系统。该系统服务于在尽可能地程度上保障“排除合理怀疑”之内心确信，是源于客观证据，源于摒弃了偏见、混淆、危险性等主体缺陷的独立认识结果，是相信理性能够通过一定方法发现过往真相的“可知论”的体现，这也对应了“理性主义传统”的题中之义。概言之，二者在奉行可知论的“乐观理性主义认识论”④ 立场上相一致。按照这一思路，我们将探讨作进一步的延伸，在对大陆法系“自由心证”系统的理解中，“自由评价”这一口号性概念语词所具有的强势传播与影响，往往使得外部观察者容易忽视与之配套的对证据自由评价的审查与限制，以及源于判决责任伦理的限制。在该意义上，认识论系统中主客观立场的冲突是同时存在于“证据确实、充分”“排除合理怀疑”以及“自由心证”这些证明系统中的。正如在我国立法者的当前考量中，“证据确实、充分”的表述需要辅之以主观语词修正其过于客观外向的认识论立场的做法。“排除合理怀疑”和“自由心证”的所谓“唯心主义”

① 吕乃基：《大数据与认识论》，载《中国软科学》2014 年第 9 期。

② 张子培主编：《刑事诉讼法教程》，群众出版社 1987 年版，第 192 页。

③ ［美］詹姆士·Q. 惠特曼：《合理怀疑的起源——刑事审判的神学根基》，佀化强、李伟译，中国政法大学出版社 2012 年版，第 3–5 页。

④ 龙宗智：《中国法语境中的“排除合理怀疑”》，载《中外法学》2012 年第 6 期。

概念，实则都伴随着源于证据限制的、责任限制的“客观主义”的外在平衡，而这也是基于理性主义的认识规律的体现。

在一个更广泛的意义上，将“排除合理怀疑”“自由心证”以及“事实清楚，证据确实、充分”的语词概念剥离其所属的证据证明体系，孤立地、机械地做非主观即客观、非唯物即唯心的分类，既无必要亦失之偏颇。正如米尔伊安·R. 达玛什卡在评价对抗制与纠问制的差别时指出的，“这种二元对立式的分类法是不确定的或含糊的”[①]，无论是大陆法系国家还是英美法系国家的诉讼制度都包含着二者的混合特征。因此，就用“排除合理怀疑”注解“证据确实、充分”而言，与其说是矛盾冲突，不如说是理性完善的某种必然，本质上是由其背后的理性主义认识论的某种共通属性所决定的，这也是对“二元对立式”的僵化观念的矫正。诚然，至于现有的立法安排模式是不是这种平衡理念的最佳体现，仍是值得探讨的问题。正如有研究者所言，这种“加强主观性的努力是值得肯定的……但……并不代表立法模式的无懈可击”[②]。

（三）证据与证明活动中的多元价值观

在理性主义模式中，尽管程序法的直接目标被认为是实现裁判的准确性，但在有关证据与证明的理性主义理论前提中，“真相与其他价值相比被赋予了崇高但不必然压倒一切的地位”[③]。例如，效率、成本、公共福祉、程序公正、人权保障等价值诉求也同样会被考虑在内，甚至会在特定的程序进程中被置于超过查明真相的定位。这就必然面临一个问题，即在理性主义框架下，以外在真相为依据的求真认识论与多元价值的诉求间是否存在矛盾？而理性主义又是如何呈现并处理这种冲突诉求的？

首先，理性主义并非预设一系列无法实现目标的理想类型，威廉·特文宁将其定义为“一种智识传统的可行性标准假设”。在这种智识认识中，首要摒弃的是“怀疑主义”“不可知论”以及所谓狂热的“全知论调”，事实认定的准确性当然应被置于程序构建的核心地位，甚至被视为裁判所要实现的主要目

---

① ［美］米尔伊安·R. 达玛什卡：《司法和国家权力的多种面孔——比较视野中的法律程序》，郑戈译，中国政法大学出版社 2015 年版，第 5-6 页。

② 李训虎：《刑事证明标准“中体西用”立法模式审思》，载《政法论坛》2018 年第 3 期。

③ ［英］威廉·特文宁：《反思证据——开拓性论著》（第二版），吴洪淇等译，中国人民大学出版社 2015 年版，第 91 页。

标，因为这关乎法律实现权利和义务分配的正当性基础。① 可以预见，没有准确的事实认定，就没有准确的权利义务分配基础。但如果事实认定忽视甚至抛弃一切其他关注或价值诉求，将准确性置于绝对化、理性化的境地，如在观念或实践中追求“起诉准确率达 100%、‘无一件被判无罪’‘无罪无判’‘命案必破’”② 等目标，这就反而超出了“理性主义”所遵循的理性本身，是非理性的，而这也是导致制度异化的认识根源。

其次，多元价值诉求本身即理性化的体现。刑事案件事实认定活动是服务于刑事法律制度体系的，而法律是“人的行为的规则和标准”，其通过约束人的行为而实现某种目的性结果。而在所有这些指向特定结果的行为模式中，“理性充当首要原则”③。换言之，“在法律科学中，与人们的要求、愿望或需求等相关的目的性内容被以利益的形式纳入法律制度的考量中”④，在利益形式的背后，是理性的博弈、妥协和共识。正如罗斯科·庞德所言，法律制度所需达到法律秩序的目的正是通过对这些利益的观照实现的，包括“承认某些利益，通过权威性司法程序在一定限度内实现这些利益，并在确定限度内保障这些利益”⑤。具体而言，这些利益包括但不限于和平与秩序、一般安全、一般的健康状态及相关保障等。概言之，通过刑事法律制度所希望实现的法律秩序是包含了满足多种利益诉求的，这背后皆是理性目标的体现。很难想象法律规范体系会如科学实验室的某项研究一般仅指向某个具体目标。法律规范体系正因其需要承载、评价的人的行为的复杂性，而必然体现多样化的评价标准或制度设计，而这在根本上决定了刑事法律制度体系是多元价值的。此外，需要强调的是，这些价值体系在不同的文化制度、政治体制、经济环境中可能是不同的，甚至是相冲突的，但这并不妨碍它们都是遵循理性主义核心特征的，是理性推论的结果，正如威廉·特文宁所言，这些争论大部分可以被理解成理性主义传统内部的争论。

综上来看，刑事法律体系中的理性主义以外在事实真相的查明为其理想目

---

① ［美］罗纳德·J. 艾伦：《罗纳德·J. 艾伦教授论证据法》（上），张保生等译，中国人民大学出版社 2014 年版，第 120 页。

② 张保生：《刑事错案及其纠错制度的证据分析》，载《中国法学》2013 年第 1 期。

③ ［意］托马斯·阿奎那：《论法律》，杨天江译，商务印书馆 2018 年版，第 3 页。

④ ［美］罗斯科·庞德：《通过法律的社会控制》，沈宗灵译，商务印书馆 2010 年版，第 39 页。

⑤ ［美］罗斯科·庞德：《通过法律的社会控制》，沈宗灵译，商务印书馆 2010 年版，第 39 页。

标，以反映时代特征、文化传统、秩序文明的多元化价值诉求为其理性标志。以此为标准，对我国刑事证据及证明理论体系进行考察，可以发现与“多元价值诉求”密切关联的一般原则规范并未得以充分体现。传统刑事案件事实认定活动是建立在马克思辩证唯物主义认识论基础上的，“真理论”“可知论”“客观真实论”等语词概念奠定了事实认定认识活动能够也应当如实反映客观真相的实践观念。尽管其后伴随“20 世纪 90 年代中国法学的主流话语萌生出的强烈的自我反省和批判意识”①，“客观真实论”的传统观念一度受到动摇，诸如“探讨司法证明在司法场域独特诉讼条件限制下的认识相对性”②“反思诉讼认识活动在探寻真相之外的其他价值、政策目标的定位问题”③以及“尝试在‘客观真实论’与‘法律真实论’之间进行某种调和的论证”④。这些研究也确实推动了诸如前述证据“材料说”入法、“排除合理怀疑”对“证据确实、充分”的“主观化”改造。但在实践层面，刑事案件事实认定对印证证明模式的依赖仍然突出了其赋予办案以“‘外部性’特征，能够为办成‘铁案’提供可视的标准”⑤；而“排除合理怀疑”相较“证据确实、充分”明显缺乏可供实践把握的外部特征，以致一线办案人员多认为“不可能用主观的确信程度来挑战形式上的客观要求”以及“‘排除合理怀疑’作为解读‘证据确实、充分’的三项条件之一，反而是对‘证据确实、充分’提出了更高的要求”⑥等都说明了“客观真实论”仍然在证据证明活动中扮演着重要角色。而这就使得“一些重要的政策性价值在证据法中依然缺位”⑦，也影响了“理性主义”在我国证据规范中的贯彻体现。例如，《刑事诉讼法》第 193 条虽然规定被告人的配偶、父母、子女不得被强制出庭，但他们并未被免予强制作证，也即他们在实际上

---

① 黄文艺：《迈向法学的中国时代——中国法学 70 年回顾与前瞻》，载《法制与社会发展》2019 年第 6 期。

② 卞建林、郭志媛：《论诉讼证明的相对性》，载《中国法学》2001 年第 2 期。

③ 陈瑞华：《从认识论走向价值论——证据法理论基础的反思与重构》，载《法学》2001 年第 1 期。

④ 王敏远：《一个谬误、两句废话、三种学说——对案件事实及证据的哲学、历史学分析》，中国政法大学出版社 2013 年版，第 71 页。

⑤ 汪海燕：《印证：经验法则、证据规则与证明模式》，载《当代法学》2018 年第 4 期。

⑥ 尽管这两种说法源于谢澍教授在法院系统所做调研的结果，但可以预见的是，从实践办案对规范可操作性以及把握标准的明确性而言，这种观点应该反映了包含侦查人员在内的一线办案人员的普遍观念。参见谢澍：《从“认识论”到“认知论”——刑事诉讼法学研究之科学化走向》，载《法制与社会发展》2021 年第 1 期。

⑦ 吴洪淇：《证据法体系化的法理阐释》，载《法学研究》2019 年第 5 期。

并未被赋予“亲属关系特免权”。这与英美法系国家的“婚内交流特免权”“婚姻证言特免权”[①] 以及大陆法系国家的“基于身份关系的一般拒绝作证权”“基于特定事项的反对陷配偶于罪的特免权”[②] 的通行规定相冲突。再如，《刑事诉讼法》第53条规定运用证据的一般原则时只强调了“必须忠实于事实真象”，在《高法解释》第139条和最高人民检察院《人民检察院刑事诉讼规则》（以下简称《高检规则》）第62条规定的对于证据的一般审查认定要求中，也仅是立足于事实真象的“符合论”要求的体现。相较而言，美国《联邦规则》第403条明确了证据审查时因“偏见、混淆、浪费时间或其他原因”而排除的规定，而在“普通法”的传统证据理论观念中，排除证据即意味着排除真相。因此可以说第403条是明确地赋予了事实认定者将多元价值置于事实真相之上的权宜选择权的。此外，德国的证据禁止制度也明确了其超出狭义的“收集证据手段和方法的违法性”内容，而是扩大到了可能损害“某一宪法性权利”[③] 的开放性规定，包括“人格尊严”“社交隐私”“各种特免权”等，这同样反映了其证据证明理论中的多元价值倾向。整体相较，我国刑事案件事实认定仍然是以查明案件真相为核心目标的，如《高法解释》第83条、第84条对物证、书证为原物的要求，对复印件、复制品的“确认真实”的定案要求；第91条在证人“无正当理由拒绝出庭或拒绝作证的”情况下，还要求其证言的真实性“无法确认”才可以将其排除；第95条规定讯问笔录在没有签名，没有讯问时间、地点、记录人的情况下，并不当然排除，而是进一步给予了其补正或合理解释的机会等。

但这并不是说我国刑事证明体系就是“唯真相”的，也并不意味着多元价值诉求不会成为我国证据制度未来的追求目标。以2012年《刑事诉讼法》的修正为契机，“非法证据排除规则”的确立标志着“保障人权”价值在规范层面对查明真相的“惩罚犯罪”价值的超越。这意味着在刑事案件事实认定活动中“查明案件事实真相”的单一价值诉求被打破。尽管实践中，偏重“惩罚犯罪”的客观真相论仍然占据着统治地位，突出程序、人权保障的价值诉求面对

---

① 参见美国《联邦规则》第504条规定。

② 参见《德国刑事诉讼法》第52条、《意大利刑事诉讼法典》第199条。

③ 陈瑞华：《比较刑事诉讼法》，中国人民大学出版社2010年版，第183页。

着“几近休眠的非法证据排除实践”[①]，但传统“一元价值”的刑事案件事实认定体系终究是被动摇了。而如《刑事诉讼法》第64条对证人保护措施的加强，第192条第3款对鉴定人出庭要求的规定“鉴定人拒不出庭作证的，鉴定意见不得作为定案的根据”，都进一步体现了对“对质权”这个宪法性权利保障的要求。此外，《刑事诉讼法》第238条也通过审级救济程序明确了“正当程序”价值所具有的独立意义，二审法院在发现一审法院审理中存在程序违规情形时的“直接发回重审”。与此同时，伴随着《决定》提出的庭审实质化改革的全面推进，传统围绕侦查案卷所记录结论的再审查式程序，将有机会转变为对刑事诉讼程序的过程性把握，辩方主张将更有效地参与进来，使传统对结果的评价转化为对过程方法的评估。而这个过程，将提供不同价值诉求、不同评价体系的现实介入途径。

第二节 刑事案件事实认定的实质性论证特征

事实认定在刑事法律语境中有着独特的呈现形式。如前所述，“事实与事实问题”的探讨是在与“法律问题”的区别对照中，逐渐获得独立自省的，而这种对照首先发生在对陪审制度的现代反思过程中。在法律法语（Law French）[②]从出现并逐步广泛适用于法律文书和诉讼程序的12世纪60年代到14世纪70年代，“事实问题”这一概念并未出现[③]。在更广泛的意义上，尽管在英国经验主义研究传统中，有关事实的命题一直颇受关注，与事实认定有关的假定或其他技术手段曾被广泛地讨论和采用，但有一种主要的观点是，司法程序研究中对事实或事实问题的认识均直接借用于或间接改编自法学类的相关研究[④]。概言之，事实从法律中的分离，是附属于陪审团在其漫长历史发展后向裁判者角色演进的过程中的。因此可以说，事实和事实问题在法律语境中的出

---

① 左卫民：《“热”与“冷”：非法证据排除规则适用的实证研究》，载《法商研究》2015年第3期。

② 薛波主编：《元照英美法词典》，法律出版社2003年版，第788-789页。

③ 事实问题（Matters of Fact or Choses en fait）这一术语并未出现在法律法语词典或其他较早期的英语专业词典当中。

④ Barbara Shapiro, *Law and Science in Seventeenth Century England*, 21Stanford L. Rev., 1969, p. 727, 766.

现是被赋予（绑定）了实质内容的。在这个意义上，事实与事实问题才被看作近现代西方陪审制确立的产物。因而对诞生了陪审制的西方司法制度乃至民主文明而言，围绕事实以及事实问题的研究具有重要价值。正如托克维尔强调："陪审制度首先是一种政治制度，应当把它看成是人民主权的一种形式。"[①] 而事实及事实认定为这一政治制度的司法功能的发挥提供了依据。正如詹姆斯·塞耶所言，事实与法律的区分是陪审团员（人民）演变为裁判者的必要条件。就本节的研究而言，事实及事实问题有着更加现实的视角。按照前述观点，刑事诉讼的事实认定是以常识容易辨认的单纯事实为依据的，这奠定了人民参与司法的认识基础，也正是基于该认知"陪审团与法官平权"。在民事诉讼中，尽管超出经验意义上的事实部分似乎在形式上进入了纯粹的专业领域，但这并不意味着对事实认定问题的探讨将有所不同。而陪审制将伴随事实与法律问题区分的探讨与反思，使公民得以分享法官的思维习惯，并进而"养成权利的观念"。[②] 而我国人民陪审员制度的确立也被认为是"中国特色民主政治制度的组成部分"[③]。总而言之，围绕事实与事实认定的探讨是以绑定了或服务于某种实质目标的形式而作用于更广阔领域、获得更多实质影响的，这在根本上决定了事实认定推理的实质性特征。

一、从"证据推理"到"法律推理"的一般性问题

在研究实践中，诉讼中的事实认定因表现为依据证据的推理（运用证据认定事实的思维过程），因此也常被称为"证据推理"。证据推理这一概念对于强调司法事实认定活动中理性思维能力的核心价值，突出证据对于事实认定推进的根基性地位而言具有合理性。但在司法语境下，是否依据证据或运用证据的事实认定证据推理属于一般的理性推理或法律推理活动，从而使得"证据推理"具备某种独特性呢？要回答这一问题，需要首先明确一个前提，即刑事案件的事实认定活动与适用法律的决策过程同属于法律认识论范畴，受认识论的决策责任机制（Epistemically Responsible Decision-Making）影响。具体而言，对

---

① 托克维尔认为，陪审制是人民实施统治的最有力手段，也是使人民学习统治的最有效手段。参见［法］托克维尔：《论美国的民主》（上卷），董果良译，商务印书馆 2013 年版，第 346 页。

② ［法］托克维尔：《论美国的民主》（上卷），董果良译，商务印书馆 2013 年版，第 344-350 页。

③ 姚宝华：《论人民陪审员制度的功能定位》，载《法律适用》2017 年第 11 期。

于解决事实认定问题和法律决策问题而言，它们的首要认识任务——“证据收集与理性推理”并无二致，同时二者均强调依赖数据、依赖准确的记忆、依赖理性等认识优势，以及厌恶盲目猜测、忽视证据、主观臆想等认识缺陷。[①] 依据言词证据或实物证据的传统事实认定活动，与依据规则、判例、司法解释的法律适用过程，虽然在外部形式或司法功能上各异，但二者之间并不存在本质上的，或者说逻辑结构形式上的差别，反而在更深层次上体现着理性思维的某些共性。在西方主流的证据研究理论中，当论及司法语境中的事实认定或运用证据的理性推理活动时，“Evidential Reasoning（Evidence Reasoning）”这样的特指概念较为少见，像在一些权威性的法律辞典中也并未收录“Evidential Reasoning（Evidence Reasoning）”[②] 这样的表述。而出现较多的是“Inferential Reasoning、Legal Reasoning”[③] 等概念，甚至是直接使用“reasoning”[④] 来表述该过程。

对此，罗纳德·J. 艾伦认为法律中传统的事实问题是指法官或陪审团依据提出的证据进行推论或重建某些现实片段的过程，而法律问题也包含着依据提出的材料进行推论和重建某些片段的活动，所不同的是法律问题的处理所依据的材料是宪法、成文法、司法裁决或判决意见书、规例等，所重建的现实是法律本身，如法律解释、重述等活动。他进而指出这种结构的相似性也决定了二者不存在“本体论（epistemology）”和“认识论（ontology）”上的差别，也就是说“证据推理”与“法律推理”并不存在推理类型和逻辑结构上的本质差别。概言之，不同类型的、不同领域的推理活动均建立在广义证据材料或线索信息的基础之上，刑事案件中的事实认定活动在认识论层面并无特殊之处，这也决定了它们分享相同的评价机制和论证规则。

因此，相比法律推理而强调事实认定在理性推理中的特殊性是行不通的。

---

① See A. I. Goldman, *Epistemic Folkways and Scientific Epistemology*, in H. Kornblith ed., Naturalizing Epistemology, 2nd edn, MIT Press, 1994, p. 293.

② 在相关法律词典中均有收录“Legal reasoning”概念，而未发现对“Evidential Reasoning”等概念的收录。参见薛波主编：《元照英明法词典》，法律出版社 2003 年版，第 499-500 页。

③ See Federico Picinali, *Structuring inferential reasoning in criminal fact findings: an analogical theory*, 11 Law, Prob. & Risk, 2012, p. 197.

④ See Ronald J. Allen & Michael S. Pardo, *Facts in Law and Facts of Law*, Vol. 7 International Journal of Evidence & Proof, 2003, p. 153.

事实认定的思维推进过程实际包含了更一般的、更普通的理性推理形式。正如熊明辉教授的观察，他发现即便冠之以“法律逻辑”命名的教科书，也是传统逻辑原理加法律例子（加法律方法）的产物。与之类似，“证据推理”的称谓也在一定程度上存在该问题。证据推理并非法律推理的一个组成部分，也并非法律推理的特殊表现形式。这一观点在代表性学者对“法律论证”与“诉讼论证”概念区别的论述中，可见端倪。“诉讼论证比……法律论证更加有助于法律理性和法律公正的实现……传统的法律论证……不能刻画诉讼博弈过程中的这些论证特征”①。与之相对，“事实认定”的推论结构实际上更契合控、辩、审三方“多主体、主动参与”诉讼博弈过程的论证特征，而“法律推理”以及由其构成的“法律论证”则更多体现了哈贝马斯所言的“作为结果的论证”②，即一个命题真取决于其他命题真的审方视角。

综上，“事实认定”是一个相较传统事实与法律分类研究视角而言，更为全面、更为一般性地反映理性推理活动的场景。最后强调的是，前述围绕“证据推理”“法律推理”“推理”等概念的探讨和比较，并非囿于概念适用之争的目的本身，而是旨在突出“事实认定”活动所蕴含理性推理的一般性。因此，本书在探讨事实认定的推论基础时，将不再刻意区分或使用“证据推理”这一概念，而是在一个更基础也更宽泛的语境中，尝试描述从证据到认定事实过程的形成机制与需要面对的困难。

二、“事实推理”与“法律推理”的区分与关联逻辑

事实问题与法律问题常被作为一组相对照的概念加以研究和阐释，其背后实则是“事实认定推理”与“法律适用推理”两种推理类型在理解与应用中的差别。法律实证主义者认为法律问题本质上也是事实问题，是一种特殊的“事

---

① 其中“诉讼论证是指诉讼博弈过程中控、辩、审三方所使用的法律论证；而传统法律论证概念常常是局限于法律诉讼过程中的司法论证、审方论证或裁判论证”。从这种对照可以看出，诉讼论证概念更契合“事实认定”活动的基本形态。在刑事诉讼程序中，尤其是在我们国家，事实认定在法庭上的展开是控、辩、审三方合力的产物，相较而言，法律适用过程是更倾向审方或裁判一方的，属于传统法律论证的范畴。参见熊明辉：《论法律逻辑中的推论规则》，载《中国社会科学》2008 年第 4 期。

② 熊明辉：《论法律逻辑中的推论规则》，载《中国社会科学》2008 年第 4 期。

实问题”①。与这种观点殊途同归的是“理想主义者”的反思，他们认为“事实与法律相似，甚至完全一致”②。然而这些观点只是把握了事实问题与法律问题神秘又令人混淆的特征的某些层次。在本质上，事实问题与法律问题都属于认识活动，二者在认识论领域具有相似性。其中事实问题的认识论特征自不待言，而法律问题也同样形成于“认识论环境”中，“法律推理”建立在证据及推论基础之上，属于理性认识活动的组成部分。

整体而言，事实与法律的区分源于证据及证明活动的发展与完善。事实问题的研究旨在解决理性经验对历史事实的把握可能，属于典型的经验认识论的关注领域；而法律问题旨在表述概括性的整体层面，正是“对适用于多数案件的一般性规则的期待创造了法律概念”③，其缺乏自然属性，而尤为关注逻辑体系的自洽性和法律思维的连贯性。即便在判例法国家，也从未缺乏在相关判例中寻求提炼某种规范性表达的尝试。④ 因此，一个问题究竟被贴上“事实”的标签还是“法律”的标签，都有着重要的结果意义，我们应当从结果去考察，而不要尝试从源头去厘清。也因此“尽管法律与事实二分服务于关键的教义学功能（Doctrinal Functions），但法律与事实之间的界限并不清晰”⑤。对此威廉·特文宁也指出“法律与事实的区分界限以脆弱易碎出名（Notoriously Fragile），而这在整个西方法律系统中，是一个一般性的问题”⑥。

---

① 包括边沁、奥斯丁、哈特、凯尔森在内的诸多法律实证主义者将法律视为一种无关乎道德的社会性或制度性事实。拉里·劳丹的“法律适用错误在本质上即一种事实认知错误”的观点，正是对法律实证主义者思想的注解。Larry Alexander, *Inculpatory and Exculpatory Mistakes and the Fact/Law Distinction: An Essay in Memory of Myke Balyes*, 12 Law & Philosophy, 1993, p. 33, 37.

② See Peter Tillers, *The Value of Evidence in Law*, 39 N. Ireland Legal Q., 1988, p. 167. Garry Lawson, Proving the Law, 86 NW. U. L. REV., 1992, p. 859, 863-865.

③ Ronald J. Allen & Michael S. Pardo, *The Myth of The Law-Fact Distinction*, 97 Nw. U. L. Rev., 2002, p. 1769, 1808.

④ 例如，从弗赖伊案到多伯特案的法官判决，再到证据规则起草委员会的注释，即包含了法规范逻辑体系的建立和完善过程。参见巩寒冰：《专家证据评判标准的演进思考》，载《时代法学》2013 年第6期。

⑤ Ronald J. Allen & Michael S. Pardo, *Facts in Law and Facts of Law*, 7 International Journal of Evidence & Proof, 2003, p. 153, 171.

⑥ William Twining, *Civilians Don't Cry: A Comment on Mirjan Damaska's "Rational and Irrational Proof Revisited"*, 5 Cardozo Journal of International and Comparative Law, 1997, p. 69, 75.

（一）“事实认定推理”与“狭义法律推理”结构性差异

关于法律适用过程的推理类型，主流表述是“三段论式的演绎推理过程”①。其中又包含了两个具体的步骤，一是为法律推理提供大前提即法律规则的遴选过程，包含了对法律规则或判例的发现、检索和解释，以及对法律体系的协调统一，这在传统上被认为是“法理学的研究领域”；二是法律规则适用于案件事实的应用过程（Law Application）②，即将具体案件事实与抽象规则体系相匹配的过程。这两个步骤构成了传统研究中“法律推理”的全部内容，即威廉·特文宁所言的“将‘法律推理’局限于关于法律问题的推理”③，我们姑且称之为“狭义的法律推理”④。相较服务于事实认定的经验性推理而言，它更为强调“规范性”特征。这种规范性，一方面体现在实质性推理中的“目的性”或“正当性”要求，诸如要求法律适用要基于“评估和批评法律、制定新法令的原材料、填补法律漏洞、阐释法律片段”等途径，并对“促进一般安全、巩固家庭关系、增进民主”等“有益的社会目标产生功效”⑤；另一方面体现在形式性推理中，如法官被排他性的要求适用法律，“法规排斥相反的论据”⑥。许某案中广州市中级人民法院的原一审判决⑦、于某案中聊城市中级人民法院的原一审判决⑧等都体现了该种推理形式的要求。而这种推理类型是很难被外行事实认定者掌握的，它体现了法律作为一个学科体系的特殊性和排

---

① Neil MacCormick, *Legal Reasoning and Legal Theory*, Oxford University Press 1978, p. 86-97.

② 关于法律的应用过程（Law Application）的性质存在争议，有研究者认为“法律应用”属于法律问题范畴，应为这涉及判定运用哪条法律规则；也有学者指出，法律应用涉及对具体事实的判定，因此属于“事实问题”的范畴，只不过是特殊的事实问题类型；也有学者认为，法律应用属于“法律问题”和“事实问题”的中间的过渡地带，既包含部分法律问题，也包含部分事实问题，具体要结合特定的法律分配来考察。See R. D. Friedman, Standards of Persuasion and the Distinction Between Law and Fact, 86 Northwestern University Law Review, 1992, p. 916; H. P. Monaghan, Constitutional Fact Review, 85 Columbia Law Review, 1985, p. 229 .

③ ［英］威廉·特文宁：《证据：跨学科的科目》，王进喜译，载《证据学论坛》2007 年第 2 期。

④ 广义的法律推理应当是包含证据推理的，包括中西方研究者在内的诸多学者，已经注意到服务于事实认定的证据推理是法律推理的重要组成部分，它为三段论的演绎推理提供小前提（事实）。

⑤ ［美］P. S. Atiyah & R. S. Summers：《英美法中的形式与实质——法律推理、法律理论和法律制度的比较研究》，金敏、陈林林、王笑红译，中国政法大学出版社 2003 年版，导言第 4-6 页。

⑥ ［美］P. S. Atiyah & R. S. Summers：《英美法中的形式与实质——法律推理、法律理论和法律制度的比较研究》，金敏、陈林林、王笑红译，中国政法大学出版社 2003 年版，第 7 页。

⑦ 参见广东省广州市中级人民法院（2007）穗中法刑二初字第 196 号刑事判决书。

⑧ 参见山东省聊城市中级人民法院（2016）鲁 15 刑初 33 号刑事附带民事判决书。

他性。

而事实认定阶段是事实认定者通过证据及推论在其内心形成对历史事实（争议事实）的“妥协信念（Negotiated Beliefs）”① 的过程，而法律适用是将这一信念同规范性内容相关联的过程。其中，“妥协信念”并非客观或外在世界的特征，而是福柯所谓“社会建构（Social Construction）”② 的产物。例如，英美法庭上一些法律规则基于这样或那样的实践理由，而排除那些真正具有证明力的证据，从而影响乃至决定事实，詹姆斯·赛耶称之为“陪审团之子”。而在我国，晚近才确立的非法证据排除规则，也在探寻真相与人权保障的冲突之间，选择了类似的妥协。此外，另一个更常见的问题是，法律关注的是特定事实，即要件事实，而非无关紧要的事实外围的间接信息。而受制于外部条件的限制，在缺乏证明特定事实的直接证据时，建立在间接信息（证据）基础之上的推论将被允许。而其被普遍认为相较“事实”是“地位低下（inferior status）”③ 的。如在刑事案件的侦办中，常常缺乏能够直接证明主观罪过（要件事实）的证据材料，而此时推论就是必需的。如在杜某武、佘某林、赵某海案件中，多存在检控方对所谓“凶手”杀人动机的推断，其依据的杀人动机的主观罪过事实分别是“怀疑妻子出轨”“感情不和在外面有人而杀妻”“争风吃醋杀人”，而从后续纠错再审认定的事实来看，这些推论都暴露了明显的常识性概括错误，而这也是推论本身相较事实“地位低下”④ 的原因之一，而这也同样体现了法律对于事实的建构过程。

（二）“证明过程”与“裁判过程”价值取向与形成机制的差异

事实认定和法律适用分别属于两个独立的行为过程——“证明过程”和“裁判过程”。证明过程是通过证据判定历史事实真实发生与否的过程，以真相为取向，是理查德·波斯纳所言的“自然属性（Nature Kinds）”的体现，其

---

① Alvin I. Goldman, *Knowledge in a Social World*, Oxford University Press, 1999, p. 10.

② 有学者指出“这些观点会导致过度夸大相对主义，从而挑战真理的客观性”。参见［新加坡］何福来：《事实认定》，张保生译，载《证据科学》2019 年第 1 期。但不可否认的是法庭裁判并非一个探寻终极真理的空间，它在庭审程序和政治性色彩方面同自然科学领域的显著差异也说明了这一点。

③ 包括爱德华·科克、马修·黑尔等在内的普通法系代表性学者均持有这种观点。See Barbara Shapiro, *The Concept "Fact": Legal Origins and Cultural Diffusion*, 26 Albin: A Quarterly Journal Concerned with British Studies, 1994, p. 227, 252.

④ 张保生：《事实认定及其在法律推理中的作用》，载《浙江社会科学》2019 年第 6 期。

研究的难点是皮特·利普顿所指出的“描述性”问题。对于“以事实为取向”的现代裁判而言，真相信念具有唯一性，但案件证据不完全决定这种唯一性，因此如何描述该形成过程的内在机制仍然是一种黑盒推理（Black Box Inference）①。而揭示该黑盒的研究，将进一步展示事实认定的合理性和正当性，并有助于保障事实认定活动的准确性，减小事实认定的错误风险。

而裁判过程是寻求某种逻辑结论的过程，本质上是法律论证（Legal Argument）。论证理论（Theory of Argument）的奠基人亚里士多德将论证视为“确立结论的科学（the Science of Establishing Conclusions）”。而法律论证也不外如是，其以对法律规则的重新注释和确认为首要功能，重在关注“论证的逻辑理性”②，区别于事实真相的探寻过程。在形成裁判的实际过程中，法律以习惯法或成文法的形式首先确立某种规则：一个人实施特定行为，则构成犯罪，如我国《刑法》第232条规定“故意杀人的，处死刑……”法庭（事实认定者）在这一规则之下负责认定“某甲购买毒药，投毒杀害某乙”是否真实发生，并进而作出有罪或无罪的裁定。对于负责这一过程的法官而言，通行观念是法教义学的，尽管这一观念也正遭受着挑战，但“传统类型的法教义学分析仍然是不可分离的法律思维的核心”③。并且作为规范本身，其并非自然存在之物，而是“语言学的创造（Linguistic Creation），同历史事实存在完全不同的本体论地位（Ontological Status）”④。具体而言，其难点在于前述的法律适用环节。莫纳汉指出，法律与事实概念混淆的根源正在于假定了这一对概念“是静态的对立两级”⑤，而事实上，这个应用过程恰好是一个事实与法律交融的模糊地带。

综上，事实与法律区分是司法理性化的标志，是实用主义立法配置的产物。

---

① See Gilbert H. Harman, *The Inference to the Best Explanation*, The Philosophical Review, Vol. 74, 1965, p. 89.

② Joseph Horovitz, *Law and Logic-A Critical Account of Legal Argument*, Springer-Verlag Wien New York 1972, Introduction 1-2.

③ 尽管理查德·波斯纳详细论证了法律的跨学科发展趋势以及它作为排他性自主学科地位的衰弱趋势，包括经济学、社会学、心理学，甚至是自然科学的研究者、研究思维、研究方法正在方兴未艾地进入并侵蚀传统法律研究领域，但这并不意味传统法学思维和研究的消失。并且作为一名上诉法院的大法官，他也指出，传统的教义学分析方法，仍是其主要的研究和思维工具。See Richard A. Posner, *The Decline of Law as an Autonomous Discipline*: 1962-1987, 100 Harvard L. Rev., 1987, p. 762, 761-780.

④ Richard A. Posner, *The Problems of Jurisprudence*, Harvard University Press: 1990, p. 198.

⑤ H. P. Monaghan, *Constitutional Fact Review*, 85 Columbia Law Review, 1985, p. 229.

尽管“法律问题”与“事实问题”在语言结构[①]、存在状态等方面呈现着明显的差别，却并不意味着二者存在“本体论范畴的种类差别”[②]。究其原因，法律往往是对事实的抽象概括，其源于事实，最终又要以裁判的形式，运用于事实，法律问题因关涉“现实的某个方面……（而呈现为）非常特殊类型的事实问题”[③]；而“事实”也在法律语境中获得了全新的关注，使其区别于纯粹“自然属性”的事实，正如罗纳德·J. 艾伦教授所说，法律语境中所有事实认定活动都包含了规则判定。在这一意义上，“事实”与“法律”又并非真正割裂的，二者无法被真正分开[④]。在整个审判程序中，二者“持续互相调整与适应，直到得出最终的裁判结果”[⑤]。

此外，事实受法律观念和法律规则的影响甚至决定。“什么样的事实能够进入法庭”“事实以怎样的形式呈现法庭”绝非自然属性的，而是法律意志的表达，这对应了文章开篇所言“事实问题”是在与法律的对照中获得解释与描述的。在这个意义上，“事实”与“法律”问题的区分也是法律系统配置的产物。而从服务于实践需求的角度来看，法律配置又是前述功能立场的延伸，服务于形成司法裁判的目的。

如果说上述“建构主义”的分析略显抽象，那么我国《最高人民法院关于适用〈中华人民共和国人民陪审员法〉若干问题的解释》第 9 条“根据案件具体情况，区分事实认定问题与法律适用问题……事实认定问题和法律适用问题难以区分的，视为事实认定问题”的规定，则将“法律配置”的决定性展露无遗。这一规定也回应了前述“在我国的审判程序中，存在权限混淆的风险”的担忧，对此或许可以称之为“分配主义”思路。并且这一思路堪称解释“事实与法律区分”的多数派实用主义方案。在前述条文颁布之前，司法实践中已有

---

① 例如，“事实问题”通常表述为“在某地发生了某事”；而“法律问题”通常表述为“像某事这种情况，应当适用那条规则”或者“某规则是否适用于某事”。

② Ronald J. Allen & Michael S. Pardo, *The Myth of The Law-Fact Distinction*, 97 Nw. U. L. Rev., 2002, p. 1770.

③ R. D. Friedman, *Standards of Persuasion and the Distinction Between Law and Fact*, 86 Northwestern University Law Review, 1992, p. 916.

④ Joseph Horovitz, *Law and Logic-A Critical Account of Legal Argument*, Springer-Verlag Wien New York, 1972, p. 148-160.

⑤ Paul Chevigny, *More Speech-Dialogue Rights and Modern Liberty*, Temple University Press, 1988, p. 165.

大量的采取“分配主义”思路解决“事实”与“法律”之分的规定。如根据我国《刑法》第247条、第248条的规定，刑讯逼供、暴力取证，致人伤残、死亡的，依照故意伤害罪、故意伤人罪论处；虐待被监管人，致人伤残、死亡的，依照故意伤害罪、故意杀人罪论处等。这种在法律语境中，将非基于“故意伤害、故意杀人”之主观目的而产生的伤残或死亡事实视为基于“故意伤害、故意杀人”之主观目的而产生的伤残或死亡事实，即法律拟制（Legal Fiction），正是法律系统对事实与法律配置的结果，因服务于意义重大的实用主义功能而生①。这是法律对事实问题的“建构化”表达，也是特定事实引发法律评价和法律干预的结果。因此，无论从哪个角度去理解，解决事实问题与法律问题时的“分配主义”思路都是颇为清晰的。而在英美法系，也有恩迪科特所谓的“学术共识”，即“事实与法律的区分要么通过法律直接规定解决，要么采纯粹的实用主义立场”②。

（三）事实与法律推理区分的功能性考量：推进司法的理性化进程

“事实与法律区分”并非抽象的理论问题，而是务实的功能性需求。事实与法律的区分的原因首先是功能性的，它是司法理性化的功能性需求。“事实”作为与“法律”相对照概念的出现，既是司法理性化的重要标志，也是司法理性化的内在动力。也正是在这个意义上，恩迪科特指出区别事实与法律问题的合理分析方法（sound analytical approach）应当是功能性的③。法律以事实为取向，而事实以真相为取向。尽管真相总有偏差，一方面受时间、程序、技术水平的限制；另一方面又受价值、描述和评价的剪裁④，但这并不影响事实及其蕴含的真相价值对现代法律体系的根基性意义。这里的实用主义功能指向司法裁判的形成过程。司法裁判的困难在于事实认定与法律适用的“割裂”。这两个阶段存在思维推理、逻辑结构、价值取向的诸多不同。因此法律系统对“事实与法律区分”的“拟制”，不仅是对问题的简单分类，更是有针对性地探讨

---

① L. L. Fuller, *Legal Fictions* (*Parts* Ⅰ-Ⅲ), 25 Illinois L. Rev, 1930-1931, p. 363, 513.

② Timothy Endicott, *Question of Law*, 114 Law Quarterly Review, 1998, p. 292, 307.

③ Timothy Endicott, *Question of Law*, 114 Law Quarterly Review, 1998, p. 292, 293.

④ 典型的有合同、婚姻、民事法律行为等事件的发生，会在法律语言体系中受到“有效”与否的评价，而这直接影响其是否能够成为法律意义上的“事实”。See Karl Olivecrona, Law and Fact 2nd ed., London: Stevens & Sons, 1971, p. 214.

不同研究方法的引入、不同知识结构主体的利用、不同推理形式的运用。通过修补“割裂”，发挥形成最优裁判结论的功能价值，而这背后正是理性主义的本质体现。

1. 服务于主体职能区分的理性裁判优势

职业法官负责解决法律问题，其解决方式是通过直接的司法感知，职业法官具备或应当具备裁决判断法律问题的直接知识，即“法官应当知法”。在这个过程中，职业法官既是法律的解释者、适用者，也是法律问题的裁决者，这在一定程度上保障了从纸面上的法到实际中的法的一致性①；外行事实认定者负责解决事实问题，并借助司法途径提供的外部信息来源，包括目击证人提供的言词证据和其他实物证据，以及由此形成的推论来建构事实。而事实认定者通过获取外部证据信息而建构内心确信的过程与法学专业素养或司法技术水平并无关联，而是基于经验法则和理性推理的基本逻辑判断能力，因此将事实问题的裁断部分赋予外行事实认定者，是目前主流国家的通行做法。它有着诸多优势体现，诸如对预防司法腐败和裁决公正的保障、对理性经验和朴素逻辑判断的追求、对职业法官裁决心理压力的宽慰作用②，而这通常被认为是现代“理性证明”③ 方式的重要体现。

2. 服务于审级权力分配的理性裁判优势

这种划分典型体现在区别初审和上诉审的国家或地区。初审关注事实问题，旨在解决纠纷，上诉审关注法律、政策和隐含的政治性问题。我国并未建立严格的上诉审制度，尽管我国的二审以及死刑复核程序等均在一定程度上体现了在处理事实认定和法律适用错误方面的不同逻辑，但二审很大程度上是“监督和指导初审……（并）没有自觉追求协调统一二审法域内的法律实施，在必要时解释‘造法’④ ”的功能。而在划分初审和上诉审的国家和地区，法律与事

① 尽管也有学者质疑不同的法官在解释目的、解释方法或解释水平上的差异会打破这种一致性，但这种差别是体现在适用法律的横向对比中的，这与裁决事实问题时，事实认定主体与事实直接感知主体相分离的结构性差异是存在根本性不同的。See Ronald J. Allen & Michael S. Pardo, *Facts in Law and Facts of Law*, Vol. 7 International Journal of Evidence & Proof, No. 3, 2003, p. 154.

② ［美］詹姆士·Q. 惠特曼：《合理怀疑的起源——刑事审判的神学根基》，佀化强、李伟译，中国政法大学出版社 2012 年版，第 12-18 页。

③ Ronald J. Allen & Michael S. Pardo, *Facts in Law and Facts of Law*, Vol. 7 International Journal of Evidence & Proof, No. 3, 2003, p. 154.

④ ［美］理查德·波斯纳：《法官如何思考》，苏力译，北京大学出版社 2009 年版，代译序第 9 页。

实区分的功能差异则较为明显，上诉审法院在处理法律问题时遵循“重新审查”规则，即上诉审法院在解释和适用法律问题时，不受初审法院认定结论的影响，具有相当的独立性，这是因为“上诉审法院触及广泛的法律比较（Legal Comparison）资源，能够更好地评估法律问题”①，其重新进行审查，有助于法律适用标准的统一，推进规则的完善与发展；而在处理“事实问题”时则遵循“尊重审查（Deferential Review）”规则，因为“初审法院享有观察证人及其他证据的第一手资料，并且能够评估行为举止可信性问题”②。我国的两审法院在平衡“事实与法律二分”问题时，也在一定程度上借鉴了这一思路。

3. 法律困境和事实困境的差异化应对

对应前述的“割裂”，法庭裁判活动也常面临两种困境。一是在规则层面，表现为规则缺失或规则僵滞，以及机械适用规则可能导致的社会负效益，称为“法律困境”；二是在事实层面，受“证据整理能力及假设评估过程”③ 的影响，事实认定在形成符合法定条件的确信信念过程中出现问题，但并未陷入“最终待证事实处于真伪不明的状态”时，称为“事实困境”④。这两种困境在产生机制和处理方式上存在显著差别，分别对应着事实与法律问题解决途径的不同。

法律困境通常通过法律解释的途径解决，它是对争议法律材料的含义及相关概念、术语等进行进一步说明的活动。它会受到国家政策、立法者意图、法律体系等因素的影响，具有高度的法律专业性和技术性门槛，因此由其得出的结论可能与直觉性判断相悖。如美国《联邦规则》第 407 条规定的“事后补救措施不能用来证明过错、罪错行为”⑤，该规则即体现了证据理论在基于直觉的

① Cooper Industries, Inc. v. Leatherman Tool Group, Inc., 532 U. S., 2001, p. 442-443.

② Cooper Industries, Inc. v. Leatherman Tool Group, Inc., 532 U. S., 2001, p. 441.

③ 巩寒冰：《证据整理与假设评估：侦查阶段的事实认定问题研究》，载《山东警察学院学报》2019 年第 1 期。

④ 有学者在其文章中将“事实困境”定义为“待证事实最终处于真伪不明的状态”。（参见胡学军：《在“生活事实”与“法律要件”之间：证明责任分配对象的务实与回归》，载《中国法学》2019 年第 2 期。）这种定义或许更符合我们通常意义上的理解，但并不符合本书研究“事实与法律二分”的逻辑推导结论。实际上，当这种情况出现时，已经超出了事实认定的功能范畴，即事实无法认定，因此才转而寻求法律的裁决，即证明责任——一种“法律规范”属于“法律问题”的范畴，其在性质上同神明裁判过程的诉诸神意并无本质区别，因为此时的裁判与事实之真相无关。

⑤ FED. R. EVID. 407 Advisory Committee Notes.

经验性评判与更宏大的社会整体福祉之间出现冲突时的取舍问题。我国虽然没有确立类似规则，但其正当性和合理性已在当前理论和司法实践中取得共识。通常而言，面对该类证据，基于直觉的经验性判断会形成如下推理："采取该补救措施的人怀有愧疚心理，这相当于承认了行为时有主观过错或罪错。"[①]如彭某案一审判决书中，法官陈述"如果被告是见义勇为做好事，更符合实际的做法应是抓住撞倒原告的人，而不仅仅是好心相扶"[②]的判决理由，正是基于这种直觉性经验判断所作出的描述。而由此引发的不良社会效应，也印证了对"事后补救措施"证据的采纳，妨害甚至是牺牲了"鼓励人们采取——至少不阻止他们采取——不断增加安全措施的社会政策"[③]。由此可见，法律困境常是一般性的类型化的问题，同更宽泛的社会机制相关，是综合因素的平衡。

而"事实困境"专属于"证据推理"范畴，是指由于在证据整理、形成假设、推理方向等环节出现了偏差，未能在现有证据基础上形成正确的解释方案，并进而错失发现有效潜在证据的机会；或由于推论所依据的经验概括有误，而导致得出错误的推理结论。可见，"事实困境"与"法律困境"有着非常大的差别，因此在解决"事实困境"时，就需要我们对"事实"有更为清醒的认知。

具体而言，司法裁判中的"事实"或者说"事实认定"，是指在证据及其推论基础之上形成真相信念的过程。其中包含两个关键环节，一是整理现存证据；二是形成解释性假设方案。戴维·舒姆在论证法律语境中的事实调查活动时指出："对现存想法和证据的组织方式，强烈地影响着我们有效产生新想法和发现新证据的成功与否。"[④]这是证据推理的第一步，也是基础性步骤，其后"产生新想法"的假设形成过程，则蕴含了形成论证链条的核心步骤。这里论证链条构建的每一个环节，都蕴含了特定时空条件下人类基于经验逻辑的理性

---

① 美国《联邦规则》第407条以立法形式表述了这一规范内容。在我国，证据理论和相关司法实践也在很大程度上对这一规则达成共识。参见［美］罗纳德·J. 艾伦等：《证据法：文本、问题和案例》（第三版），张保生、王进喜、赵滢译，高等教育出版社2006年版，第349-353页。

② 参见南京市鼓楼区人民法院（2007）鼓民一初字第212号民事判决书。

③ ［美］罗纳德·J. 艾伦等：《证据法：文本、问题和案例》（第三版），张保生、王进喜、赵滢译，高等教育出版社2006年版，第351页。

④ David A. Schum, *Marshaling Thoughts and Evidence During Fact Investigation*, 40s. Tex. L. Rev., 1999, p. 401.

共识，这些共识是源于对生活经验常识的总结，因此在特定的时间空间或群体范围内，具有某种稳定性[①]。整体而言，从证据事实到假设的形成过程，建立在概括归纳的基础之上，本质上是理性人对过往事实的普遍经验性总结，戴维·舒姆认为这种推理形式是“不具有创造力上的跳跃性（No Creative Leap）”[②]的，其更多呈现逻辑上的合理性。如在贩卖毒品案件中“违禁品的交易需要高度隐蔽”应当是所有理性主体通晓的经验前提，而类似已知的经验事实也常被理解为“潜在的归纳概括”[③]，而这种合理性在某种程度上决定了（事实认定者）对真相的内心确信程度。因此，当面对事实困境时，其解决途径一定是特殊性的，指向具体的证据整理策略或解释性假设方案的调整或修正。

此外，需要强调的是，当经过对事实困境的修正努力，最终待证事实仍处于真伪不明时，则转而需要通过证明责任规则进行最终裁决。对此，尽管有学者指出，证明责任规则的适用，是事实问题区别于法律问题的重要表现，但依据前述逻辑，当事实真伪不明时，也就意味着通过证据进行推理、认定的活动发生了中断，这是事实问题的边界所在，需要依据证明责任进行裁判。此时的裁判过程在性质上同神明裁判过程的诉诸神意并无本质区别。因为此时的裁判与“事实之真相”无关。如前所述，证明责任分配是高度专业的立法活动，受政策、体系等的影响，甚至可能与常识理性相冲突，属于法律问题的范畴。

三、刑事案件事实认定的正当性源于内容而非形式

前述关于“证据推理”的一般性论断，我们可以在一个更系统的层次上寻求理解。论证活动旨在“引导人们完成理性论证”[④]。在这个意义上，所有推理活动均可被看作寻求某种理性结论的结构体系，是寻求关于事实问题或法律问题之裁决结论的逻辑过程。

---

① 美国联邦最高法院在一份判决中指出，陪审团享有理性裁决事实问题的原因之一在于“陪审团同社会观点更趋一致”“陪审团成员能够代表普通人的观点”。[See R. R. Co. v. Stout, 84 U. S. 657 (1873)]。我国《人民陪审员法》第1条“提升司法公信”的规定在本质上也体现了这一逻辑。

② See David A. Schum, *Species of Abductive Reasoning in Fact Investigation in Law*, The Dynamics of Judicial Proof, Physica-Verlag , 2002 edition, p. 307.

③ [美] 罗纳德·J. 艾伦等：《证据法：文本、问题和案例》（第三版），张保生、王进喜、赵滢译，高等教育出版社2006年版，第153页。

④ Joseph Horovitz, *Law and Logic-A Critical Account of Legal Argument*, Springer-Verlag Wien New York 1972, Introduction 1-2.

自亚里士多德已降，有关论证科学的发展便呈现两条迥异路线：一方面，逻辑开始放弃其实践功能并逐步发展成为高度抽象且利益无涉的研究体系，即被称为“形式逻辑”；而另一方面，有关实践论证的理论被认为处在一个被忽视或被降级而沦为修辞学附庸的境地。这种明显失衡的发展态势，引发了众多跨学科领域学者的关注和反思，尤其是传统上处于弱势的实践论证部分，其沦为修辞学附庸在实质上是由于现代逻辑的形式方法同诸多领域对理性评估和理性引导需求的不平衡所致。这或许只是暂时的，但最终仍取决于是否存在一种非形式逻辑能够有效承担起描述实践论证的探寻结果。

这种冲突已然在学术界引发了研究者广泛而严重的分歧，有关论证的非形式主义观点在众多有影响力学者的阐释中，逐渐获得了越来越清晰的表述。尤为重要的是，这一观点获得了一些哲学家的关注与背书。代表性的有查·佩雷尔曼和斯蒂芬·图尔敏，他们尤其强调了非形式化的理性论证模式的存在，斯蒂芬·图尔敏尤其是在哲学、自然科学、法律以及通常的商业领域等学科中。其中斯蒂芬·图尔敏更进一步认为法律论证是一切非数学性（形式化）论证的代表性原型，他甚至指出，形式逻辑的论证范畴仅涵摄纯粹的数学领域，查·佩雷尔曼也大体持这种观点。此外分析哲学的代表性人物，维斯道姆和哈特也均认同法律论证活动的非形式主义内涵。

一般而言，形式逻辑的优势在于通过抽象的符号语言和严密的公式推导形成结论，其正当性和有效性即获得了形式保障，如在数学领域，通过严格计算推导出的理论结果，其用于引导实践的有效性毋庸置疑。而法律语境中的事实认定活动，是从证据“前提”到事实认定之“结论”的理性论证过程。这一过程不同于形式逻辑的抽象与利益无涉，而是严重依赖主体参与者的理性评估和理性引导。也正是在这个意义上，有学者指出“在司法证明过程中，无论科学经验还是人文经验的适用都必须经过正当性论证”①。

事实认定推理的正当性问题无法获取外在的形式保障，只能通过内在的实质性内容或要素加以评判。而这些实质性内容、要素包括：理性主体“对具体

① 纪格非：《经验法则适用之正当性研究》，载《证据科学》2012 年第 1 期。

事务的抽象总结、包含主观价值判断的描述以及对自发和无序的经验的运用”①等。而抛开内容的差别，在推论的具体形式上，其与传统意义上的法律推理并不存在根本差别。

第三节　刑事案件事实认定的认识论内涵

对刑事案件事实认定认识论基础的研究，也是对连接证据与推论结论的主体理性推理活动的考察。首先面临的问题是：从证据到事实认定结论的推论过程是如何作出的？推论过程在大体上被区分为“演绎型”和“非演绎型”，其中演绎型是指前提为真，则结论为真的推论形式，而非演绎型泛指前提与结论之间不存在上述关联的推论形式。研究者指出“衡量证据之证明力以及（真理）概率性的判断”均属于后者。② 也即在刑事案件事实认定的过程中，前提与结论之间不存在形式上的关联关系，也因此才有对理性认定过程进行的衡量或判断需诉诸内容本身。

一、刑事案件事实认定以探寻真相为目的

亚里士多德说：“求知是人类的本能。”阿尔文·戈德曼认为这种本能是对信息的探寻，它构成人类生活的主流，而“所有的探寻活动都指向真实且准确的信息，而非错误的信息……. 我们总是在探寻真相，或尝试接近真相”。③ 阿尔文·戈德曼用真相动机解释答案寻求者为何总将征询指向可靠的信息提供者。其实这一解释也正是真相动机的实际例证。身体出现病痛，我们会去咨询医生，汽车出现异常，我们会向修理厂家寻求帮助。同样，法庭上的专业问题，需要有鉴定资质或专门知识的人出庭解决，法庭上的事实认定活动是以寻求真相为最初动因的。

---

① 纪格非教授得出前述论断的依据即经验法则是对具体事物的抽象总结、包含了描述者的主观价值判断、缺乏规则的影响与制约等均来自事实认定推理的内容本身，这也从另一个侧面印证了刑事案件事实认定活动的“非形式性”特征。

② Peter Lipton, *Inference to the Best Explanation* (*Second Edition*), Routledge, 2004, p. 5.

③ Alvin I. Goldman, *Knowledge in a Social World*, Clarendon Press, 1999, p. 3.

因此，一个刑事审判系统如果经常性地或频繁地将无辜者判定有罪或是将有罪者无罪开释，那么它将很难赢得哪怕最低限度的公信力和权威性。大概最质朴的最古老的关于“打官司、去告状、要求解决纠纷”的观念也都无非寄希望于裁判机关能假借贤人之智或神明显灵以尽可能发现真相。在今天，“诉讼的基础在于案件真相的探明或真实的发现”更是“超越了各种法文化体系的一般意义”。[①] 因此，一个审判系统无论承载多少额外的价值或政策诉求，它首先也最重要的功能是作为一个认识的引擎——探知既往真相的认识引擎。

至于如何评价这样一个认识引擎，功能主义的解释无疑是最具影响力也最适当的。按照皮特·利普顿的观点，司法事实认定的正当性问题所要解决的是事实认定推论方法是不是与目的相匹配的方法的问题[②]。而刑事案件的事实认定活动的关键性目的即在于查明案件事实真相。对刑事案件事实认定的一切功能主义的或宣扬认识论的分析都应当是回归真相的。“我们对事实认定……进行评价的一个重要基础在于，它们能够在多大程度上对事实认定的准确性给予最大化。”[③] 然而，在 20 世纪最具影响力的部分法哲学家们的论著中，从哈特的《法律的概念》到凯尔森的《纯粹法理论》，以及沉思在伦理与道德实践的杰拉尔德·德沃金和约翰·罗尔斯，似乎都忽视了对法律体系中真相的探讨。对此的解释是，这并非真相的无关轻重，而是对其进行功能性或认识论评价的研究着眼过于基础，如同我们自由呼吸的空气、无恙时的健康，其作用于深处，而非浮于表面。

综上，在刑事案件事实认定中，从证据到事实的推论应当是以真相为取向的，审判最基本的目标应当是对真相的裁决，即便“真相不是公正的绝对保障，它也是公正的必要前提”[④]。在这个意义上，对事实认定推论的认识论分析也就是对推论方法是否能够将主体引向真实问题的分析。

---

① 王亚新：《刑事诉讼中发现案件真相与抑制主观随意性的问题——关于自由心证原则历史和现状的比较法研究》，载《比较法研究》1993 年第 2 期。

② Peter Lipton, *Inference to the Best Explanation* (*Second Edition*), Routledge, 2004, p. 7-8.

③ 杨波：《以事实认定的准确性为核心——我国刑事证据制度功能之反思与重塑》，载《当代法学》2019 年第 6 期。

④ Tehan v. U. S., 383 U. S. 406, 1966, p. 416.

二、刑事案件事实认定“真相”目的的再反思

（一）基于论证理论的反思：“对话结构”中的真相

刑事案件事实认定的思维过程，符合道格拉斯·沃尔顿对对话性论证结构的定义，“两到多方参与者通过目标导向型对话交流的方式相互论证”①。这种论证常被用来解决特定案件中的不明确或待决定的事实。这些悬而未决的事实可能是冲突的观念、不兼容的利益，或是缺乏决定性证明的主张。这是典型刑事案件事实认定活动的进行场景。

如果单纯考虑在观念或利益冲突的各方之间达成裁决，那么诸如抛硬币、抽签或祈求显灵板似乎都是可行的，它们都可以通过随机性事实的形式达成裁决结论②，但毫无疑问它们“根本就不是审判”③，也根本不是论证。因为其不存在对话的空间，也无所谓目标导向。因此，我们很难说这种裁决具有最基本的正当性。

在对话结构中，首先要区分的一对概念是“个体目标”与“集合目标”。个体目标是某个对话参与者或参与方主观愿望的表达，而集合目标作为对话活动的传统类型的反映，是通过理性方法解决冲突观点的概念。刑事案件事实认定是一个典型的通过对话达成集合目标的过程。控辩双方有其分离的个体目标，且均表现为希望证明各自主张的正确性（被接受），而集合目标则是“顺序性的论证整体揭示出其中一方有着更强有力的表达”。道格拉斯·沃尔顿指出这个最终被接受的论证必须具备五个积极性特征④：1. 主张的灵活性；2. 主张的共鸣；3. 开放性；4. 自我怀疑；5. 证据敏感性。道格拉斯·沃尔顿所谓的

---

① Douglas N. Walton, *One-Side Argument: A Dialectical Analysis of Bias*, Albany, State University of New York Press, 1999, p. 27.

② 按照约翰·罗尔斯的观点，上述这些争端裁决方式，正是一种纯粹程序性的争端解决方式，与任何实体的正义原则无关。［美］约翰·罗尔斯：《正义论》，何怀宏等译，中国社会科学出版社 2009 年版，第 66-68 页。

③ 何福来认为硬币以有利于那一方当事人的方式落下是“决定了（而不是证明了）”由该审判所明确的事实，并援引霍普勋爵在 R v. Mirza 案中的论证指出，这种形式的裁决“根本就不是审判”。参见［新加坡］何福来：《事实认定》，张保生译，载《证据科学》2019 年第 1 期。

④ 道格拉斯·沃尔顿主张的五个积极性特征对应的原文表述如下：Flexible Commitment; Empathy; Open-mindedness; Critical Doubt; Evidence Sensitivity。See Douglas N. Walton, *One-Side Argument: A Dialectical Analysis of Bias*, Albany, State University of New York Press, 1999, p. 27.

“顺序性论证整体”是符合事实认定“求真”属性要求的。按照其观点，在对话结构中，对话一方应当坚持其主张，但应时刻准备着（在特定条件下）撤回或修改其主张；对话一方应以对方的论证为基础，公平、准确地描述这些主张；对话一方应考虑对方的观点并基于对方的价值立场评估它们，而不能简单地对对方观点予以摒弃；应大胆地对己方的观点立场提出怀疑；当出现相反证据时，应及时撤回或修正自己的主张，保持证据敏感性。

然而，从这五个特征的分析可以看出，顺序性论证整体是一个高度理想化的论证产物。在刑事案件事实认定实践中，集合目标往往受对话双方立场、主体认识不足、能力不足等方面的影响。诸如事实认定者受办案经验、系统惯性以及体制因素等方面的制约，很难时刻保持证据敏感性。一旦出现疑点证据甚至出罪证据，事实认定者很难第一时间去完成对已有主张的撤回和修正，反而是出于维护先前决定或系统权威的思维惯性，选择将论证重点置于如何巩固先前主张，消除疑点证据甚至直接忽视疑点证据，而这也是更符合人性的做法。此外，受我国审前阶段的单轨制侦查模式的影响，辩护方的实质性介入时间延迟至移送审查起诉阶段，这使得辩护方的论证准备延后，且辩护方的论证准备活动会合法地表现出强烈的倾向性——罪轻或者无罪立场。因此道格拉斯·沃尔顿所谓的“平衡性论证”是很难实现的，这也就使得刑事案件事实认定的真相探寻功能，在对话结构中问题重重。

1. 侦查阶段的事实认定主张缺乏灵活性，主体间难以形成共鸣

单轨制侦查以及辩护律师在侦查阶段的“非实质性”① 介入，使得整个审前阶段都标记着鲜明的犯罪追诉语境，并且这种影响会一直持续到审判过程，并导致陈瑞华所说的“以笔录为中心的审判方式”② 的出现。而作为对话的相对一方，辩护权行使受到的诸多限制，在实质上削弱了辩方阵营对检控方探寻真相功能的影响。在陈永生对“20 起震惊全国的刑事冤案”的梳理分析中，几乎均存在辩护律师“尽责但未被采信”以及重要的“无罪证据被忽视”③ 的情

---

① 从 2012 年《刑事诉讼法》将辩护律师介入时间提前至侦查阶段“第一次被讯问或被采取强制措施之日”至今，辩护律师在整个侦查阶段不能进行调查、核实证据等实质性辩护活动，而仅能够提供法律帮助、了解指控罪名、提供咨询建议、代理申诉控告等程序性帮助。

② 陈瑞华：《刑事诉讼中的问题与主义》（第二版），中国人民大学出版社 2013 年版，第 188 页。

③ 陈永生：《我国刑事误判问题透视——以 20 起震惊全国的刑事冤案为样本的分析》，载《中国法学》2007 年第 3 期。

况。由此可见，侦查阶段的“嫌疑主张”一旦形成，会在程序进程中体现相当程度的僵化特征，难以在特定条件下撤回或修改。张建伟也持该观点，打破这种僵化需要“有效辩护以及作为保障手段的强制辩护和独立辩护”[①] 的确立。进一步而言，侦查阶段对话结构的缺失，也在很大程度上异化了侦查机关探寻真相的方法论体系。尽管有研究者貌似公允地指出“辩护律师在大多数时间所做的工作正是通过公平且合乎职业伦理的方法，去避免犯罪嫌疑人所犯之罪的真相被发现”[②]，但这种论调正从另一个侧面展现了僵化“嫌疑主张”对“辩护主张”的固有偏见，这与威格摩尔关于“交叉询问是发现事实真相的伟大引擎”[③] 的论断相矛盾。概言之，侦查阶段对话结构的缺失，是影响侦查“探寻真相”功能的方法论缺陷。

2. 检控方主张难以保持开放性

在当前的犯罪追诉结构中，检控方主张缺乏以对方的论证为基础，并公平、准确地描述这些主张的可能。易延友在梳理非法排除规则的中国模式时指出，被告方的合法权利的实现需要建立“（被告人）在侦查程序中遭遇的不公发泄不满的一种途径……一种吸收不满的机制”[④]。而在刑事诉讼实践中，这种机制对于程序推进的阶段性而言是呈现滞后性的。这更加剧了控方主体考虑对方（辩护方）的观点并基于对方的价值立场评估它们，而不是简单地对对方观点予以摒弃的困难。

3. 控方主张的自我怀疑以及证据敏感性缺乏有效的制度约束

对话结构以集合目标的形式保障个体主张的“自我怀疑”以及对潜在反驳证据的“敏感性”。概言之，集合目标的实现，要以对话结构的有效保障为前提。就“自我怀疑”而言，检控方很难超出经验认知及职业立场的限制。典型的如在印证规则实践中，尽管“根据经验法则，证据相互印证确实是有效验证

---

① 张建伟：《审判中心主义的实质内涵与实现途径》，载《中外法学》2015 年第 4 期。

② Alan M. Dershowitz, *Reasonable Doubts: The O. J. Simpson Case and the Criminal Justice System*, Simon & Schuster Audio, 1996, p. 166.

③ ［美］罗纳德·J. 艾伦等：《证据法：文本、问题和案例》（第三版），张保生、王进喜、赵滢译，高等教育出版社 2006 年版，第 4 页、第 6 页。

④ 易延友：《非法证据排除规则的中国范式——基于 1459 个刑事案例的分析》，载《中国社会科学》2016 年第 1 期。

证据信息真实性的重要方法”[①]，证据在形式上的重合、交叉使得“印证证明‘外部性’特征显著，提供了可视的标准……并散发着‘客观’的味道”[②]。但由于缺乏真正的对话结构，侦查阶段（侦查机关）的个体目标被等同于集合目标甚至凌驾其上，并极端地表现为两种情形[③]：一是根据犯罪嫌疑人的供述制造能够与之相印证的证据，如张氏叔侄案中“关于抛尸确切地点的印证”、聂某斌案中“关于作案地点、尸体位置的印证”以及杜某武案中“作案枪支的去向问题”[④]都存在明显的“有罪供述”随着“新发现证据”调整变化的问题。二是根据侦查机关掌握的在案证据逼供、引供，以形成印证的情形，如于某生案中“包含第三人精液 DNA 证据来源的供述”、杨某忠案中“其与被害人情感纠葛的供述”[⑤] 等，均是在侦查机关逼供、引供的情况下所作。此外，侦查主体受办案经验、思维惯性以及体制因素等方面的制约，很难时刻保持证据敏感性。尤其面对疑点证据、无罪证据时，侦查人员很难首先选择去撤回和修正形式完整的先前有罪主张，反而会将论证重点置于通过解释消除疑点、无罪证据，甚至直接忽视疑点、无罪证据。如佘某林案中被害人的生存证明、赵某海案中的重达四五百斤的石磙、浙江张氏叔侄案中的案外人 DNA 证据，以及张某风案、滕某善案、于某生案中都存在忽视、不予重视、想当然解释“疑点证据”的情形。[⑥]

（二）社会认识论与刑事案件事实认定的“真相观”

刑事案件的事实认定活动是一个层层建构的对抗性论证网络，控辩双方天然的对抗立场决定了双方面对真相目标时的暧昧态度。如果说真相具有唯一性，

---

① 陈瑞华：《论证据相互印证规则》，载《法商研究》2012 年第 1 期。

② 汪海燕：《印证：经验法则、证明规则与证明模式》，载《当代法学》2018 年第 4 期。

③ 左卫民：《“印证”证明模式反思与重塑：基于中国刑事错案的反思》，载《中国法学》2016 年第 1 期。

④ 卢勤忠：《“张氏叔侄强奸致死案”中“证人”的角色》，载《法学》2013 年第 5 期。参见中华人民共和国最高人民法院（2016）最高法刑再 3 号刑事判决书。汪建成：《论证据裁判主义与错案预防——基于 16 起刑事错案的分析》，载《中外法学》2015 年第 3 期。

⑤ 海一笑：《“于英生杀妻冤案”昭雪始末》，载《检察风云》2015 年第 13 期。汪建成：《论证据裁判主义与错案预防——基于 16 起刑事错案的分析》，载《中外法学》2015 年第 3 期。

⑥ 汪建成：《论证据裁判主义与错案预防——基于 16 起刑事错案的分析》，载《中外法学》2015 年第 3 期。陈兴良：《于英生案的反思与点评》，载《中国法律评论》2014 年第 2 期。陈永生的研究也揭示了这种问题，参见陈永生：《我国刑事误判问题透视——以 20 起震惊全国的刑事冤案为样本的分析》，载《中国法学》2007 年第 3 期。

那么刑事案件的事实建构是在探寻真相与阻碍探寻真相，求真与反求真的交互作用下完成认定的。此外，受刑事程序约束性机制的影响，事实认定过程需要借助大量来自第三方的信息，使得多主体间的合作成为事实认定的必然选择。

而在传统的认识研究中，认识是高度个体化的，其聚焦于认知个体“孤立且抽象”的思维运行，而司法从业群体所从事的相关认识活动正属于典型的多主体互动活动。在这个意义上，刑事案件的事实认定更契合阿尔文·戈德曼所定义的“社会认识论”框架①。相较传统的个体视角而言，社会认识论概念更强调知识（真相）获取、表达和传播途径的社会及群体维度。其社会性主要体现在三个方面：首先，其聚焦于形成知识的社会性途径或方式；其次，社会认识论侧重群体观念，其通常用于解决较大社会族群的知识分配问题；最后，社会认识论概念中的求知主体并非特定个体，而是基于某种目的而联系或合作的群体。

1. 刑事案件事实认定应区分对真相论证过程的关注与对真相本身的关注

在上述这种形成或传播知识的群体互动路径中，社会认识论范畴下的“真相”定义变得尤为复杂，难以用单一标准去衡量。在社会认识论的概念框架下，刑事案件事实认定即典型的认识活动的社会性维度，这就决定了其是以群体观念为参照的，我们应对其复杂性有所预期。

如前所述，阿尔文·戈德曼所主张的“社会认识论”，是相对于“个体认识论”而言的。在个体认识论体系中，服务于事实认定的推论活动有着简单、直观的推论结构，在该一般性论证结构中，即从证据性前提出发，经过理性推论指向结论，进而完成论证。这个简单的推论形式在“社会认识论”框架下，发生叠加和重组，表现为冲突主体的深度的合作以及知识探寻的交互性。典型的正是刑事案件事实认定过程所呈现的复杂互动性。刑事案件事实认定的论证推进过程如下。

例如，在一起故意杀人案中，控方的论证正是从证据性命题开始到形成定罪结论的过程。其中证据性命题：保安作证说看到嫌疑人拿着什么东西出现并离开案发现场，法医推断的死亡时间在嫌疑人出现在案发现场的时间段内，侦查人员勘查捆绑被害人尸体的胶带上有嫌疑人的血潜指纹，调查走访获得证言

① See Alvin I. Goldman, *Knowledge in a Social World*, Clarendon Press 1999, p. 4.

显示嫌疑人出轨导致与被害人感情不和，电子数据证据显示嫌疑人多次在电脑上检索“故意杀人”“手机定位”“指纹”等犯罪词汇。推论：嫌疑人到过案发现场，嫌疑人具备作案时间，嫌疑人接触过被害人的尸体，嫌疑人具备杀人动机，嫌疑人有逃避侦查的心理。推论：嫌疑人故意造成了被害人的死亡，并有处理和抛尸的行为论证：嫌疑人故意杀人。在这个论证的形成过程中，嫌疑人是否故意杀人是一个未解决的问题。其解决建立在多主体的深度合作与交互作用上，并有赖于持不同观点的双方共同感知。这是一个开放性的论证过程。基于相同的证据性命题，辩方形成了完全不同的论证过程。辩方的推论：死亡时间段太过宽泛，尸体胶带上的指纹为共同生活中留下的，嫌疑人出现在现场时拿的东西不可能是被害人的尸体（因为尸体重量比较大），嫌疑人检索相关内容是出于担心被害人的失踪。辩方的推理：嫌疑人作案时间不明确，是否杀人不明确，是否接触过尸体不明确，是否存在主观故意不明确。辩方的论证：嫌疑人杀人的认定不能排除合理怀疑。

在这两个互相冲突的论证中，事实认定者最终支持了辩方的论证主张。就刑事案件事实认定最基本的目标“发现被指控的犯罪是否真实发生，以及犯罪人是谁”[①] 而言，本案目标并未达成。控方的主张处于真伪不明的状态，根据证明责任规则，由其承担败诉的不利推论，也就是说该判决并未发现真相。如果说探寻真相是事实认定正当性的基本前提，那么未揭示出真相的事实认定正当性何在？诚然我们可以从“无罪推定”的基本原则处获得支持。但如果能从认识论的角度，揭示其存在的正当性，对于本书的论证而言将更有意义。

因此“控辩双方的主张是否为真相”以及“他们各自对其主张的论证支持程度是”两个截然不同的问题。在认识论的立场上，刑事案件事实认定所要探讨的不是前者，而是后者。对于如何理解其中“真相”与“论证支持”间的关系，阿尔文·戈德曼提出了认识论的“求真性维度”的概念，这一概念被用来描述“知识性产物”。我们可以理解为“论证支持”即一种“知识性产物”，是一种“弱意义上的真相信念（true belief）”[②]，它包含了真相信念、错误（虚假信念）以及无知（缺乏真相信念）。也即“论证支持”是对“真相”的

① Larry Laudan, *Truth, Error and Criminal Law—An Essay in Legal Epistemology*, Cambridge University Press, (2006), p. 2.

② Alvin I. Goldman, *Knowledge in a Social World*, Clarendon Press, 1999, p. 5.

信念，这种信念可能是正确的，可能是错误的，也可能是缺位的。

2. 刑事案件事实认定应区分对真相的证明与真相本身

在刑事司法审判中，如果控方未能就其主张提供符合证明标准要求的论证支持，则其主张将失去描述真相的资格。在以司法审判标准为中心的情况下，刑事侦查探寻真相的立场也将倒逼受到影响。这将有助于刑事侦查摆脱对“客观真实论”的过分依赖，以平衡“论证本身的逻辑理性”[①]。在这个意义上，刑事案件事实认定关注的不应只是真相，更应关注对真相的证明，对真相主张的证明。这个证明过程是混合了理性运用与经验概括的。总而言之，刑事侦查对真相的探寻，只是证明完成的逻辑结论的产物。相较该结论而言，侦查主体更应关注的是得出该结论的前述复杂理性运用（论证）过程，而缺乏论证证明过程支撑的真相主张，实无异于缘木求鱼。

刑事案件事实认定首先是一个认识论活动，其必然应遵循认识的基本规律。当从认识论角度评价“真相”目标时，首先应当明确“真相本身与为真相提供证明”[②] 的差别。在刑事案件事实认定中，“主张是不是真相”通常被等同于“现存证据或理由对该主张的支持程度”。我们通常认为，现有证据能够证明或保障该主张时，那么该主张就是真相本身，反之则非真相。然而实际情况是，一个并非真相的主张，却可能被很好地证明，如被推翻之前的佘某林案、杜某武案、赵某海案等都存在这种情况。此外，主张实际上是符合真相的，但主张提出者未能提供充足的证据和理由，导致该主张未能达到刑事案件的证明标准要求。例如，科学界在最早提出黑洞存在的猜想时，该猜想其实是符合宇宙中存在黑洞的实际情形的，但由于缺乏直接的观察证据，所以在当时只能称为猜想。

在“社会认识论”的立场上，刑事案件事实认定并不体现为对社会实践的具体刻画或对历史发展的追溯上，而是体现在独特的规范性目的，即通过“求真性认识论”为特定的司法实践（事实认定）提供评价和矫正。在这个意义上，可以说刑事案件事实认定关注的不是真相，而是证明。当证明完成，真相呈现，事实认定获得正当性；当证明受阻，真相模糊或缺位（表现为错误信念），事实认定的正当性便不再源于真相，而是转向证明责任的“分配主义”

---

① Joseph Horovitz, *Law and Logic-A Critical Account of Legal Argument*, Springer-Verlag Wien, 1972, p. 1, 2.

② See Alvin I. Goldman, *Knowledge in a Social World*, Clarendon Press 1999, p. 44.

调整思路。

综上，尽管真相是评价刑事案件事实认定正当性的必要前提，但刑事诉讼的特殊环境决定了发现真相的客观条件是苛刻的，有时我们不得不从主观认识论的视角，重新评估刑事案件事实认定正当性的表达。而“真相”与“论证支持”间的差别也反映出事实认定的“知识性产物”包含了错误存在的制度性空间。

三、对待错误的态度

认识活动“通常是以探寻真相或大体上接近真相”① 为根本目的的，这也是刑事案件事实认定活动渐次推进的内在动因。然而在认识论体系中，真相与错误犹如硬币的两面，正如研究者所言“对准确性和错误风险分配的整体考量”② 才是证据理论体系的完整“认识论内核”：（1）事实认定准确性；（2）对事实认定错误风险的分配。有关刑事案件事实认定的理论研究也必须为这两个方面提供描述，任何失之此处的理论模型都是存在缺陷的。就完整的认识论内核而言，这两个方面都是不可或缺的。其中准确性是关乎“真知”的，而错误风险则包含与其相对应的“错误”和“疏忽”。其中“错误”是有关真相的错误感知，而“疏忽”是缺乏对“真相”的感知，可归属于“错误”的范畴。因此，在这种对应关系中，所谓“真相”即尽可能地获得关于对象的“真知”，并避免“错误”和“疏忽”的情况。就刑事案件事实认定而言，其目的是实现揭示真相并进而实现公正诉求。

（一）刑事错案泛化的认识论修正

在我国当前的司法实践中，受“凡进入刑事诉讼程序的案件，作了错误定性或错误处理的，都属于‘刑事错案’”③ 的泛化理论认识和实践把握的长期

---

① Alvin I. Goldman, *Knowledge in a Social World*, Oxford University Press, 1999, p. 3.

② Michael S. Pardo, *The Nature and Purpose of Evidence Theory*, 66 Vanderbilt L. Rev., 2013, p. 550, 566.

③ 张保生教授探讨了我国传统刑事案件事实认定的“刑事错案”泛化问题。参见张保生：《刑事错案及其纠错制度的证据分析》，载《中国法学》2013 年第 1 期。詹建红教授也对刑事错案认定标准以及其权利救济语境进行了重新申明，并指出“传统五种错案中，只有无罪认定为有罪和轻罪认定为重罪两种才属于有害错误”，应当纳入救济范围。参见詹建红：《刑事错案救济机制的西方经验及其借鉴——以两大法系主要国家为参照》，载《法学评论》2015 年第 2 期。更有学者直接将研究视角置于“无罪错案”的实证研究上，直接表明了反对“错案泛化”的学术观念。参见熊谋林、廉怡然、杨文强：《全球刑事无罪错案的实证研究（1900-2012）》，载《法制与社会发展》2014 年第 2 期。

影响，以及一系列产生较大社会影响的冤错案件在公之于众后所形成的认识氛围的刺激①。“实事求是、有错必纠”的传统法律真相观以及刑事案件事实认定“犯罪事实清楚，证据确实、充分”的“客观定罪标准”都受到了越来越多的批评和质疑。在西方，同样的疑问与反思出现在一些研究者意识到“证明标准、证明责任、疑罪有利于被告人（benefit of the doubt），或者无罪推定（presumption of innocence）等制度原则设计完全无助于减少错误裁判的数量”②，然而这些概念观念或制度设计越来越服务于一种“去真相化”的审判体系。而其背后是探寻真相的成本问题，这是一个常被研究者提及的问题。作为一项社会制度，刑事案件事实认定活动不是科学实验室的真理发现活动，也不是其他任何理想场景下的乌托邦建构。因此，为达致准确结果的成本投入就是一个不得不考虑的问题，在相当多情况“事实的准确性成本，会高到侵蚀这一法律制度试图促进的社会环境”③。

既然任何制度（包括司法制度）都无法避免错误，那么转向“错误分配（error distribution）”方案的分析探讨似乎就是合理且必然的选择。无论是在“积极错误与消极错误之间进行成本—收益”④ 的经济学分析；或是将喜错放与恶错判的取舍归结为无罪推定等法基本原则的题中之义⑤，或者采米尔伊安·R. 达玛什卡与戴维

---

① 典型的如“赵作海案件的曝光将中国实践中严重的刑讯逼供问题推到了舆论的风口浪尖上”，甚至直接影响“立法”活动，“反对‘两个证据规定’的意见受到极大抑制”。参见陈永生：《冤案的成因与制度防范——以赵作海案件为样本的分析》，载《政法论坛》2011 年第 6 期。

② Larry Laudan, *Truth, Error and Criminal Law—An Essay in Legal Epistemology*, Cambridge University Press, 2006, p. 117-118.

③ 此外，政策性利益和价值的平衡问题，也是一个必须被考虑的问题“审判不仅涉及纠纷的解决，还涉及其他重要的社会问题，如公正的总体考量等”。参见［美］罗纳德·J. 艾伦：《证据法的理论基础和意义》，张保生、张月波译，载《证据科学》2010 年第 4 期。［美］罗纳德·J. 艾伦：《美国证据排除规则》，郑飞、王磊译，张保生校，载《证据科学》2012 年第 1 期。“刑事审判绝不是单纯探寻真相”。See Alan M. Dershowitz, *Reasonable Doubts: The O. J. Simpson Case and the Criminal Justice System*, Simon & Schuster Audio, 1996, p. 166.

④ “错误的成本取决于法律体系未能保障实施的权利的价值以及未能敦促履行的义务的效用。而避免错误的成本则由为增强事实认定准确性的审判程序、审前程序以及裁定的总成本共同构成。”“在刑事司法中，积极错误（错判有罪）通常被认为比消极错误（错判无罪）危害性更大。”［美］亚历克斯·斯坦：《证据法的根基》，樊传明、郑飞等译，中国人民大学出版社 2018 年版，第 127-167 页。

⑤ “疑罪时，有利于被告人”所表述的是“如果判决对于被告人而言是一场千钧一发死里逃生的游戏，那么陪审团的裁判错误必须是有利于被告人”，即更倾向于错放有罪。而在刑事案件的裁判中，将“排除合理怀疑”的证明责任强加于检控一方更进一步地确保了除非检察官能够证明案件，否则被告人将被无罪开释。See Larry Laudan, *Truth, Error and Criminal Law—An Essay in Legal Epistemology*, Cambridge University Press, 2006, p. 30.

·伯格兰所确立的价值序列相关联的价值论的分析探讨的结论都毫无疑问支持上述“分配错误”的实践需求，并在世界范围内产生了广泛的影响。

这种影响尤其体现在与刑事案件事实认定活动相关的证据规则及程序中。拉里·劳丹指出，分配主义的内在动因已经深刻体现在多数证据规则及程序中，刑事程序中证明标准的设计本身已经体现了错误分配机制的补偿性介入，通过将更多的错误风险置于追诉机关，使得在无法达到刑事诉讼事实认定所要求的证明标准时，法律宜得出倾向于错放有罪而非错判无辜的结果，以此来实现所谓的平等武装的对抗性要求。然而在既定的证明标准已经使得“竞技场地以有利于被告方开局”的情况下，在接下来的证据和程序设计当中，是应当继续贯彻“分配主义”的驱动机制，还是转向确立以“减少错误”为核心的新动因呢？对这一问题的回答不单涉及证据规则及程序的确立立场问题，也涉及刑事案件事实认定的正当性分析角度的问题。

“法律认识论的关键特征在于错误减少原则与错误分配原则的对立。”① 拉里·劳丹认为错误分配问题构成了法律认识论的“软核心（soft-core）”，而错误减少才是与事实认定发现真相之目的相匹配的“硬核心（hard-core）”。然而，在当前的司法系统中，显而易见的是大量证据规则并未建立在认识论真相的核心基础上，相当数量的规则条款是在试图保障各种各样的非认识论价值，尤以对犯罪嫌疑人、被告人的权利保障相关内容为最主要表现。在这个意义上，刑事案件事实认定的正当性并非源于对事实真相的发现，而是庇佑在分配主义赋予的合理性外衣之下。

（二）错误分配路径的考察

1. 以美国《联邦规则》第404条分析为引

典型如美国《联邦规则》第404② 条在涉及品性证据可采性问题时的规定，第404（a）条原则上禁止检控方在其负证明责任先举证的案件（case-in-chief）中引入被告人不良品性的证据，诸如先前定罪、违法记录等。这一规定有其经验认识意义上的合理性。一个可能的解释是，品性证据在证明上的不相关性，以及

---

① Larry Laudan, *Truth, Error and Criminal Law—An Essay in Legal Epistemology*, Cambridge University Press, 2006, p. 117-118.

② FED. R. EVID. 404.

由于认识偏见可能导致不利推论的较高可能性都决定了这类证据因“损害真相的发现”确实不宜出现在法庭当中。然而，该规则例外条款却允许被告人引入能证明其良好品性的证据。这就使得前述排除不良品性证据的解释受到驳斥。那么更合理的解释是，排除不良品性证据将增加无罪开释的概率，而采纳良好品性证据则将减少被定罪的概率，因此该条款是基于错误分配原则而设置的。在英美证据规则体系中，类似的规定还有很多，诸如非基于米兰达自白的排除，即使其内容揭示了可能只有犯罪人才知晓的犯罪信息的细节①；非法证据排除规则禁止检控方使用相关的，但是通过非法途径获取的证据，以及毒树之果原则所要求排除的，警察以非法搜查或非法扣押或非法讯问所获取的信息为线索，进而收集到的证据同样不可采；为了鼓励强奸案受害妇女出庭指证，可用于证明强奸系被同意之可能的妇女先前性行为背景的证据被限制使用等②。由此印证了，同刑事案件事实认定相关的大量证据规则或程序设置并不是服务于探寻真相功能的。也正是在这个意义上，才有拉里·劳丹在其书中，假借大卫·休谟之口所言“把有关证据法的厚重论著付之一炬吧，因为它们的首要功能不过是将与证据的相关性有关的成百上千的例外、资格和删减规定表述清楚罢了”。那些例外，甚至例外的例外，大多并非基于事实认定“发现真相”或“减少错误”的考量。相关性的表述在服务于探寻真相的价值上，完全可以描述为最简单的形式“相关的证据具有可采性”③。换言之，“在一个以真相为动因的司法调查系统中，更多的证据规则是不必要的”④。这也从另一个侧面印证了在以证据规则发达著称的英美司法体系，“真相”在刑事案件事实认定活动中的价值在某种意义上趋于弱化。

2. 对我国刑事案件事实认定错误分配机制的规范考察

我国的情况更为复杂，审前阶段的事实认定活动同法庭审判阶段事实认定

---

① 美国联邦最高法院通过了一些貌似对米兰达规则的核心条款进行限制的判例，但实质上这些判例并非对米兰达规则的否定，而是对冲突社会价值的优化尝试，如减缓犯罪嫌疑人与警察的对抗程度等。因此这些限制并非服务于查明案件事实真相的。参见［美］罗纳德·J. 艾伦：《罗纳德·J. 艾伦教授论证据法》（上），张保生等译，中国人民大学出版社 2014 年版，第 292-293 页。

② ［美］罗纳德·J. 艾伦：《罗纳德·J. 艾伦教授论证据法》（上），张保生等译，中国人民大学出版社 2014 年版，第 119 页。

③ 在有关证据法条文的经典入门著作《麦考密克论证据》中，作者在 540 页的幅面中仅使用了 5 页的内容来描述证据相关性概念。

④ Larry Laudan, *Truth, Error and Criminal Law—An Essay in Legal Epistemology*, Cambridge University Press, 2006, p. 121.

存在一定程度的割裂。在传统上，我国的审前机关同审判机关存在“各自为政”的情况，《刑事诉讼法》规定三机关“分工负责、互相配合、互相制约”，这种“阶段性”[①]的割裂局面造成了传统“以审判笔录为中心的审判方式”[②]。而在认识论实质上，侦查中心暴露出的问题是制度性的“唯真相”论的产物。受传统“实事求是、有错必纠”认识论观念的影响，诸如片面追求破案率、起诉率、定罪率等都是过分偏重“探寻真相”功能的体现。

而制度性的“唯真相”论，也带来了澄清法律认识论障碍，这种障碍并不在理论层面，而是体现在实践层面，阿尔文·戈德曼将其概括为“应当包含能够（‘ought’implies‘can’）”[③]，即理论的应然需求应以人的实际能力为限。过度强调对事实真相的发掘，超出了实际的人和技术的能力限制，造成了实践中的一系列问题，如过于强调“绝对真实”的事实认识观念在很大程度上影响了办案人员对待具体个案的态度，尤其在刑事案件事实认定出现转机或陷入僵局的转折点时，办案人员的这种心理极易被放大，会有意识或无意识地去“逼迫嫌疑人把（侦查人员构建的）虚假的心理学故事‘证实’”，从而构成“唯真相”论下，办案人员“过度自信”导致刑讯逼供的心理学偏差。[④]

此外，“留有余地”[⑤]的判决在本质上也是片面追求实体真实的“唯真相论”的产物。侦查阶段的“有罪认定”在传统侦查中心主义的结构之下形成了诉讼程序的整体“真相”压力。这一压力伴随程序推进，到了审判阶段，即便法庭根据现有证据无法形成排除合理怀疑的有罪认定，但由于来自审前程序的巨大真相压力，使得法庭不敢作出无罪判决，而只能采取退而求其次的“留有余地的判决”。此外，还有前文提及的“错案泛化”的问题。这些问题的解决都迫切需要“以审判为中心的改革”的全面推进，包括重新确立“实行起诉状一本主义”，加强“贯彻直接、言词原则”证据方式的保障，提供“有效辩护”等。

---

① 龙宗智教授指出“三机关分工负责、互相配合、互相制约”的线性结构，形成了国家权力活跃、程序自控，即各管一段……多中心式诉讼作业方式。参见龙宗智：《“以审判为中心”的改革及其限度》，载《中外法学》2015年第4期。

② 陈瑞华：《刑事诉讼中的问题与主义》（第二版），中国人民大学出版社2013年版，第188页。

③ Alvin I. Goldman, *Epistemics: The Regulative Theory of Cognition*, 75 J. Phil., 1978, p. 509.

④ 唐丰鹤：《错案是如何产生的？——基于61起刑事错案的认知心理学分析》，载《法学家》2017年第2期。

⑤ 陈瑞华：《留有余地的判决——一种值得反思的司法裁判方式》，载《法学论坛》2010年第4期。

按照张建伟教授的观点，以审判为中心改革推进的突破口应着落在“辩护权强化”的方法中。而在笔者看来，强化辩护权同样也是解决刑事案件事实认定“错误分配”问题的有效路径。在传统上辩护权行使受到的诸多限制，这在实质上削弱了辩方阵营对检控方积极探寻真相倾向的影响。而这种影响本应是消极性的，以审判为中心的改革趋势必然伴随着侦查的去中心化，2012 年《刑事诉讼法》对非法证据排除规则的确立，可以很好地证明这一点。当然，这仍然有赖于辩护权的有效行使，通过赋予辩护一方以排除非法证据的程序性对抗权利，增加检警机关承担更多的更高质量的证明责任，这正是前文“错误分配”原则的体现。由此，可以看到，我国当前正在经历一定程度上的“分配主义”的合理化的改造。

然而以审判为中心的改革仍在路上。现阶段公安机关及其侦查活动在整个刑事司法程序进程中依然占据重要地位，辩护力量在控辩审三方结构中仍然偏弱，审判中心的确立依然任重道远。可以预见，在这个从“侦查中心”向“审判中心”迈进的过渡期内，以侦查破案为代表的“探寻真相（减少错误）”与庭审实质化强调的“有效对抗（分配错误）”仍将存在复杂的博弈过程中。

3. 我国行政执法证据转化规范中的错误分配矛盾

“探寻真相”与“鼓励对抗”的差异并不仅仅表现在宏观的制度改革话语中，也体现在具体的证据规则表述中。例如，在行政执法证据向刑事诉讼证据转化问题的相关规定中，可以窥见其中存在的法律认识论的差异。我国《刑事诉讼法》第 54 条第 2 款规定“行政机关在行政执法和查办案件过程中收集的物证、书证、视听资料、电子数据等[①]……可以作为证据使用”。关于该“等”字的解读在理论界和实务界存在争论，即“等以内”和“等以外”两种解释方案。而结合相关规定来看，两种解释方案的支持主体有着鲜明的立场倾向，一般来说检控方主体更倾向于解释为“等以外”以扩大实际工作中可直接转化的证据种类；而法院系统主体则倾向于解释为“等以内”以限制可直接转化的证据种类。具体而言，“三机关”在其自拟的司法解释或部门规章中采各自表述。《公安机关办理刑事案件程序规定》第 63 条规定：“行政执法和查办案件过程中收集的物证、书证、视听资料、电子数据、鉴定意见、勘验笔录、检查笔录

① 这种差别本身即体现出了审前阶段和审判阶段的权力主体在事实认定活动中的不同态度。参见董坤：《论行刑衔接中行政执法证据的使用》，载《武汉大学学报（哲学社会科学版）》2015 年第 1 期。

等证据材料……可以作为证据使用。”《高检规则》第64条的规定与该规定一致。而《高法解释》第75条则规定行政机关在行政执法和查办案件过程中收集的物证、书证、视听资料、电子数据等证据材料，在刑事诉讼中可以作为证据使用，该规定与《刑事诉讼法》第54条的表述相同。由“三机关”对《刑事诉讼法》第54条规定“等”字的不同解读可推知，检警机关在审前阶段性事实认定活动中相较审判机关，有着更强的收集更多证据的主观倾向。就认识论角度而言，排除证据即意味着排除真相，只有鼓励尽可能多地采纳证据才更有利于减少错误，查明案件事实真相。如果认为仅就上述规定中“几种证据种类的差别”就得出检警机关有着更强的收集更多证据的动机稍显牵强的话，那么更具说服力的分析还在于，公安机关收集证据种类“等”字背后的宽泛源流。在我国的警察（治安）执法活动中，“通过行政程序替代刑事侦查取证，一直以来就是一种较为常见的现象”①。《人民警察法》和《公安机关办理行政案件程序规定》通过留置、口头传唤、盘问检查等行政强制措施赋予了办案人员以更自由、更宽缓的刑事前办案空间②。因此行刑衔接通道上的上述几种证据种类之差，就像是通道里额外增加的缺口，将为刑事案件审前阶段的事实认定活动提供源源不断的证据支持，服务于“减少错误”的真相观，而法院系统的观点则更倾向于“庭审实质化”对法庭“鼓励对抗”的权衡。这背后其实是法律认识论在错误减少原则与错误分配原则上的差异体现。

审前阶段的事实认定活动是以“回归真相”为取向的，其倾向于保留更多的证据收集获取途径和方法，享有更宽泛的取证空间，因为这是查明案件真相的必要条件，其法律认识论的核心是以“减少错误”为主要动因的。而法庭审判阶段，法院系统直接转化仅“涉及的证据材料范围是……实物证据，不包括证人证言等言词证据材料”③ 的立场体现了其对于“鼓励对抗”的坚守，在以审判为中心的改革之下，言词证据宜通过控辩对抗的交叉询问方式展开，这是

---

① 张泽涛：《论刑事诉讼非法证据排除规则的虚置——行政证据与刑事证据衔接的程序风险透视》，载《政法论坛》2019年第5期。

② 根据《公安机关办理行政案件程序规定》和《人民警察法》的规定，警察执法阶段的留置时间最长可达48小时，且只需内部批准即可，而《刑事诉讼法》规定的拘传时间一般不得超过12小时；治安拘留在程序随意性上较刑事拘留也更为宽缓。

③ 全国人大常委会法制工作委员会刑法室：《关于修改〈中华人民共和国刑事诉讼法〉的决定条文说明、立法理由及相关规定》，北京大学出版社2012年版，第49页。

当事人对质权利保障的需求，也是庭审实质化的题中之义。

4. 我国非法证据排除规则规范中的错误分配矛盾

我国《刑事诉讼法》第56条第1款规定，采用刑讯逼供等非法方法收集的犯罪嫌疑人、被告人供述和采用暴力、威胁等非法方法收集的证人证言、被害人陈述，应当予以排除。该规则沿用了2012年《刑事诉讼法》的规定，其目的在于"维护司法公正和刑事诉讼参与人的合法权利"①。与代表性国家的非法证据排除规则的"保障人权价值的目的或初衷"② 相同，均是"为了执行某些'外部政策'……而并非服务于以'证据'求真的内在要求"③。关于此类"外部政策"的正当性，阿瑟·戈德伯格法官所采的"强有力的道德论证"④颇具代表性，即"为遭遇错误定罪的无辜者提供保护"⑤。但这种论证缺乏必要的实证研究的支持，也缺乏逻辑和理性的推敲。而基于"分配主义"的认识论视角，却能够很好地描述此类规则的合理性依据，"它减少了错误定罪的比率，而作为妥协它将增加错误开释的比率"⑥。因此，《刑事诉讼法》第56条规定的"非法证据排除规则"的正当性基础是符合"分配主义"思路的。

但2017年最高人民法院、最高人民检察院、公安部、国家安全部、司法部联合发布的《关于办理刑事案件严格排除非法证据若干问题的规定》（以下简称《严格排非规定》）第2条和第3条规定，采取暴力方法或者变相肉刑使犯罪嫌疑人、被告人遭受难以忍受的痛苦而违背意愿作出的供述，应当予以排除。或者采用威胁的方法，使犯罪嫌疑人、被告人遭受难以忍受的痛苦而违背意愿作出的供述，应当予以排除。该规定相较《刑事诉讼法》第56条，除进一步明晰非法言词证据范围以外，其中"难以忍受的痛苦"与"违背意愿"的表述，使得排除之证明要件"从'痛苦规则'转向以'痛苦规则'为主、兼具

① 关于《中华人民共和国刑事诉讼修正案（草案）》的说明。

② 汪建成：《中国需要什么样的非法证据排除规则》，载《环球法律评论》2006年第5期。

③ 董坤：《中国化证据排除规则的规范性梳理与反思》，载《政法论坛》2018年第2期。

④ Larry Laudan, *Truth, Error and Criminal Law—An Essay in Legal Epistemology*, Cambridge University Press, 2006, p. 132.

⑤ Murphy v. Waterfront Comm' n of New York Harbor, 378 U. S. 52, 1964, p. 55.

⑥ 值得深思的是，该合理性依据同样是阿瑟·戈德伯格法官在1966年的另一起判例中作出的，我们可以明显看到，相较两年前（1964年）在Murphy案中的道德论证立场，阿瑟法官明显转向了法律认识论的"分配主义立场"。See Tehan v. U. S., 382 U. S. 406, 1966, p. 415.

‘自白任意性规则’要素”[①]。尽管有学者认为这种转向增加了“评价标准的内部性”以及“涉案个人与外界沟通的选择权”[②]，是犯罪嫌疑人意志自由的体现，但实际上，由于缺乏辩护律师的实质性介入以及沉默权的规定，是否违背意愿仍然是一个外部评价标准。显然依据现有证据规则，向法庭提供存在刑讯逼供的线索或材料来反推其违背意愿仍是仅有的可行方法，并且在该意义上，“违背意愿”实际上相当于变相增加了证实刑讯逼供的程度性要求。因为违背意愿显然无法仅凭嫌疑人的自我陈述来证明，其证明需要回溯痛苦的耐受性和侵权的严重性的“外部特征”。在这个意义上，《严格排非规定》对于非法言词证据的判断实际上增设了两个外部条件：一是遭受难以忍受的痛苦；二是违背意愿。因此相较《刑事诉讼法》的规定，《严格排非规定》增加而非减轻了刑讯逼供的证实难度，也即增加了非法言词证据的排除难度。也因此，就该条文的变化而言，外部政策的影响在减弱，相应的刑事案件事实认定探寻真相的功能受到一定程度的正向刺激，体现“减少错误”的法律认识论核心。而根据《严格排非规定》第6条的规定，对非法证人证言证据的排除也同样存在这样的变化。

综上，非法言词证据的排除在《刑事诉讼法》与《严格排非规定》间存在的“错误分配（鼓励对抗）”与“错误减少（趋向真相）”的法律认识论冲突也在一定程度上反映了我国刑事案件事实认定推论正当性思考在规范层面的博弈现状。

---

① 卞建林：《我国非法证据排除规则的新发展》，载《中国刑事法杂志》2017年第4期。

② 卞建林、谢澍：《我国非法证据排除的重大发展——以〈严格排除非法证据规定〉之颁布为视角》，载《浙江工商大学学报》2017年第5期。

第二章 刑事案件事实认定的解释性结构

皮特·利普顿将描述司法事实认定这种典型“非演绎型”推论活动的关键区分为“描述性”和“正当性”[①] 两个层面。其中，“描述性”层面关注的是“如何得出认定结论的过程”的问题，具体到刑事案件事实认定中，即描述从证据到事实认定的推论过程；而“正当性”层面关注的是“如何评价认定结论之可靠性”的问题。长期以来，批评或怀疑论者的攻讦重点往往是与事实认定结论的“可靠性”或“准确性”等直观表现相关的“正当性”视角，也即对连接证据与推论结论间理性推理活动的正当性的考察分析。皮特·利普顿将这种理性活动的怀疑性攻讦概括为“为什么我们应当相信该认定结论是可靠的?”这反过来又促进了围绕刑事案件事实认定正当性问题的研究。通常而言，“正当性”问题的解决往往是优先于“描述性”问题的，如符合一定程序标准或价值诉求的事实认定过程即通常被认为是符合正当性要求的，而经由该正当性过程所获得的结论，也往往意味着程序性意义的正当性目的的实现。由此，“正当性”与“结论”呈现某种相关性，而对其的优先关注——对刑事案件事实认定正当性问题的研究解决也就更符合前文所述对事实认定结论准确性的核心要求。相较而言，“描述性”层面的围绕“如何描述事实认定得出结论的过程”的研究则存在很多未予明确的问题。有学者指出，这种描述性研究“在至少近四十年的时间里……始终未能达成一致观点”[②]。约翰·塞尔认为即便我们“每天都须面对和处理采取行动的理由”，但描述任何行动的理由本身“都是极为困难的”[③]。约翰·塞尔强调我们对行为背后理性（理由）的认识是非常模糊的，他指出如果要弄清楚“行为背后的理由”或“一个理由如何与特定行为相

---

① Peter Lipton, *Inference to the Best Explanation* (*Second Edition*), Routledge, 2004, p. 5-11.

② John Broome, *Reasons*, *In Reason and Value*: *Themes from the Moral Philosophy of Joseph Raz*, Jay Wallace, P. Pettit, S. Scheffler, and M. Smith eds., Oxford University Press 2004, p. 28.

③ John R. Searle, *Rationality in Action*, Cambridge, The MIT Press 2001, p. 98-100.

关联”，那么首先需要明确梳理与“理由（reason）”相关的一系列词语概念，诸如“解释（explanation）”“疑问（why）”以及“原因（because）”等。在此基础上，还需要进一步区分出理由本身的可接受性程度，如好的理由或坏的理由，以及理由的层次性问题，也即“理由”和“行为”相关联本身及关联背后原因的问题。如我们知道抽烟有害健康，因此促使我们不去抽烟的一个好的理由（解释）是，吸烟引发癌症。这一理由是有着大量的临床数据支持的，该理由能够很好地支持（解释）“不抽烟”的行为。而我们并不需要知道吸烟是如何在生物学机制上引发癌症的。换言之，这时我们并不知道（也不需要知道）采取行为的“真正理由”。按照约翰·塞尔的观点，任何行为实体均呈现特定的理性驱动行为的形式性特征，这种理性并非抽象的观念，而常常是具体的理由。尽管其存在与运行同外在行为保持一致，但困难的是该理由并不是引起特定行为的充分条件，只是构成了决定行为人从事特定行为的合理化动机。并且在刑事案件事实认定活动中，侦查人员、监察官和检察官，以及刑庭法官所从事的与事实认定相关的理性推论，受严苛的程序性和观念性条件的限制，导致进一步放大了上述的描述性困难。尽管皮特·利普顿将这种困难归结为“造物主困境”，似乎“人类就是被设计来完成一些活动，而非去分析或探讨其合理性的”。他指出“在推论和解释的具体实例中，我们通常在原则性描述方面做得很糟……我们能做什么（what we can do）与我们能描述什么（what we can describe）之间的反差是非常明确的”，但前赴后继的研究者总希望尝试找出描述该问题的可能途径。

第一节　刑事案件事实认定的决策动因

一、以证据为“规则与律令”的解释性活动

“事实认定”是一系列推论的集合。而推论是由“信念和期待所引发”[①]的，约翰·塞尔称之为“目的性现象（intentional phenomena）”，包括行为、信念、期待以及希望等。这些信念和期待将引发推论，而推论引导人们的行为

① John R. Searle, *Rationality in Action*, *Cambridge*, MA: The MIT Press 2001, chapter 1, p. 8.

指向真相。因此，寻求真相也应当是包含在“信念和期待”当中的，而同时“信念和期待”又体现为事实认定者的主观意愿。因此，我们可以将其看作刑事案件事实认定的决策动因。在这个意义上，刑事案件事实认定的理性推论过程即推论在多大程度上与“信念和期待”谋求相一致的过程，因此事实认定活动可以被描述为理性对促成“信念和期待”的实现过程。

这符合实践理性（Practical Reason）理论的基本要求，实践理性是指使用理性（理由）决定实践行为。其强调“理性对具体行为的决定作用”①。在哲学研究中，其通常与理论理性（Theoretical Reason，也被称为猜测性理性）相对，理论理性与具体行为无关。多数哲学家将实践理性理解为计划性行为的决策性动因。尤以亚里士多德学派为代表的众多学者均支持这一观点，其被认为类似一种“鉴赏能力”，即通过明智的判断或感知能够识别支持特定选择或倾向的复合性的、案件特异性的理由，而非对一般原则或程序的简单应用。约翰·塞尔所称的“目的性现象”也可被理解为是实践理性在具体推论活动中的表达。就特定案件事实而言，证据是给定的，是先于事实认定而存在的，证据影响并决定“信念与期待”的形成，并借此作用于理性，产生计划性行为，此后的一切推论均以其为边界。这对应了康德对实践理性的定义，它包含对规则或律令的遵守特征，因为其绝对命令（Categorical Imperative）通常被理解为是将个人与职责相绑定，而非与其主观喜好相绑定。正是这种规范性要求以理性的形式连接了外在证据现象与内在目的性要求，这是理性的规范性特征的体现，也即所谓的规范性理性（Normative Reasons）。玛丽亚·阿尔瓦雷斯指出“规范性理由”的表达常常以正当性、合理性等概念术语的形式出现，赋予某人以特定方式采取的行为以正当性的依据。其规范性“通过规则或价值予以表述，其内涵涉及合理性或正当性概念，即这些规则或价值提供了判断特定事物是‘对的或适当的’的标准”②。但也有学者指出，“合理性或正当性”概念本身是模糊的，不足以为规范性提供支撑③，将合理性或正当性引入具体行为规范性的

① Amalia Amaya, Ho Hock Lai, *Law*, *Virtue and Justice*, Hart Publishing, 2013, p. 64.

② Maria Alvarez, *Reasons for Action*: *Justification*, *motivation*, *explanation*, In The Stanford encyclopedia of philosophy, ed. E. Zalta. (Apr. 20, 2020, 12: 16 AM), https: //plato. stanford. edu/entries/reasons-just-vs-expl/.

③ John Broome, *Reasons*, *In Reason and Value*: *Themes from the Moral Philosophy of Joseph Raz*, Jay Wallace, P. Pettit, S. Scheffler, and M. Smith eds. , Oxford University Press 2004, p. 54.

论证中，实际上并无助于揭示行为背后的某种综合性的理性平衡①。这种争论实质上反映了正当性问题和描述性问题的分野，但并不妨碍规范性理性是与“规范和价值”② 相关的某种行为适当性的共识。

正是在这个意义上，托马斯主义伦理（Thomistic Ethics）将实践理性的第一原则定义为“实际做并寻求好的，避免恶的”③。在与事实认定有关推论的描述中，基于证据等现象事实形成的“信念与期待”也同样遵循这一原则。刑事案件事实认定活动即事实认定者实际解释并探寻对现有证据事实“好”的，或者说“合理的”“正当的”的解释方案，同时尽可能地避免那些可能导入歧途的解释方案的过程。这提供了描述刑事案件事实认定活动的重要角度。

一般而言，好与坏的判断首先是主观意义上的。但正如实践理性的外部规范性要求所揭示的那样，在刑事案件事实认定中，“信念和期待”及其引发的推论是建立在证据基础之上的。在这一基础上，也可以认为证据充当了规范事实认定“信念与期待”这一内在的“目的性现象”的外部“规则与律令”。因此，在刑事案件事实认定中，“好与坏”的判断并非完全主观意义上的。首先，其受到证据事实的决定与规范；其次，这一标准也常常被认为体现在结果意义上。与最终事实认定相符的信念或期待是好的，反之则是坏的。这种基于结果的判断，同“真相符合论”面临相同的问题，即如果说“真相是与客观现实相符合的知识”，那么“客观现实”就成为衡量认知优劣的参照。但遗憾的是，刑事案件中的“客观现实”本身即具有待认定的结果，在从证据到完成事实认定的过程中，它处于隐而未现或渐进呈现的状态，甚至直到最终裁决作出时，事实认定者仍有可能并不知晓或并不完全知晓客观现实，如依据证明责任作出裁判的案件。因此，结果意义上的判断也无助于描述刑事案件事实认定的实际推进过程。

综上，对刑事案件事实认定活动的描述，是过程性关注论证的，也是外部

---

① Jonathan Dancy, *Practical Reality*, Clarendon Press 2000, p. 6-7.

② 按照玛丽亚·阿尔瓦雷斯的观点，这里的规范与价值是在广义上理解的，包含了道德、经济、法律、社会、规范等方面的因素。

③ 例如，行为人利用实践理性决定是否建造望远镜，而运用理论理性探讨何种光学理论能够更好地服务于该目标。这一原则也被学者称为“自然之法的第一条法规”，梁鹤年教授将之译为“做好、求好、避恶”。参见［加］梁鹤年：《旧概念与新环境（四）：亚奎那的“普世价值”》，载《城市规划》2013 年第 7 期。

性面向证据的。其过程性体现在规范性理性的渐进表达，约翰·布隆姆称之为“一个不断权衡的解释”过程①，是在支持与反对特定行为或推论的“信念与期待”中寻求解释的过程。而这也是规范性理性本身区别于“真相符合论”的关键不同。规范性理性排斥所谓“唯一客观真相”的概念，而是强调理性推论活动的弹性，在事实认定的推进过程中，既存在支持特定行为的正向理由，也存在反对该行为的负向理由。包括“信念与期待”在内的整个推论过程，也正是在正向与负向理由的反复刺激之下不断权衡矫正的过程，相较“真相符合论”这更符合刑事案件事实认定的实际情形，在冲突的观点和主张中进行权衡取舍的过程；而其外部性体现在推论形成于证据规范性框架，并最终被用于解释证据现象。

二、事实认定推论形成的解释性动因

理性在事实认定活动中主要发挥两个方面的作用：一方面，体现为理性所作推论的功能，理性以推论的形式推进案件事实认定活动。一般来说，理性在该方面的作用是较易被首先观察到的，因为事实认定者通过理性所作的推论将引导其“外在”行为。另一方面，体现为理性所作推论的起因，即理性基于何种原因产生推论。在事实认定实践中，推论的成因往往处于较为潜在隐蔽的状态，这就使得其常被忽视。一般而言，推论的成因是围绕着实践理性的根本要求运行的，即“实际做并寻求好的，避免恶的”结果或局面。约翰·塞尔前述的“信念与期待”正是用来描述这一问题的，但他的表述仍然过于宽泛，缺乏针对性。对于司法事实认定而言，其宽泛解读极易造成事实认定者将个体动因与刑事诉讼程序动因相混淆。前者可能是基于主体通过诉讼外途径所获取的信息而形成，甚至是个体的主观喜恶或感性评判，而后者则必须基于一定的制度规范和程序标准。尤其对于刑事司法程序而言，程序动因才是产生推论的决定性因素。概言之，程序动因是在刑事程序框架下，对证据现象或证据事实的解释需求，它们作用于引导主体在事实认定活动中解决困难并达成目标。具体而言，证据是案件事实发生的信息承载，是记录案件事实的材料，案件事实一旦

① John Broome, Reasons, *In Reasons and Values: Themes from the moral philosophy of Joseph Raz*, Jay Wallace, P. Pettit, S. Scheffler, and M. Smith eds., Oxford University Press 2004, p. 41-42.

发生，就成为历史事实，其无法被直接感知，亦无法被情境再现。通过各种各样形式留存的证据也就成为感知案件事实的唯一途径。但证据通常并不会直观呈现其与特定历史事实之间的关联关系，而即便是以言词或视频呈现的直接证据，也仍然涉及信息在不同主体间传播时，由于信息不对称导致的“可信性”①问题，其仍然反映为某种关联关系有无或程度的判断问题。当事实认定者解释证据现象时，其实际上是解释证据与特定事实之间的关联关系。而解释的角度、侧重和所需达到的标准取决于刑事法律体系。“我们的推论可能被用来提供（这种）解释，而推论自身也可能需要（这种）解释。”② 总而言之，刑事案件事实认定可以被定义为解释引导下的推论活动，对证据现象的解释需求产生推论，推论以证据为基础，以解释证据为指引，指向事实真相。这也对应了正日益获得西方证据理论研究者关注的“寻求一种更好的理论模型取代现有方案以解释司法证明活动”的“解释性司法证明模式”③。在该模式下，程序性动因是解释性的。如前所述，解释产生并引导推论，而推论又反向帮助构建和证成解释。在这个意义上，“推论”和“解释”共同构成完整的事实认定过程。正如罗纳德·J. 艾伦在其一篇文章中所描绘的庭审现场：“潜在的解释出现，并在解释性基础上就其中一个解释展开推论……如果解释真实，将能够解释所有提交的证据……事实认定者也可能构建自己的解释。”④

整体而言，解释性动因在事实认定推论从产生到运行的整个过程中，都扮演着极为重要的角色。关于二者关系的哲学探讨其实由来已久，在解释与推论关系的早期表述中，亚里士多德将“人类首先观察到证据现象，而后形成解释这些证据现象的假设”的过程称为“直觉性推理（Intuitive Induction）”⑤。其后世研究者也有将这种人类大脑通过理性思维活动所形成的解释证据的能力称为“发生在大脑这个极其复杂的教堂里的最有趣也最复杂的功能”，一种“复

---

① ［美］亚历克斯·斯坦：《证据法的根基》，樊传明、郑飞等译，中国人民大学出版社 2018 年版，第 186 页。

② Peter Lipton, *Inference to the Best Explanation* (*Second Edition*), Routledge, 2004, p. 21.

③ Michael S. Pardo, *The Nature and Purpose of Evidence Theory*, 66 Vanderbilt L. Rev., 2013, p. 548, 547-613.

④ ［美］罗纳德·J. 艾伦：《罗纳德·J. 艾伦教授论证据法》（上），张保生等译，中国人民大学出版社 2014 年版，第 95 页。

⑤ Eyal Zamir, *Loss Aversion and the Law*, 65 Vand. L. Rev., 2012, p. 829, 833.

杂性科学（science of complexity）”[①]。直到吉尔伯特·哈曼提出“最佳解释推论（Inference to the Best Explanation）”模型，它在描述事实认定内在机制方面，才开始受到诸多证据法学者、认识论学者的推崇。该模型将刑事证明表述为“从某个特定的假设将解释现有证据这一事实，到该假设为真”[②]的推论过程，这为描述刑事案件事实认定的发生机制提供了有效的理论启示。其优点是，以极其简化的语言文字和逻辑关系描述了事实认定的形成机制。在这个机制中，推论与解释构建了直观简单的契合关系。而且，绝大多数我们的推论实践，包括在科学领域以及日常生活中，在形式上都遵循着这种解释范式。但同时，其缺点也非常明显。首先，推论与解释这两个概念本身都包含极为庞大复杂的主题，用推论和解释来阐释“司法证明机制”，并不能使“证明过程”获得更清晰简明的表述；其次，自吉尔伯特·哈曼首次提出“最佳解释推论”概念以来，这一模型并未得到更翔实的发展。它更多地被认为是一种口号性的，而非一套被明确阐述的哲学理论。皮特·利普顿在其《最佳解释推论》的同名著作中，即系统化地尝试分析了传统用于描述“解释”的相关概念模型，而这些模型的核心在于对理解的把握与阐释。如因果关系模型（Causal Model）、原因模型（Reason Model）、熟识度模型（Familiarity Model）、演绎法则模型（Deductive-nomological Model）等，对此我们将在下文详细举例说明。这些模型分别给出了不同的对于“解释”的理解，诸如“解释特定现象即给出与其因果关系史相关的信息”“解释一个现象即给出一个让人相信该现象确实发生的原因（理由）”“解释一个现象即给出消除对其认知实践中的紧张关系”等。而对照司法实践可以发现，这些模型确实能够对应刑事案件事实认定活动中的某个侧面。如事实认定活动的解释性动因即包括：获取其发展的因果关系史——了解待认定事实发生的前因后果信息；获取导致该现象发生的令人信服的理由——特定证据的存在比不存在使人更相信某结果发生的必然，以及消除认知中的紧张关系——当特定证据现象无法解释时，即意味着认知中的紧张关系，而证据现象

① Peter Coveny & Roger Highfield, *Frontiers of Complexity: the Search for order in a Chaotic World*, Random House Publishing Group, 1995, p. 279.

② Gilbert H. Harman, *The Inference to the Best Explanation*, The Philosophical Review, Vol. 74, 1965, p. 89. Gilbert H. Harman, *Enumerative as Inference to the Best Explanation*, The Journal of Philosophy, Vol. 65, 1968, p. 529-533.

获得解释，事实认定者认知中的紧张关系得以消除。此外，解释性模型本身的多样性，一方面，说明了解释概念的复杂性，这些模型往往只能抓住解释的某个侧面；另一方面，也恰恰反映了“解释”主题在描述“事实认定”形成机制方面的可行性。可以说事实认定在探寻真相的推论目的之外，也包含着对内心理解的寻求，理解源于解释，一种程序性的解释。而“最佳解释推论”模型的宽泛含义，恰在此时是对“解释”这个宏大叙事的合适回应。任何（如前述的具体类型化模型）试图具体化、限缩该模型的尝试都可能是不完整的。无论是从理论研究的逻辑推导，还是基于认知实践的朴素理解，解释的类型化模型确实能够为描述刑事案件事实认定（或某个侧面）提供一个较为理想的外在形式。以“最佳解释推论”模型为例，其是一种以解释性语言描述事实认定过程的尝试。尽管其在相关研究源起地的西方证据证明理论研究中获得了某种接受，但毫无疑问其实质发展是迟滞的。然而，指出其问题并不意味着否认该方向。刑事案件事实认定的解释性机制应当是正确的，问题在于如何发展出一套相对明确、具体的理论模型，亦如上述皮特·利普顿在其著作中所做的尝试。但也或许正是这种尝试才是导致问题的根源，解释主题的宏大背景决定了这种“一元化模型”尝试的方向性错误。诚然，抛开对这种“一元化模型”寻求的渴望，仍然有一些具体的问题需要关注。例如，如何形成一种描述方案，在什么可以解释特定现象与什么不可以之间进行正确的区分；对一种解释方案何以优于另一种方案的具体界定标准的厘清；什么是最佳的解释，是基于外在客观的标准还是寻求主观内心的判断；等等。

三、解释性考量引导下的推论链条

在刑事案件中，事实认定者在解释证据之时，主观上已经预先接受了证据现象为所发生之事的前提。因此，在解释性考量中，证据现象对于事实认定者而言，是已知的知识，诸如提取自案件现场的匕首或含有嫌疑人 DNA 的生物证据等。所以获得证据现象是已发生之事的知识本身并非解释活动的目的，也即在围绕证据现象的事实认定中，主体的目的并不是确立解释对象或论证解释对象的存在本身。在刑事案件事实认定中，围绕待解释对象——证据的核查与质证属于“辨认与鉴真”[①] 的活动范畴，它们是辅助事实认定活动进行的基础性铺垫工作。尽管这些工作非常重要，但它们并不属于事实认定活动本身。包括我国《刑事诉讼法》第50条第2款规定的“证据必须经过查证属实，才能作为定案的根据”以及美国《联邦规则》第901条规定的证据“可采性先决条件之鉴定或辨认的要求”等，都是服务于所谓“为证明奠定基础”的要求。因此，事实认定者解释证据的真正目的是获得“更多的知识”[②]。这种更多的知识，是皮特·利普顿认为获得理解的关键，其并非某种类型的超级知识，而仅是相较于普通的知晓而言的更多的知识。而其可能包含的范围是非常广泛的，如“原因的知识”——理解特定证据现象的发生原因，如匕首或DNA为何会出现在犯罪现场，与特定犯罪构成要件之间的关联关系；身份背景的知识——证人的品行，在美国这个知识可能被用来弹劾证人或给证人正誉，而在我国，这个知识也可能被事实认定者用来判断证人证言的证明力强弱以及可信性程度。

解释包含在“得到并给出关于事实问题的答案”[③] 的过程中。在这个过程中，我们唯一可供借助的是我们的理性推论能力，其帮助我们得到“事实问题的答案”并尽可能地避免实践理性所厌恶的情形出现。在刑事案件事实认定语境中，我们并不满足获得案件事实（证据现象）已经发生的知识本身，诸如被害人已经死亡、财物已经丢失、爆炸已经发生。我们所要获取的是有关这些现象是怎样发生的知识，而这属于解释性考量的范畴。具体而言，即这些现象是不是符合刑事实体法构成要件的主体行为造成的。解释性考量要解决如何引导推论完成从证据现象指向事实认定结论的问题。在典型的刑事案件事实认定场景中，证据现象与符合犯罪构成要件的主体行为之间的关联并不是直接的，这个关联的过程要借助理性推论的诸次更直接更具体的推论判断相连接才能得以实现。此外，这种关联性往往不具有唯一性，这可能也是事实认定推论中解释性考量面临的最大的理解上的障碍。例如，研究者在一件虚拟案例中描述的从“证据性事实”到“要件事实”的推论链条[④]：证据性事实（证人作证，狱警

---

① 参见［美］罗纳德·J. 艾伦等：《证据法：文本、问题和案例》（第三版），张保生、王进喜、赵滢译，高等教育出版社2006年版，第213-219页。

② Peter Lipton, *Inference to the Best Explanation* (*Second Edition*), Routledge, 2004, p. 21, 30.

③ ［新加坡］何福来：《事实认定》，张保生译，《证据科学》2019年第1期。

④ ［美］罗纳德·J. 艾伦等：《证据法：文本、问题和案例》（第三版），张保生、王进喜、赵滢译，高等教育出版社2006年版，第172页。

佩戴了防护手套）—推断性事实 1（狱警确实佩戴了防护手套）—推断性事实 2（狱警准备与目标展身体接触）—推断性事实 3（狱警们意图打人）—要素性事实 1（狱警们先动手打人）—要素性事实 2（狱犯被迫自卫还击）—要件（狱犯具备违法阻却性事由，构成正当防卫）。

首先，在该理性推论链条中，对“狱警佩戴了防护手套”这一证据现象的解释是“狱警准备与目标展开身体接触”。该解释是基于经验推断的产物，其合理性源于经验概括本身。但该解释与符合刑事实体法构成要件的主体行为之间并不存在明确的联系。因此，我们需要对该解释的原因进行进一步的解释，这就进一步出现了对更多的知识的需求，即“狱警准备与目标展开身体接触”现象的原因行为是“狱警们有意图地要准备打人”。而对狱警的主观意图的解释仍然只是推论的中间环节，事实认定者仍需进一步对其进行推论，直到得出“狱警先动手打人，狱犯是被迫还击”的历史事实真相被还原出来。在这个过程中，解释性考量对证据现象的解释不是一步到位的，也不是无休止进行下去的，解释的方向及最终限度取决于实体法律关于行为构成要件的具体规定。也正是在这个意义上，解释是引导推论的，推论的目的在于获得对证据现象的解释，而其最终目的是得出一个在犯罪构成要件框架下的，对所有在案证据事实的解释。

其次，在上述推论链条的每个具体环节上，解释并不具有唯一性。就认识论原理的本质而言，对证据现象的解释结论是“不完全决定”的，即在结合一组给定的，并非演绎性的规则时，并不能完全决定由此推导出的结论的唯一性。例如面对“狱警佩戴了防护手套”这一现象时，“狱警准备与目标展开身体接触”可能是一种合理的解释，但同时“佩戴防护手套是狱警操作规范的常规要求”或“狱警当时正在执行其他需要佩戴防护手套的任务”或“佩戴防护手套只是该狱警的个人防疫习惯”等。在基于理性经验进行判断时，这些都未尝不是合理的解释。因此，证据解释活动面临的关键问题是如何在众多解释当中，筛选出“最佳”解释，这也是吉尔伯特·哈曼创设“最佳解释推论”的初衷。诚然，这种筛选依赖进一步证据的查证，甚至是对超出实体法犯罪构成要件要求的“背景信息”的发掘，这些都加大了“过程解释”的难度。尤其是在事实认定正逐步展开的审前阶段，证据事实以及细节信息的缺失十分严重。而事实认定者在认知和解释逻辑的思维习惯上更倾向于编织逻辑结构上的完整的叙事，在其中不仅包含了案件构成要件的相关事实，同时也包含了为维护逻辑结构上完整性，而必然要涉及构成要件之外的信息。这就造成事实认定者发掘额外细节信息的需求，而对于这些信息的认识或解释，是相应实体法构成中所不必要的，这在客观上增加了证明责任人的证明负担。而在解释性结构的重要片段缺失时，就不得不进行推论，然而正由于缺乏相关证据，使得这种经验性推论不得不依赖必要却危险的基于经验和综合直觉的概括。如念某案中，检控方对念某具备杀人动机的推论，类似的还有杜某武案中，因妻子有外遇则愤而杀妻的推论；杨某忠案中，其与被害人的情感纠葛；张某风案中，其因一系列巧合而有重大作案嫌疑等，这些案件中都充分暴露了多种解释并存的情况下，事实认定主体的特定解释“期待和目的”对推论方向的影响。

综上，在事实认定的理性探知过程中，解释的限度、解释的方向、解释的衡量标准等问题都是需要着重讨论的。其中解释的限度和解释的方向，同刑事程序法和刑事实体法以及探求案件的实体真相等外部框架有关。而关于解释的衡量标准问题我们将在后文予以展开。但在此可以明确的是，推论活动的展开需要一种外在的规范引导机制，这种机制旨在保障推论的限度、推论的方向、推论所要达到的具体标准，而解释性结构恰能够满足这些要求。解释是源于理性目的需求的体现，主体通过对客体现象的解释而使其获得主观上的接纳与适应，主体通过把握理性寻求解释的理解程度而控制推论的限度、基于主体意图获得理解的角度而控制推论的方向、通过诉诸主体理解的具体程度而控制推论的证明标准。也因此，刑事案件事实认定实践中的推论并不是随机展开的，也并非呈现不可预测的不同主体间的差异形态，而是表现出了多主体间交流、理解、共识的趋向性，其原因正在于解释性结构本身。例如，面对一起投毒案件，不同推论主体可能采取的不同解释立场决定了推论的具体形式。事实认定者所作推论将围绕这究竟是一起因何种性质纠纷而导致的投毒杀人案件而展开，但法医所作推论则是围绕有毒物质的作用机理展开的。可见，推论是深受主体的解释需求影响的，这些需求涵盖解释结构的方方面面，并体现为解释性考量的引导作用。

第二节　刑事案件事实认定的逻辑前提

在推论过程中，命题主张是构成推论的最小核心要素。或言之，一切理性的推论论证活动都是建立在特定命题主张之上的。言词的、实物的客观证据材料要进入人类的主观理性推理系统就必须被命题化、主张化。因为历史事实一旦发生则“存而不在”，“历史事实的影响仅仅因它至今仍然留在人们的记忆中”。[①] 刑事案件中所面临的情形亦然，案件历史事实与证据痕迹是两个不同却又彼此关联的事物。事实认定者借助证据痕迹在理性思维中构建与历史事实“相符合”的心理镜像，即记忆留存。而这个心理镜像在主体之间的交流，即在直接言词原则之下的庭审活动正是借助语言命题的形式进行的。诸如“我看见某人实施杀人行为”“这把匕首是提取自案件现场的杀人凶器”等，也因此“事实只能以命题的形式表现其存在……事实已经过去，但命题与事实能够符合”[②]。在这个意义上，命题主张对于事实认定的理性推论而言就具有基础性意义。研究者认为“命题与经验证据符合是真的证实标准”[③]，而这种符合源于“解释”。

一、解释性假设与命题主张的本质

（一）从证据现象到解释性假设：命题主张的形成

刑事案件事实认定的核心工作是对证据信息材料的获取。正如分析哲学的重要先驱边沁在其《司法证明原理》中的核心论题所示，“程序的最直接目的是实现准确性”。这种准确性有赖于鼓励事实认定者“聆听每一个人、采纳每一件事物”[④]。而解释过程也同样形成在这种聆听和采纳的过程中，审前阶段和

---

① ［英］汤因比等：《历史的话语——现代西方历史哲学文集》，张文杰编，广西师范大学出版社2002年版，第287页。

② 张继成：《论命题与经验证据和科学证据符合》，载《法学研究》2005年第6期。

③ 张继成：《论命题与经验证据和科学证据符合》，载《法学研究》2005年第6期。

④ ［英］威廉·特文宁：《证据理论：边沁与威格摩尔》，吴洪淇等译，中国人民大学出版社2015年版，第41页。

审判过程又体现出不同的解释路径。

在侦查阶段，“侦查性发现的过程是伴随着时间而展开的”[①]，是“历史的逻辑的”展开过程。侦查伊始，办案人员从对线索或材料掌握的“最初状态”[②]中形成解释性假设，并不断接受后续调查所得的证据性事实的检验，这种检验将修正“最初状态”所包含的具体假设内容。这个假设的修正过程实际上正是依赖证据的解释过程。具体而言，当侦查人员接触到某项潜在证据材料时，其首先需要判断该材料是否与案件事实存在关联。如案件现场附近发现的血手套，侦查人员对这只血手套作出判断并以主张或命题的形式呈现——“血手套为嫌疑人作案后所留”，这便是对证据现象——观察到的血手套现象的解释。但在案件实际推进的过程中，“血手套为嫌疑人所留”仍然只是一个有待进一步查证的一种“解释性假设”，其是否为真的答案揭示要等到侦查持续推进的后续环节。

侦查阶段的事实认定尽管在本质上仍分享司法事实认定的理性内核，但也存在极大的特殊性。戴维·舒姆和皮特·提勒斯将对决策过程本身的研究推进到了前事实认定阶段，即侦查（事实调查）阶段。他们指出了侦查语境下的独特外部环境，其相较法庭审判过程是“不受拘束和非对抗性的”，且这一过程格外依靠想象力和假设。在侦查阶段，决策者想要探究的问题几乎从不会“立即以明确的可能性呈现或随时准备好所有相关的证据”[③]，有研究者称之为“侦查性发现（Investigative Discovery）”[④]阶段。该阶段区别于通常被西方律师称为“正式性发现（Formal Discovery）”，或称“法律发现（Legal Discovery）”的法庭事实认定阶段，该阶段包含了明显的需要法律特别授权的程序性设计，如宣誓作证、交叉询问或质证等。这种差异尤其体现在侦查人员作为事实认定者与法官作为事实认定者的角色差异上，但在本质上，二者从事的事实认定工

① Peter Tillers & David A. Schum, *A Theory of Preliminary Fact Investigation*, University of California Davis Law Review 24 (4), 1991, p. 931-1012.

② David A. Schum, *Evidence Marshaling for Imaginative Fact Investigation*, 9 Artificial Intelligence and Law, 2001, p. 168..

③ David Schum & Peter Tillers, *Mashalling Evidence for Adversary Litigation*, 13 Cardozo L. Rev., 1991, p. 659.

④ 该阶段区别于通常被西方律师称为“正式性发现（Formal Discovery）”，也叫“法律发现（Legal Discovery）”的狭义法庭事实认定阶段，该阶段包含了明显的需要法律特别授权的程序性设计，如宣誓作证、交叉询问等。

作都可以纳入"解释"性模型的概念框架下。

在审判阶段的对抗式庭审程序中，事实认定者（法官）面临同样的思维过程。当控辩双方提交某项证据材料时，事实认定者需要首先判断该证据材料与待证事实间的关联。在这个关联关系的判断过程中，事实认定者同样以解释性假设的形式形成对证据材料的"临时性"解释。控、辩双方的争议点是以具体证据或推理依据为承载的，这是在证据裁判原则基础上，由"以证据种类为横向分类，以'材料—证据—定案根据'为纵向审查步骤"[①]的证据审查框架所决定的。因此，审判事实认定中"原子论分析对案情建构的作用是基础性的"[②]。审判主体需要建构起从证据性事实到待证事实再到要件要素的具体对应关系。当缺乏这种严格的、落实到具体证据的推论链条时，法官即无法完成对案情似真性的证成。因此，审判主体需要检查它们（对抗双方各自的推论链条）的一致性和连贯性以及在它们之间进行选择。对实然的案件事实（案情）的证明，即意味着对应然推论链条上的特定证据的查证。具体而言，法庭将面临更复杂的解释性环境，表现为多主体冲突主张间的博弈过程。事实认定者或接受控方主张"血手套为嫌疑人所留"是解释"现场血手套"的"最佳"解释性假设；或者接受辩方主张"血手套并非嫌疑人所留，而是有人蓄意陷害"——亦如美国辛普森案件中的辩方律师所持主张——是解释"现场出现血手套"的"最佳"解释性假设；或者在控辩提交证据材料的基础上，得出一种不同于控辩解释性假设的全新主张，如认为"血手套为嫌疑人所有，但控方收集血手套的过程违反了程序性法律的规定，应当予以排除"。

整体而言，解释性假设对于事实认定的推进意义是非常明确的：一方面，解释性假设是客观现象（血手套）进入主观经验（刑事证据）领域的必经通道。解释性假设以命题主张的形式将证据材料所包含的信息予以提取，使客观材料进入主观经验领域，在程序推进顺序上起到承上的作用。

另一方面，解释性假设的把握重点在"假设"二字上，其意味对当前观察到的证据现象的一种可能性解释，其确信与否有待进一步的或潜在证据的检验。正是解释性假设的这种临时性，使得其需要通过理性对其进行论证把握。这个

---

① 吴洪淇：《证据法体系化的法理阐释》，载《法学研究》2019 年第 5 期。

② ［美］特伦斯·安德森等：《证据分析》（第二版），张保生等译，中国人民大学出版社 2012 年版，第 199 页。

理性把握的过程即前文所述的推论。解释性假设以命题的形式构建简单推理，而简单推理又混合成更复杂的论证活动。在此，解释性假设起到启下的作用。

（二）解释性推论：命题主张的逻辑展开

在刑事案件事实认定的推进过程中，侦查阶段的解释性假设常常是呈片段孤立的。此时，侦查人员掌握的证据性事实只是完整历史事实的某个角度的反映或表征。这时的推理，往往仅涉及整个事实基础的某个方面，是明显“分离的片段”①。而侦查工作“必须从一些发现的片段开始，并且这些片段的发现所揭示出的相关信息非常少或几乎没有”②。受其影响，命题主张的逻辑推进在此时也会更容易受到各种主客观因素的影响。线索材料在此时的混杂状态，也使得由此形成的命题主张混合着真实、虚假，有用、无用的成分，而以此为基础构建的推理论证活动也必然呈现出一种“分离性”的状态。尽管有学者指出“分离性的解释可能是最适宜的解释”③，但由于缺乏完整结构所带来的经验合理性或逻辑融贯性的过滤及检验，使得满足这一状态标准的解释性假设的可能性是非常多的，甚至会指向相反的命题主张。而侦查人员则可能在外部压力或内心偏好的驱使下，有意或无意地排除一些主张，锁定一个更符合其直觉的主张，并且是控方立场的构罪主张，而忽视、轻视了接受同其主张不相兼容的甚至是冲突的指向罪轻、无罪证据的假设修正过程。

具体而言，如果最初的命题主张（解释性假设）没有得到案件调查工作的证实，也就是说没有调取到依据该“可能假设或解释”所指示的本应当发现的潜在现象或证据，或者存在其他一些与当前“假设或解释”相冲突的证据事实，那么往往意味着先前命题主张及其推论是站不住脚的或存在问题的。如在一起故意杀人案件中，侦查人员根据现场勘查的初步情况，作出该案件是一起入室盗窃杀人案的“假设”，但新发现的证据事实表明，案件现场存在伪装情况，取财意图不明显，对受害人社会关系的摸排也发现了一些新的线索指向这

① Reid Hastie, *What's the Story?: Explanations and Narratives in Civil Jury Decisions*, B. H. Bornstein et al. eds., in Civil Juries and Civil Justice, 2008, p. 31-32.

② David A. Schum, *Evidence Marshaling for Imaginative Fact Investigation*, 9 Artificial Intelligence and Law, 2001, p. 165-188.

③ Michael S. Pardo, *The Nature and Purpose of Evidence Theory*, 66 Vanderbilt L. Rev., 2013, p. 550, 547-613.

是一起有预谋的故意杀人案。因此侦查人员修正了先前假设，并作出了被害人死于故意杀人，而非入室盗窃的转化型抢劫案的“假设”。这种关于案件事实认定故事模型的修正活动在整个刑事诉讼程序中一直发生着。当现存假设方案面对无法解释的新证据事实时，故事模型就要重新回到“先前观察或掌握的证据”本身，寻求其他的解释性假设方案。而这个修正过程在本质上正是法庭事实认定活动的预演，而那些受到法庭证明程序责难的侦查结论（控方主张）在很大程度上忽视了对侦查阶段解释下假设修正过程的关注。在一个正常的、规范的程序进程中，所谓侦查中心和庭审中心在程序目的的范畴上，应当是诉求一致的。这也体现在我国《刑事诉讼法》设置的侦查终结和裁判活动的证明标准均是“犯罪事实清楚，证据确实、充分”中。然而在程序异常时，侦查中心与审判中心的冲突也就同步反映在“侦查阶段事实认定”与“法庭审判阶段事实认定”的主张展开逻辑的不同中。

如前所述，侦查阶段是对松散线索材料的“分离性”解释路径，这反而推动了在侦查叙事过程中倾向形成一个“整体论”的“关于案情的讲述”。因为“对每一个证据的证明力的（分离解释）判断离不开对所有证据的通盘考虑”①。那些“原子”之外的“细微之处”往往正是侦查人员串联侦查叙事，打破案件僵局、形成新的假设方案的突破口。其对于案情的证成确实能够发挥“黏合剂”般的保障作用。在从程序上相对尽可能地排除“外构性证据”的情况下，侦查阶段可以做到“绝大多数案件的卷宗是真实的”②。相较而言，在东西方的审判法庭上，由于各种主客观原因，如被告人的当庭翻供、证人的记忆和表述问题等，都反而更易造成当庭言词证据的易虚假性、不稳定性。此外，“基于文本来源信息而形成的思考结论，在系统性和理性化程度方面，要明显优于形成于口头表述信息的认识”③，这些都使得实践对以案卷笔录为中心还是

---

① 纪格非：《边沁证据法学思想的当代解读》，载《法制与社会发展（双月刊）》2010年第6期。

② 侦查阶段讯问全程录音录像的相对普及，律师相对充分介入侦查阶段等的程序保障，基本消灭了所谓“外构性证据”。参见侣化强、余韵洁：《审判中心主义与卷宗制度的前世今生》，载《法学家》2020年第6期。

③ 研究者系统探讨了口头表述（直接言词）与书面审查之间的差别，诚然直接言词原则是现代诉讼法的基本原则，但仅就事实认定的理性、准确性要求而言，二者之间的优劣差别并非如传统观点所述。See David R. Olson, *From Utterance to Text: The Bias of Language in Speech and Writing*, 47 Harv. Educ. Rev., 1977, p. 257, 263. Paul Bergman, *The War Between the States (of Mind): Oral Versus Textual Reasoning*, 40 Ark. L. Rev., 1987, p. 505.

以庭审为中心的态度暧昧，诸如受“发现真相”驱使的欧陆德国，针对严重叛国罪的英国，以及奉行独特诉讼文化的我国。

在法庭审判阶段，命题主张的展开过程遵循着完全不同的逻辑。刑事法庭的事实认定活动是典型的立足犯罪构成要件的“原子论式”① 的认识过程，这是罪刑法定原则要求的必然结果。审判法庭无法（或不必要）以叙事的方式完整展现有关犯罪发生的经验性或合理性过程，而拆分出“证据性事实—推断性事实—要素性事实—犯罪构成要件”② 的逻辑关系才更符合法庭证明的规范性要求，也更符合证据裁判原则以及罪刑法定原则的实质内容。证据与特定命题主张的关联是通过上述推论链条构建的，而每个推论链条最终都指向同特定犯罪构成要件相一致的命题主张。因此，法庭的解释性推论是规范意义上的，是与特定犯罪构成要求的立法表述相一致的。在这一意义上，审判阶段的事实认定必然是被要件拆分的，也因此原子论分析是一个主要工具。

整体而言，在侦查性发现过程中，侦查人员需要综合运用证据、线索，借助经验、直觉，才能最终形成一个关于案情的整体描述。这是“整体性”的内在统一要求，但受制于人类认识活动的一般规律以及外部客观条件的限制，这个过程需要从混杂着虚假、缺失、误导、被错误解读、内部矛盾的“分离性”解释开始。这就使得构造一个逻辑上合理的“唯一的”命题主张来统摄这些“分离性”信息的任务困难重重。而这种困难正是实践中导致错案的根源之一，如杜某武案中“作案枪支被拆解成零件后抛入滇池”的假设，于某生案中对“现场不属于于某生及被害人的第三人指纹”的解释，都是为了维护唯一真相的“整体性”而对“拆分性”信息的误读。而这背后也反映了侦查性发现与法庭证明活动在认识旨趣上的差异。概言之，案件侦破是以对历史事实的探究发现为理想目标的，是“整体性”的要求，而法庭证明是以对推论链条的梳理查验为手段的，是“拆分性”的过程。例如，在刑事法庭上，犹豫、迟疑、表情举止等显然不能作为证据使用，更无法构成连接待证事实（构成要件）的有效

① ［英］威廉·特文宁：《反思证据：开拓性论著》（第二版），吴洪淇等译，中国人民大学出版社2015年版，第320页。

② 审判法庭证明活动的关键步骤是展现特定证据与刑法犯罪构成要件间的对应关系，即证据推论的链条。参见［美］罗纳德·J. 艾伦等：《证据法：文本、问题和案例》（第三版），张保生、王进喜、赵滢译，高等教育出版社2006年版，第143页。

证据，这是证据裁判原则要求的体现，反映为特定证据性事实与犯罪构成要件相连接的具体对应关系。也正是这种倾向对证据进行逐一分析的“原子论式”的推论过程，才能在处理证据与待证事实要件要素间的关联关系时，做到具体化、特异化。而这种体现在审判过程中的“量化”或“链条化”思维，又将在很大程度上通过程序倒逼、反推与侦查事实认定中的叙事性思维发生冲突。在这种冲突中，侦查叙事的融贯性被打破，也才呈现了审判中心与笔录传统的紧张关系。而统一这种紧张关系的，是对解释性假设形成机制及验证过程的切实遵循。

二、刑事证据的命题化归

所谓“化归法”是指数学系统中的一种分析解决问题的基本方法。在解决问题的过程中，“化归法”关注对问题进行的变形、转化，使之以更易接受的某种问题形式呈现。如前所述，刑事案件事实认定的推论论证活动是建立在命题主张之上的。一切以言词、实物形式存在的客观证据材料必须以命题化的形式进入人类的经验领域，才能被主观理性推理系统把握。这个具体过程体现为“解释性假设”的形成，而从证据到解释性假设的形成即包含了该种化归思想。在刑事案件实践中，证据以言词或实物载体的材料形式存在，而人脑是无法直接以这种客观载体为元素进行推理和论证的，这就需要借助某种形式的转化，即命题转化。将证据现象转化为特定命题主张，这些命题主张既是对证据现象的解释，也是事实认定推论链条展开的前提。在这个意义上，刑事证据的命题化就是连接解释与推论的核心步骤。而我们可以从形式和实质两个层面来分析刑事证据命题化的理论内涵。

在形式上，前述哲学家戴维·奥伊洛特描述的“拱形”思维结构，即“认知拱”的结构（如图1所示）正可以用来表述该过程。

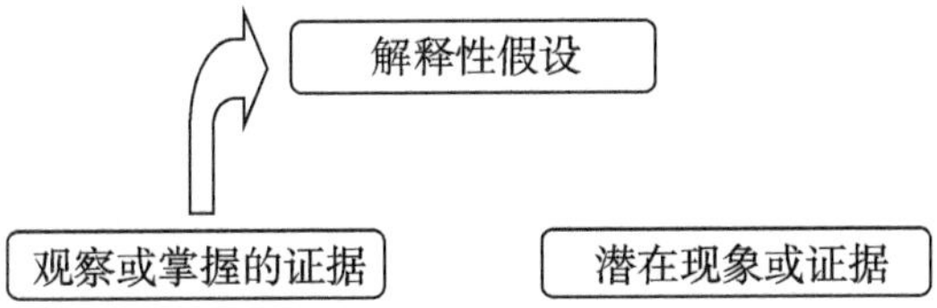

图1　认知拱示意图

该结构包含了面对新现象的解释性假设形成过程——前半段，以及在该解释性假设指引下，探索未知现象的过程——后半段。其后，证据法学者戴维·舒姆将其从哲学科学领域扩展到了法律事实认定的相关研究，用于描述司法证明活动中，从观察的证据现象到解释性假设的形成，再到潜在证据的发现与检验过程。该结构的前半段，从观察或掌握的证据现象到解释该现象的可能假设，即证据命题化的过程（如图 2 所示）。事实认定主体通过对在案证据现象的抽象把握，将之转化为以“命题主张形式”呈现的解释性假设。命题形式本身是指一个判断句语义的、传达某种可被定义并观察的现象的、具备为真或为假两种赋值的语句现象。解释性假设在这些方面同命题等值。首先，解释性假设是一个关于在案证据现象的判断语句，其被用来描述在案证据事实在人类理性思维中的呈现形式；其次，解释性假设的理性核心不在于其判断句式本身，而在于其所表达的语义，是对在案证据现象的把握与解释，并且这种语义可以在理性主体之间传播和理解，这就为举证、质证、交叉询问、法庭审判等活动提供了交流基础；最后，解释性假设传递的主张可能为真，也可能为假。而这在直接表现上取决于对潜在证据的发掘情况，并在根本上取决于同案件事实真相的“符合”情况。

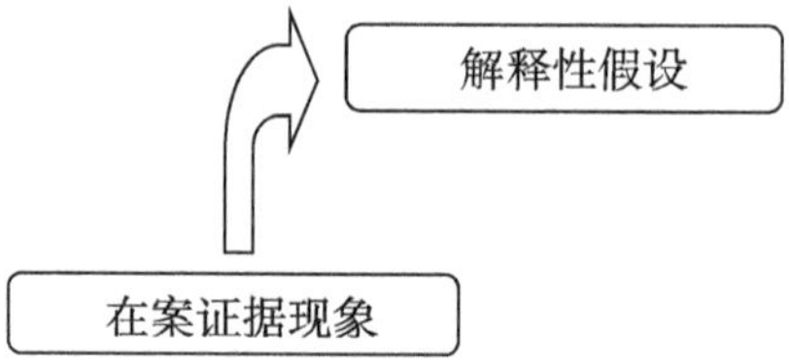

图 2　解释性假设形成

而在实质上，从证据现象到解释性假设的过程，包含了复杂的理性思维形式，围绕该阶段的研究有着漫长的演化历史。如前所述，早在公元前，亚里士多德所称的“直觉性推理”即已经预示了解释过程在人类理性思维中的独特形式，其既不同于演绎推论形式，也有别于通常的经验归纳推论。对于刑事案件而言，尤其是疑难复杂案件，形成对在案证据现象的解释性假释，有时确实源自侦查人员的某种“直觉”。此后，一直到 19 世纪 90 年代，美国哲学家查尔斯·皮尔斯创造了“abduction”一词用来指称这种潜在于“想象力和创造性思维”之下的推理形式。直到今天“Abductive Inference”已经被普遍接受为描述该独特理性思维过程的，区别于“Deductive Inference”和“Inductive Inference”的第三种推理类型——溯因推理，其意为运用创造力对现象原因的探知推理。

然而至此，解释性假设的形成机制问题仍未得到全部阐明，其与经验归纳之间的区别和联系仍旧争论重重，如吉尔伯特·哈曼指出“任何经验归纳中都蕴含着某种程度的溯因”[①]，而理查德·傅摩顿则强调“一切溯因推理都可被实质性描述为归纳推理”[②]，而这种争论也从另一侧面反映了该过程所包含理性思维形式的复杂性与吸引力。尽管还未形成有关该过程理性实质的权威描述，但并不妨碍刑事案件事实认定实践中对其的成熟与可靠的运用。

综上，刑事证据的命题化归过程，既是事实认定解释结构的组成，也是第一章所述理性主义的体现。首先，解释是对事实的解释，而绝非天马行空的猜测与臆想，其以事实为依据，以事实为检验；其次，解释是基于可知论的解释，是以对潜在证据的发掘为指引，受潜在证据检验，并依据潜在证据进行修正的[③]，而非指向不可知论的神秘主义解释；再次，解释是人类理性思维系统的“自然”产物，是源于人脑独特自然结构的产物，是理性思维系统的重要组成部分；最后，解释秉持“求真”认识论的基本立场。在刑事案件事实认定中，围绕证据现象进行的解释活动是服务于查明案件事实真相的，尽管在程序推进过程中，其性质表现为“假设”，但并不妨碍这种假设是对“真相”的揭示。尤其在对抗式庭审程序中，其随时接受来自相对方冲突证据的攻讦。任何不可证伪的理论，将丧失科学性、合乎理性的基本前提。

（一）言词证据的命题化

1. 言词信息的构成

言词证据是以“自然人的言词陈述为载体的证据形式”[④]。在我国的证据种类中，其包含证人证言、被害人陈述、被告人供述与辩解、鉴定意见。这类证据的优势在于，其本身是以语言陈述的形式呈现的，其中包含着大量与案件事实相关语义内容的命题主张，而“人们之间相互传递关于事实的知识主要是通过语言来实现的”[⑤]。因此，在刑事案件事实认定过程中，言词证据扮演着极为

① William Twining, *Rethinking Evidence: Exploratory Essays*, Basil Blackwell, 1990, p. 76.

② Richard A. Fumerton, *Induction and Reasoning to the Best Explanation*, Philosophy of Science 47, 1980, p. 589-600.

③ 巩寒冰：《解释性证据理论研究》，中国政法大学 2017 年博士学位论文，第 121 页。

④ 陈瑞华：《刑事证据法学》，北京大学出版社 2012 年版，第 93 页。

⑤ 张保生：《证据法学》，高等教育出版社 2013 年版，第 9 页。

重要的角色。尽管言词证据主要是以命题主张的形式存在的，但并不意味着该种证据类型不需要经过命题转化。尤其在刑事诉讼中，除采集主体、场所、时间、方法等程序法限制外，言词材料的内容本身也包含着需要通过解释性假设进行命题化归的部分。如在一起刑事案件中，证人作证说“他看见张三杀了被害人”，这是一个典型的可在主体之间传递语义的判断式语句，其可被判定为真——证人如实表述了其真实感知到的案件事实，也可能被判定为假——证人发生了感知错误、记忆错误或表述错误等。总之，事实认定者需要对其进行解释性假设转化：证据现象（证人作证，他看见张三杀了被害人）——解释性假设（张三确实杀了被害人）。因为只有张三确实杀了被害人，才能解释证人所看到的情形，而在该解释性假设指引下，应当能够发现潜在证据，如被害人的尸体、被害人尸体上的致命伤、被害人与张三搏斗过程中遗留的各种痕迹物证等。如果不能找到这些证据，就可能反过来导致对该解释性假设的证伪。

而上述转化形式往往是理想状况下的言词证据命题化过程。在真实的刑事案件信息获取过程中，证人、被害人、嫌疑人，包括专业信息的提供者所传递出的语义信息中是包含着非常复杂的组成成分的，如警方收集的如下“被害人报案”信息：“我被强奸了，我怀疑是同事某某所为，他之前多次骚扰尾随我，被我发现，他这个人是个变态，太可怕了，马上把他抓起来吧，关到死。”在这段被害人陈述中，包含着大量的信息，概括起来包含四种成分：一是关于事实的陈述。“我被强奸了”，该语句所包含的语义信息是论证强奸罪犯罪构成要件的必要成分，也是该言词证据的核心构成要素。而这个包含了或真或假的主张命题，在其被事实认定者视为真的同时，其便构成了“一个基本的论证单元”①，与前述推论过程相衔接。二是被害人的猜测性、评论性话语。“我怀疑是同事某某所为”，这部分言词语义属于当事人的猜测性话语。从命题主张的定义来看，这段叙述不具备构成命题断言的基本条件。《高法解释》第 88 条第 2 款也明确规定了“证人的猜测性、评论性、推断性的证言，不得作为证据使用”。因此，言词中的该部分表述成分也无须进入言词证据命题化过程。三是被害人提供的案件侦办线索。“他之前多次骚扰尾随我”及“他这个人是个变态”，单从命题的构成来看，这部分语句呈现出判断句形式，传递出内容相关

① ［美］凯文·D. 阿什利：《人工智能与法律解析》，邱昭继译，商务印书馆 2020 年版，第 348 页。

的信息，并具备为真或为假的判断可能，符合命题化的一般条件。但该语句同刑事实体法构成要件没有对应关系，甚至在有的证据立法体系中已经明确排除了“关于某人的品行或品行特点的证据，不得……证明……具体场合下的行为与之具有一致性”“关于犯罪、不法行为或者其他行为的证据，不可……证明……特定场合的行为与其具有一致性”①。因此，这部分言词信息只能被作为侦查阶段的案件侦办线索加以利用，而不能出现在查证属实的证据集合中，也无法出现在法庭事实认定的推论链条中，自然无须对其进行命题化改造。然而，其价值在于，超出犯罪构成要件之外的事实知识，对于侦查阶段的事实认定工作有着不容忽视的意义。如前所述，侦查人员倾向于编织逻辑结构上完整的故事，就必然涉及对构成要件之外信息的发掘，也决定了对该部分语句信息命题化的现实需求。四是被害人的诉讼请求。“马上把他抓起来，关到死”，该部分言词信息属于被害人的“诉讼请求”，反映了被害人的朴素心理需求，其与刑事实体法的犯罪构成要件之间没有任何对应关系，因此也不属于刑事证据命题化改造的部分，但需要强调的是，在符合特定程序或实体要件的刑事程序过程中，被害人的主观态度有可能影响或阻断程序的正常运行，如《刑事诉讼法》第 290 条规定“对于达成和解协议的案件……人民法院可以依法对被告人从宽处罚”；第 182 条第 1 款规定“犯罪嫌疑人自愿如实供述……有重大立功或者案件涉及国家重大利益的……可以作出不起诉决定”。此外，需要指出的是，在前述两个案例中，言词信息与实体法犯罪构成要件的对应较直接，解释过程也相对直观，这容易使得我们将言词证据命题过程视作理所当然。而在实践情况中，言词信息包含着更加复杂的成分，其与犯罪构成要件之间的关联也并不总是显而易见的。此时，言词信息的命题化过程就需要事实认定主体发挥理性经验的“创造性”解释能力。

2. 言词证据的命题化归

言词证据的命题转化在大多数案件的办理过程中，是在事实认定者的头脑中自动完成的，遵循从言词材料的获取到有价值信息的提取、命题转化，再到以命题为基本前提的论证推论活动。这一过程包含复杂的理性思维方法的综合运用，但由于其通常是借助事实认定者头脑中源于日积月累的经验和旷日持久

① 参见美国《联邦规则》第 404 条。

的专业化训练所形成的逻辑本能，从而使得事实认定者本人也很难察觉到该过程的具体运行，反而认为这是理所当然的。这对应了皮特·利普顿前述的“自行车论”。

具体而言，言词材料的命题化过程包含两个步骤：一是对句子中命题的识别与提取；二是将命题整合，综合运用多种逻辑论证形式，构建从前提指向结论的推论。典型的例证是，人工智能模拟从法律案例文本中提取相关论证信息的活动正是借助“机器学习”① 模拟人脑处理语言信息，从句子中提取命题，并按照逻辑顺序构建从前提到结论的推论形式完成的。莫查莱斯和莫恩斯在其“机器学习”的相关研究中，概括了“从句子中识别论证命题”② 的一般性特征：

（1）单个字词，成对字词，成对或三个以上的连续字词。

（2）词性包含特定副词、动词和情态动词（是指指向许可或义务的辅助动词，如“可能”“必须”“应当——基于制定法的”“应当——基于契约合同的”）。

（3）特定的标点符号。

（4）标识论证的特定关键词，如“但是”“结论是”“因此”。

（5）语法层级的深度以及子项的数量（均用于计量句子的复杂程度）。

（6）特定的文本数据库，包含句子长度、平均字词长度，以及标点符号的数量。

而这些特征的价值在于，通过对句子中一定数量特征的二元赋值的识别，即存在或不存在，判断是否属于命题。这些一般特征点又在一定数据量（数据库）基础上，被不同程度地加权赋值，最终形成机器识别命题的特定算法。在莫查莱斯和莫恩斯的算法当中，确立了相对较多的命题识别的特征点，这也相对保障了其“从句子中识别论证命题”的准确性，具体而言：

（1）由字词构成的句子长度应达到一个临界值，并且句子在文档中的位置也具有一定意义。

（2）主要动词的时态和类型（对应汉语是通过动词的辅助词实现）。

---

① ［美］凯文·D. 阿什利：《人工智能与法律解析》，邱昭继译，商务印书馆2020年版，第349页。

② Raquel Mochales and Marie-Francine Moens, *Argumentation mining*, Artificial Intelligence and Law, 2011, p. 19, 22.

（3）前句或后句的所属类型。

（4）对句子涉及论证与否做预处理分类。

（5）在句子内部或上下文句子中出现的修辞模式的类型：支持、反对、结论、其他或无关联。

（6）句子中的论证模式的类型："注意""经比照后""达成如下结论""占多数的是"。

（7）句子是否引用了法律条文或包含有制定法定义。

（8）句子主语的典型类型：原告人（被害人）、被告人、法庭或其他。

综上，具备特定数量上述特征的句子会被"机器学习"理解为命题，而这个机器理解的算法过程，其实正是事实认定者识别命题，完成刑事证据命题转化的一般逻辑，如具备"（8）"被告人（或其姓名）的主语类型，具备"（2）"说、讲、陈述等动词结构，具备"（7）"法律条文或含有制定法定义，故意杀人、抢劫等法律定义等的句子在很大概率上便可能被识别为被告人供述的命题化形式。只不过人类适用的理解和转化方法更复杂、更模糊也更符合理性要求。尽管当前阶段的人工智能还远无法真实还原人脑的实际思维判断过程。但通过"机器学习""大数据""算法"等的夯实与革新，单就准确性而言"机器筛选"过程已经在很大程度上能够得出接近人脑理性判断的结果。例如，一项针对欧洲人权法院的584份判决书的人工智能算法模拟预测的准确率高达79%；而另一项针对美国最高法院的28000起案件的24000次法官投票，人工智能算法模拟准确率超过70%，而同样针对该数据样本的法学家预测准确率仅为66%。[①] 这些数据也进一步说明了言词证据命题化在法律与人工智能交叉研究中的可行性，这为本书第四章和第五章探讨的刑事案件事实认定模型化和跨学科发展提供了技术支持。同时，这种可行性又反过来佐证了人类思维理性对言词证据命题转化这一理论结构猜想的正确性和正当性。

（二）实物证据的命题化

实物证据是指以实际存在物或文书档案等载体形式存在的证据，如物证、书证、视听资料、电子数据等证据。相较言词证据而言，实物证据并不体现为

---

① 周慕涵：《证明力评判方式新论——基于算法的视角》，载《法律科学（西北政法大学学报）》2020年第1期。

言词陈述的形式，也因此其被称为“哑巴证据”。实物证据的特征在于其无法以“感官”接受感知案件事实，而只能以实际接触后的物理痕迹、物质转移、文字记载等方式反映历史事实原貌。需要强调的是，在我国法庭上，证人证言、被告人供述等言词证据有时也体现为以文字记录的书面证言或笔录等外在形式，但这并不妨碍这些证据的语句言词的陈述本质。这与会计账册、恐吓信之类的以数字、文字记载的书证信息还是有着本质不同的。概言之，实物证据本身并不能主动讲述其所经历的案件事实，与现代法庭奉行的直接言词原则形式不符，这就决定了实物证据提交法庭的过程需要伴随注释与解读，具体体现为其所有者、知情者、提取者或保管者应当在法庭上就该实物证据的存在状态、证明事项、保管链条等内容提供必要的言词注解和说明。此处所谓的实物证据的命题化也并非简单对“实物”本身物理存在状态的命题化，诸如机械记载其物理属性——金、银、铜、铁，痕迹特征——锐器伤、钝器伤、勒痕、擦痕等。更重要的是，对围绕实物证据经手人的，包括取证、举证、质证等环节中发生的注解和说明等语句内容的命题转化，这个过程概括起来包含两个主要部分。

1. 实物证据的言词注解与说明

侦查人员要就实物证据的提取过程、提取时的物理特征、痕迹状态、与案件事实的关联等作出口头或书面的说明；实物证据的所有者、制作者、知情者要就其存在状态、物理特征等作出解释和说明；举证者要就其证明对象、关联程度、保管链条、同一性等作出说明和辅助证明——接受辨认和鉴真。以上所有的注解与说明都要经受来自相对方、法庭事实认定者的言词攻讦和质疑，表现为言词对言词的语句冲突，以此完成实物证据的言词转化。概言之，围绕实物证据的刑事案件事实认定解释过程本身，正是对实物证据的言词转化过程，这是法庭直接言词审理原则的必然要求，也是对“事实”的“经验性”“可陈述性”① 等特征的体现。如果实物证据无法被人类的主观经验所把握，无法以可陈述的形式在主体之间进行传播与理解，其也就脱离了“事实”范畴，同刑事案件事实认定的基本规律相违背。

2. 言词注解与说明的命题化归

如前所述，实物证据本身不具有言词表现形式。因此，围绕实物证据的言

① 张保生等：《证据法学》，高等教育出版社 2013 年版，第 7-10 页。

词注解与说明，一方面是实物证据进入事实认定领域的必然形式；另一方面也是实物证据命题化归的基本前提。这个言词注解与说明的过程一旦完成，则实物证据在实质上已经转化成了“言词证据”，而其后的命题化过程也自然与前述言词证据的命题化归过程大体一致。

三、解释过程的具体展开：疑问式命题主张的对照性求解

在刑事案件事实认定活动中，证据是以主张或命题的形式呈现在事实认定者面前的。而我们通过命题主张认知世界的方式是基于“对照性分析的解释路径的”，即我们很难直接认知事物本身，而通常需要在某种对照中寻求对其的理解。这种对照的关键是设置一组在特定方面“不相兼容”的包含“事实与陪衬”项的“对照组”。其中“事实”是指待解释证据现象，而“陪衬”是指包含了某些相异要素的对照现象。一个“事实”可以有多个不同的“陪衬”对象，而至于哪个陪衬对象能够成为事实认定者解释特定证据现象的对照选择，是取决于事实认定者的旨趣所在的。在刑事案件事实认定中，这个旨趣最终应是规范意义的。围绕“事实与陪衬”的具体关系是存在争议的。有研究者指出，二者之间是呈现“完全不兼容性的”①；但也有观察者强调，这种“完全论”是对对照性路径的曲解。在实践中，我们的对照性疑问经常被用于“对两个看起来极为相似的现象竟然是不同的”问题的解释，这种情形中“事实”与“陪衬”之间的关系是相似性大于相异性的，而正是这种相似性主调之中的相异点，才使得对照性解释的结论更具针对性。此外，研究者指出，对照性解释路径尽管是人类思维习惯的基本样式，但并不代表这种解释模式是轻松的或使得答案显而易见的。在某些场景中，“事实与陪衬”的对照组解释确实比单纯解释特定“事实”容易，但同样存在一些场景中，“事实与陪衬”的对照组解释比单独解释特定“事实”困难。例如，在河南张某友“奸杀侄女”案中，单独设置“为什么胡某刚具有作案嫌疑”时，可以以“胡某刚是较晚接触被害人的人员之一”来回答。相较而言，当对照设置“为什么是张某友而不是胡某刚是本案嫌疑人”时，上述回答已经不足以解释该对照组，因为这涉及在两个可能是最后（又无法在时间上精确区分何人是最晚的）接触过被害人的人之间的

① Alan Garfinkel, *Forms of Explanation*, Yale University Press, 1981, p. 40.

比较；而当单独设置“为什么胡某刚不具有作案嫌疑”时，“胡某刚出现在案件现场的时间段较短，不具备作案时间”的解释看起来是恰当的，但对照设置的“为什么是张某友而不是胡某刚是本案嫌疑人”时，该回答便显得不够充分，因为其并不增加张某友相较胡某刚的嫌疑。

在形式上，这种对照性求解常常是以“疑问式”句式展开的，这也符合事实认定者对观察到的证据现象产生原因的求解活动。并且显而易见的是，刑事程序中的讯问、交叉询问、法庭质证及法庭辩论等活动均以疑问式的形式服务于这一目的。也正是在这个意义上，我们认为事实认定相关的推论活动是以疑问式问题的对照性求解展开的。

（一）疑问式问题争论的传统缺陷

通常而言，疑问式问题包含很多表现形式，如“为什么甲进入乙房间?”或者“甲怎么进入了乙的房间?”或者“甲进入了乙的房间！为什么?”等，但无论其采用何种形式，在结构上我们都可以将疑问式问题概括为：特定主张加上解释该主张的需求。关于证据事实的主张“甲进入乙的房间”以及解释该主张的需求“甲这么做的原因”。由此可见，特定主张构成了理解和描述疑问式问题的核心。在刑事案件事实认定活动中，一个完整的主张应当包含犯罪构成的若干个要素，此时针对主张的设问就会转化成对特定要素的设问，并且这种转化导致了“相同的问题（可能）被完全不同的解答”①。前述问题可能发生如下转化，“为什么甲进入乙的房间?”（为什么是甲而不是其他人，对此的回答可能是，甲是凶手）；“为什么甲进入乙的房间?”（为什么是进入而不是其他行为，如甲是一名邮差，他本该将信件放置在房间门口的信箱中即可）；“为什么甲进入乙的房间?”（为什么是乙的房间而不是其他人的，对此的可能回答是，乙是甲的作案目标或熟人）。这种针对同一问题的多样性回答是因为提问者与回答者在解释兴趣和审视角度上的差别导致的。语言学家范·弗拉森认为这种差别取决于双方“相关性对照”② 的选择。但无论如何，这种问答双方的认知差异，显然不是提问者希望或追求的情形。

因此，提问者在设置疑问式问题时，应当对问题本身加以必要的限制。尤

---

① Van Fraasen, *The Scientific Image*, The Clarendon Press, 1980, p. 127.

② Van Fraasen, *The Scientific Image*, The Clarendon Press, 1980, p. 127.

其在刑事案件事实认定过程中，事实认定者在提出疑问式问题时，为使被讯问（询问）者的回答更有针对性，更符合提问者的预期，提问者应当在疑问式问题的主张中，加入更多的补充性成分。范·弗拉森是对照性理论的支持者，按照其观点，疑问式问题的一般的、正确的潜在结构是“为什么是这种情况 why P，而不是对照性的 Q”情形。其中 Q 的选择，构成了对照性的选择集合，称为“contrast-class”，与情形“P”组成二选一的结构，即“相关性对照”，借此使特定主张“包含对一个主题的完整表达”①。例如，“为什么是甲而不是丙进入了乙的房间?”或者“为什么甲进入乙的房间，而不是把信件放在乙房间外面的信箱里?”或者“为什么进入乙的房间，而不是选择丙的房间?”可见，明确了“对照性选择”的问题，相较前述“单纯”主张的疑问式能够更精确地锁定答案的范围，更不易在提问者与回答者之间产生歧义和冲突。这在本质上是由于现实世界因果关系链条的交织和无限延展导致的，这使得对证据现象的解释角度和关联可能是宽泛笼统的，而对照性选项的背景设置给这种解释提供了进一步的限制。

丹尼斯·坦普尔将疑问式问题相应地概括为两种基本类型，分别是“命题说（Propositional theory）”，“任何命题或主张均能够转化成疑问式问题”；以及“对照说（Contrast theory）”，“一个完整的、明确的疑问式问题应当包含对照性选项，并采用对照性的表达（Why P rather than Q）”。围绕这种划分存在由来已久的争论，卡尔·亨佩尔、丹尼斯·坦普尔以及皮特·利普顿等人支持“命题说”的优势以及主导地位。卡尔·亨佩尔即认为，在经验层面，“Why P”是对 P 所代表的事实、事件或状态真实与否的疑问，是疑问式问题的典型范式。因为“Why P”这种形式本身已经可以给问题的提出提供足够的支持，其本身即传达出了 P 是真实的，以及对其真实性解释的求答。② 丹尼斯·坦普尔在此前研究成果的基础上，作了进一步的论证，他在总结卡尔·亨佩尔、西尔文·布罗姆伯格等人的研究基础上，总结了对照型的具体做法。他认为对照说并不能涵盖解释性问题的全部形式，而仅仅是对一部分疑问式问题形式的总

---

① Dennis Temple, *Discussion*: *The Contrast Theory of Why-Questions*, 55 Philosophy of Science, 1988, p. 141.

② Carl Hempel, *Aspects of Scientific Explanation*, Free Press, 1965, p. 421-423.

结，是“命题说”具体化表现形式①。他进而指出，在逻辑层面“Why P”可以做“Why P rather than Q”形式的改造，即“Why P”等值于“Why P rather than not P”，因此他认为，“对照说”实质上并不优于“命题说”，或仅是“命题说”的某种补充。而皮特·利普顿的前述观察结论，其实正印证了丹尼斯·坦普尔的观点，即特定命题与其对照项之间，也即P和Q之间有可能是包含互相兼容的部分。此时，解释一组对照性概念“Why P rather than Q”比单纯解释“Why P”困难，这是因为在逻辑上，此时不但要解释“Why P”，同时又要解释“why not Q”。但当P和Q之间是包含某种不相兼容的成分时，此时解释一组对照性概念“Why P rather than Q”比单纯解释“Why P”更容易，因为对照项Q为该解释设定了相关限制。概言之，皮特·利普顿在做了更为广泛的横向比较以及更细致的深入探讨之后，指出对照性选项“帮助我们拣选、限制原因的范围”，其本质上是“解释的兴趣相关性（interest relativity of explanation）”的表达，但“并非所有的解释都是因果关系向的，对照方案的选择也并非影响回应适当性的唯一因素”②。

相较而言，范·弗拉森则强调“一组对照性现象通常包含一个事实P与一个对照Q”，P和Q具有某种程度的不兼容性，即“对照性二选一”。那些即便表面上被设置为“why P”的问题，实际上也暗含着对照性方案Q的选择③，也即疑问式问题必然暗含“不兼容性的二选一”背景，即“Why P”包含于“Why P rather than Q”，其中P发生，而Q未发生。例如，当侦查人员问“为什么张三是本案的凶手”时，其已经预设了“为什么是张三而不是李四（其他人）是本案的真正凶手”的一组对照，张三和李四（其他人）不可能同时为本案的凶手，两者具有不兼容性。加芬科进一步明确了范·弗拉森论证未予完善的部分。他指出，如果用Q代表某种事件状态，那么Q的“对照性空间”是一个被称为Qa的状态集合（如其他人），而解释的对照性包含如下要素：

（1）Q是Qa的一种表现形式。

（2）每一个Qa都与其他每一个Qb不可兼容（不能同时为真）。

（3）该集合中至少有一种形式为真。

---

① Dennis Temple, *Discussion: The Contrast Theory of Why-Questions*, Philosophy of Science, 1988, p. 55.

② Peter Lipton, *Inference to the Best Explanation (Second Edition)*, Routledge, 2004, p. 30-34.

③ Van Fraasen, *The Scientific Image*, The Clarendon Press, 1980, p. 141.

（4）所有的 Qa 都遵循一个共同的背景预设。

加芬科的上述表述极易让阅读者陷入混淆，一方面其没有表述清楚何谓“对照性空间”的概念。另一方面也未明确“Q、Qa、Qb”等要素的含义。而实际上，他所称的 Q 事件状态可以理解为提问者所要求答的事件本身，如“甲是否进入乙的房间”这起事件的状态。而 Q 的“对照性空间”便包含了“甲进入乙的房间”与“甲没有进入乙的房间”，二者又可分别代表 Qa 和 Qb，且二者满足不可能同时为真，但又至少有一个为真。此集合中所有的状态又都是围绕着“乙的房间”或“是否进入乙的房间”这件事而发生关联，此即它们有着共同的背景预设。因此，在加芬科的表述中，对对照性概念的理解有了更为抽象（非形式化）的含义，即疑问式问题“why P rather than”在具备 P 为真、P 和 Q 某种程度的不兼容外，还须具备“P 和 Q 存在共同的背景预设”①。

尽管加芬科并未明确“common presupposition”的具体含义，但结合其论述，可以理解为 P 和 Q 应在形式上呈现某种不兼容性，诸如“甲进入乙的房间”与“丙进入乙的房间”，而在实际的事实认定或疑问式问题展开中，这种不兼容性是放在共同的背景性条件中理解的。比如就“案发时仅有一人进入乙的房间”或者是否进入乙的房间这个问题而言，甲和丙呈现某种内在的关联性。

而我们认为，在刑事案件事实认定的对抗性场景中，对照性的分析解释是非常重要的，前述“命题说”的支持者们过于形式化解读“对照性分析”，在经验层面和逻辑层面的分析均缺乏对事实认定经验性性质本身的关注；而“对照说”的支持者尽管得出了与“命题说”相反的结论，但其论证的出发点以及过程却仍然是形式化的，他们所采用的逻辑符号化的推导过程与“命题说”的支持者并无二致，而不同的结论取向仅仅是解读侧重角度的不同而已。或者更确切地说，传统对照性解释的分析论者，并未立足“论证的非形式化”领域。在刑事案件事实认定活动中，解释性活动作为法律论证活动的重要组成部分，是隶属于“非形式化”的理性论证实践的。法律论证是典型的非形式化论证，因此，传统的“命题说”和“对照说”所采用的（部分的）形式化论证过程，

① P 和 Q 的不兼容性，并不等同于“形式逻辑”当中所讲的不兼容性，而是需要一些外部条件限制的，具有某种程度的修辞性意味，对此我们将在下文进一步予以分析。See Alan Garfinkel, *Forms of Explanation*, Yale University Press, 1981, p. 28-41.

并不能用于描述司法事实认定当中的解释性活动。

（二）对照性解释的全新意涵——实践性判断与语境背景

与形式逻辑通过严密的公式推导从形式上保障所获结论的正当性和有效性不同，法律语境中的解释是属于实践理性范畴的活动。这一活动缺乏形式逻辑的保障，更注重对经验和理性的运用过程。也因此正如研究者针对“经验法则”适用正当性论证的观点“经验法则的抽象性、主观性、价值依存性，以及非反思、非批判性特点决定了对其进行正当性论证的必要”[①]，这一观点也同样适用于解释过程本身。

在明确了解释性活动的非形式逻辑特征后，如何描述加芬科有关对照性解释“我们并不直接描述事物何以如此，而是在对照中寻求对其理解”的论断过程就显得非常重要。传统支持或反对论者的问题在于，他们均试图借助“形式逻辑”来寻求或描述其正当性及合理性。例如，因为在逻辑层面可以对“Why P”进行“Why P rather than Q”形式的改造，即“Why P”等值于“Why P rather than not P”，所以“Why P”的解释本身即包含了对照性解释因素，但这种符号化的逻辑推导并不能说明对话展开的实际情形。正如前述针对“为什么甲进入乙的房间?”的多种“合乎逻辑却引发情理和交流冲突”的回答所揭示的，提问者和回答者在特定语境或案情中的“对照性空间的选择往往具有唯一性”，且“特定的对照选择对于一个成功的解释而言，是极为关键的”[②]，而符号化的逻辑推导所带来的形式上的合理性，并不能对应问题解释的实际情形。问题的本质在于，对照性选项的选择会受“道德、伦理、价值、立场、规则”等因素的影响，符号化运算并不能揭示其关联的内在逻辑；又如，“Why P rather than Q”在逻辑上等值于对“P and not Q”的解释，而对该集合的解释等价于对该集合中每个子项的解释，也即等值于解释“Why P”和“Why not Q”[③]，而“Rather than”（以及中文“对照”）这一概念本身即包含了某种不兼容性（不可同时为真）[④]，此时P和Q不能同时为真（不兼容），“Why P”在逻辑上

---

① 纪格非：《经验法则适用之正当性研究》，载《证据科学》2012年第1期。

② Alan Garfinkel, *Forms of Explanation*, Yale University Press, 1981, p. 23-25.

③ John Carroll, *The Two Dams and That Damned Paresis*, British Journal for the Philosophy of Science, 1999, p. 50, 65-81.

④ David Ruben, *Explaining Contrastive Facts*, Vol. 47 Analysis, Issue 1, 1987, p. 35-37, p. 47.

即“Why not Q”，最终“Why P rather than Q”等值于“Why P”，这显然与解释的实际情形不同。对此，如皮特·利普顿在其文章中指出的，其关于对照性解释的三项观察之一，即“事实 P 与对照 Q 之间可能是兼容性的”。但他也同时指出，即便满足特定条件的 P 和 Q 是兼容的，但对照性问题所要探究的仍然是我们预期的与现实呈现之间的差别，仍然是以不兼容为实质的。

这种通过符号化的数学语言加以表述的逻辑结构与“法律论证是典型的非形式化论证”是相冲突的。而这种冲突由来已久，其中常被误解的莫过于霍姆斯“法律的生命不在于逻辑，而在于经验”的论断。常见的误解是，霍姆斯就此否认逻辑在法律系统中的价值，而在另一端，也有学者指出霍姆斯并未否认逻辑之于法律的重要意义，如其所言“法律人的训练主要是逻辑训练，司法裁决的语言主要是逻辑语言”[①]。而实质上这种误解，是源于对该论断的“形式主义”解读，霍姆斯的本意在于强调“通行的道德诉求、政治理论、公认的或潜在的公共政策，甚至是决策者们的偏见”[②] 等经验性因素，相较“三段论”的演绎逻辑，在形塑法律规则的过程中，有着更大的影响力。如其所言，习惯、信仰或社会早期的诉求建构了规则或是程序。而后在数个世纪的发展中，那些习惯、信仰或社会早期的诉求消失了，规则却留了下来。由此可知，该论断与其说是对于法律究竟是呈现逻辑还是经验外观的定性，不如说是暗指了蕴含于历史和发展的法律系统的精神家园。而这与分析哲学的代表性人物，维斯道姆和哈特关于法律论证活动的“非形式主义”表述相一致。

因此，刑事案件事实认定推理的描述性问题无法通过逻辑运算的形式表述，正如“价值判断不可能得到逻辑证成”[③]。在涉及事实认定主体借助答案提供者的帮助，解释证据事实、进行推论、作出判断的过程中，价值判断是贯彻始终的，其中包含“对具体事务的抽象总结、包含主观价值判断的描述以及对自发和无序的经验的运用”。因此“论证有效性不仅（甚至不能）取决于逻辑形

---

① 熊明辉教授引证了霍姆斯在其《法律之路》一书中的上述论述，并强调了“法律与逻辑”间的紧密关系。参见熊明辉：《论法律逻辑中的推论规则》，载《中国社会科学》2008 年第 4 期。

② Oliver Wendell Holmes Jr., *The Common Law*, The Belknap Press of Harvard University Press, 2009, p. 3.

③ See C. W. Tindale, *Acts of Arguing: A Rhetorical Model of Argument*, *Albany*, State University of New York Press, 1999, p. 70.

式”[①]，而是需要通过内在的实质性内容或要素加以评判。也正是在这个意义上，我们说刑事案件事实认定以其理性经验性特征，而当然归属于实质性论证的推理范畴，其与形式逻辑在论证结构或表现内容上存在本质差别。

而这种差别反映在实践中，有时会产生荒谬的结果。如当侦查人员讯问犯罪嫌疑人“为何制造假币”时，侦查人员预期的答案是，嫌疑人为何违法而不是守法，并借由嫌疑人的答案了解其“非法获利”的主观故意。但嫌疑人的答案是“我造不出真币”，嫌疑人在作出该回答时，其内心侧重的是“造真币”或造假币两种违法选择，因造不出“真币”，而只能造假币；无独有偶，加芬科讲述了另一个对银行抢劫犯的询问过程，牧师问银行劫匪萨顿：“你为什么抢劫银行？”萨顿回答：“因为银行有钱。”[②] 显然牧师在询问时的预设背景是萨顿为何实施“抢劫”，而不是采取其他合法手段，如去向银行贷款，但劫匪萨顿的回答包含了不同的立场选择，即我为何抢劫“银行”，而不是其他机构，如学校、医院。上述两个回答均符合形式逻辑的要求，却显然并非刑事案件事实认定者寻求解释的角度。

在以上两个问题中，提问者并未采用明确的对照性形式提问，而是采用了“Why P”这种开放式结构，“为何制造假币”以及“为什么抢劫银行”。然而疑问式问题本身的开放性形式，并不意味着答案的开放性或对照性选项（对照性空间）的多样性。在特定刑事案件中，围绕证据现象的解释活动并非单纯形式化的逻辑推导，而是经验性认识和推论活动的展开过程。以上两个源于真实案件的问答，之所以会让读者感到滑稽，是因为基于经验常识，理性个体能够领会疑问式问题中明确或隐含的预设背景，“这种背景假定通常能够帮助指明提问者在特定情形中的困惑所在并可揭示出提问者的预期”[③]。这是由事实认定者的立场或旨趣所决定的，是规范性理性的体现，而上述两个回答者显然未能领会该问题。我们再回到加芬科的论断当中，其“在对照中寻求对其理解（Why P rather than Q）”的概括稍显偏狭。对照并未出现在疑问式题干中，却不意味着回答者可以自由选择对照性选项。实际的刑事案件事实认定过程不是

① 熊明辉：《论法律逻辑中的推论规则》，载《中国社会科学》2008年第4期。

② Alan Garfinkel, *Forms of Explanation*, Yale University Press, 1981, p. 21.

③ Dennis Temple, *Discussion: The Contrast Theory of Why-Questions*, 55 Philosophy of Science, 1988, p. 149.

形式逻辑的数学算式，而是规范性理性影响下解释主体的立场和旨趣的表达过程，是在一个广义的对照性语境中寻求解释和答案的过程，其衡量和判定是经验性理性优先的，而非逻辑或算法优先。

综上，证据现象的解释过程应当从一个更自然的、更符合经验的角度加以阐释，而非机械地套用形式逻辑。也正是在这个意义上，皮特·利普顿得出的前述貌似冲突的观察结论“有时解释一个对照组（Why P rather than Q）比解释单纯事实（Why P）要容易”，而“有时解释一个对照组（Why P rather than Q）比解释单纯事实（Why P）要难”，更不是依据形式逻辑或数学公式所能够理解的现象。概言之，解释的难易优劣与逻辑运算无关，而是取决于证据现象及其组成的解释场景，即便问题设置中的不同对照性选择有时会以“Why P rather than Q”的形式呈现，但这绝非寻求对照性解释的唯一场景，甚至不是典型场景。在刑事案件事实认定中，对照性解释更多地体现在围绕证据现象建立的信息环境中，也即“疑问式问题通常不能脱离开上下文去理解”①。这种对照性甚至更贴合刑事案件事实认定时的对抗场景，当侦查人员讯问犯罪嫌疑人“为何制造假币”以及“为什么抢劫银行”时，该问题的提出者显然不是寻求“嫌疑人为何不改善造币工艺”或“嫌疑人为何不去尝试更易得手的其他机构”的对照性解释。侦查人员发现证据、指控犯罪的立场以及法官依据法律规则作出裁判的职业要求，都决定了“对照性选项”的有限可能。

第三节　经验知识与证据事实的解释性关联

一、经验基础上的解释性发生机制

传统上，刑事案件事实认定活动的本质被认为“是一个经验性推论的过程”②。更有研究者，如皮特·利普顿，将演绎型推论形式之外的一切理性推论活动，均描述为（某种程度的）经验性（归纳性）推论③过程，其用来泛指前

① Dennis Temple, *Discussion*: *The Contrast Theory of Why-Questions*, 55 Philosophy of Science, 1988, p. 143.

② 张保生：《事实、证据与事实认定》，载《中国社会科学》2017年第8期。

③ See Peter Lipton, *Inference to the Best Explanation* (*Second Edition*), Routledge, 2004, p. 5.

提与结论之间不存在形式关联的推论形式。戴维·宾德和保罗·伯格曼在《事实调查》一书中描述了经验性归纳在事实认定中的内涵及功能："我们（每个人）已经积累了一个有关我们生活环境中一般人和物行为方式的被普遍持有的观念的巨大知识库。依靠这个知识库，我们可以对典型行为进行归纳概括。"① 戴维·宾德和保罗·伯格曼的概括形象描述了经验知识对于理性思维活动的重要意义，但该论述却并未阐明先前经验的"知识库"如何与当前"特定证据"发生关联。而这种关联机制，在其论述中，似乎是一个理所当然的过程。

结合此前论述，在围绕刑事案件事实认定的推论活动中，解释性考量扮演着重要的作用。也正是在这个意义上，经验性推论应并非事实认定活动的全部意涵。尽管经验性推论提供了事实认定展开的前提基础，提供了关于事物因果关系和属性状态的稳定性认识，形成了"通过人们的经验归纳的规律或定理"② 的集合，即所谓"经验法则"，但就如何有效地连接和碰撞一般的经验性或常识性知识与特定刑事个案事实认定的推论需求而言，这里仍然缺乏一个引发经验性知识库与特定案件证据事实发生关联的行为机制。

首先，经验性概括的一般性与个案证据事实的特殊性相冲突。经验性认识是一个漫长的知识习得和储备过程，这个过程使我们具备完成经验性推论的基本条件，但仅仅具备该条件或知识并不意味着事实认定的完成。经验是"人们对事实状态的一种认识"③，这种认识是普遍意义上的，不具有特定性，而刑事案件事实认定往往是针对特定案件事实而展开的。例如，在福建念某案中，检控方将念某的供述"看见快走到他的食杂店门口的顾客，转向进了丁某虾的食杂店"证据，用于证明念某具备"杀人动机"的主观罪过事实。张保生教授进一步剖析了该案中检控方关于念某杀人动机推论所依据的经验概括为"一个人会对抢走自己生意的人起杀机"④。而这个隐藏在背后的经验性推论存在"一个明显的常识性概括错误"，是对"经验归纳"的错误运用。因为理性主体会形成这样的反问或检视，即基于生活经验，尽管"人们通常会对抢走自己商机的

---

① David A. Binder & Paul Bergman, *Fact Investigation: From Hypothesis to Proof*, West Group, 1984, p. 85.

② 张卫平：《认识经验法则》，载《清华法学》2008 年第 6 期。

③ 张卫平：《认识经验法则》，载《清华法学》2008 年第 6 期。

④ 而这也是导致经验性推理结论错误的原因，即"危险"所在。参见张保生：《事实认定及其在法律推理中的作用》，载《浙江社会科学》2019 年第 6 期。

人心怀怨恨”是存在合理性和普遍性的经验认识，但一定是现实化的“杀人”动机吗？只因被抢走了一个顾客吗？至少就控方提供的证据材料来看，我们无法看出在他们之间存在多年积怨的情形，直到案发当时，两家甚至还租用着共同的厨房，这就更使得仅因一个顾客（起诉材料中并未表明这是经常性的情形）流失而陡生杀意的推断显得不合情理。因此，经验性认识本身与该经验性结论如何被运用于特定的刑事案件当中，或者以怎样的形式被运用以及是否被正确运用，是完全不同的问题。在念某案中，经验性概括“人们通常会对抢走自己商机的人心怀怨恨”作为一般经验知识的合理性与其运用于念某案证据事实的不合理性，正体现了其中联系机制的重要性。经验性认识在一定程度上可被理解为完成事实认定的知识储备前提，而这一知识基础通过事实认定主体的思维活动与特定案件事实发生关联。罗纳德·J. 艾伦教授在阐述相关性概念时也指出“相关性的核心是，证据性事实能否与事实认定者先前的知识和经验联系起来，从而允许该事实认定者理性地处理并理解该证据”①。该阐述正揭示了经验性认识与事实认定活动的关联机制问题同样是理性推论的重要组成部分，其重要性不亚于经验性本身。换言之，经验性推论为事实认定活动提供认识基础，该基础是事实认定者理解相关性（经验相关性），以及证据现象的认识基础，但事实认定本身更体现在“理性地处理并理解”的内心过程中。而这个内心过程正是“旨在解释证据现象或证据事实的信念和期待”所引发的。

其次，经验性认识的时有缺位与个体差异。经验性认识是一个漫长见闻的积累和终结过程，尽管这个“知识库”称得上是巨大的，但它总是事实认定者个体在有限时空内的历史见闻的提炼总结。对于办案实践而言，当新类型、疑难、复杂案件出现时，个案特异证据现象的出现，总有可能会超出个体经验认识的边界。如在甘肃白银案中，白银警方几乎排查了市域所有适龄男性的 DNA 信息，传统的摸底排队等调查方法收效甚微，案件陷入僵局。此时，经验性基础出现实质缺位，但事实认定主体却不能就此放弃推论。对解释性考量的借助，将在此时对推论发挥引导作用，并超出经验性推论的一般模式。也正是在该意义上，才有理查德·傅摩顿“一切溯因推理都可被实质性描述为归纳推理”的

---

① ［美］罗纳德·J. 艾伦：《罗纳德·J. 艾伦教授论证据法》（上），张保生等译，中国人民大学出版社 2014 年版，第 124 页。

认识。此外，经验性认识与个体成长环境有着密切关联。人总会受到生活阅历、受教育程度、兴趣喜好等各方面的影响，从而造成经验常识存在鲜明的个体差异，但在实际的事实认定过程中，我们可以看到多主体的协同交流、多主体参与的小群体决策、主体间推论过程和结论的影响说服等。这些都说明了经验"知识库"的差别，并不影响推论过程的理性趋向，这进一步说明了经验性认识与事实认定推论之间一定存在其他关联机制。

总而言之，在刑事案件事实认定中，理性推论是对未知的探求，是在过往经验性基础上对未知情形的一种预判与猜测，所以当面对无限的未知情形时，过往经验的不足将是难免的。"如果我们无法在现有知识库中找到答案，那么我们需要寻求另一种有保障的推论（Warranted Inference）"[①]。结合此前论述，以解释性模型来描述这种"有保障的推论"是适宜的，解释性发生机制也能够为这种经验缺失及个体差异的情形提供合理注解。而此处所谓"有保障"的更深层次的含义在于，尽管解释性假设有着不同于典型经验性推理的内在机制，但二者都呈现出与个体经验的密切相关性。虽然解释性假设是在通常经验性知识缺乏语境下的"另一种"推论策略，但现有经验知识库仍然为解释性发生机制提供智识保障。也正是在这个意义上，我们说刑事案件事实认定的解释性结构在本质上是经验知识与证据事实之间发生的解释性关联。尽管如前所述，围绕解释性假释的形成机制是存在争论的，其究竟属于广义的经验推论（非演绎型）领域，还是属于溯因推理的范畴，抑或归属吉尔伯特·哈曼、皮特·利普顿所述"最佳解释推论"的全新命题，并无定论。但至此应当明确的是，解释性发生机制是不同于传统经验性推论形式的，解释性发生机制已经超出了经验认识的传统范畴。而上述争论带来的思考并不到此为止。尽管解释性引导机制是不同于经验性概括本身的，二者存在功能和角色上的重要差别，但并不意味着二者之间不存在理性逻辑上的关联。从前述吉尔伯特·哈曼和理查德·傅摩顿貌似冲突的表述中，以及包括罗纳德·J. 艾伦和迈克·帕多等代表性学者对"解释性司法证明"的阐述当中，我们得以窥见的是，经验性知识概括为解释性假设的形成提供了某种智识养分。

---

① Peter Lipton, *Inference to the Best Explanation* (*Second Edition*), Routledge, 2004, p. 55-56.

二、最佳解释推论

在从证据到事实认定结论的推论活动中，并不具备演绎形式中前提对结论的保障。而这构成了无数哲学学者、证据学者、认识论学者对事实认定正当性进行质疑探索的核心问题。在前述传统的事实认定“经验性推论性质”支持者眼中，正当性保障源于“经验”的日常稳定性。正如常常被作为经验性推论之典型的“枚举归纳（Enumerative Induction）”概念所示，其结论的可靠程度源于对过往经验的反复确证，一个更通俗的表述是“more of the same”，当反复出现的现象又一次出现时，我们对该现象的未来出现将抱有某种程度的内心确信。如我们观察到过往历史中太阳东升西落，便由此笃定太阳在明天依旧会东升西落。也因此，经验性推论才被认为是“有保障的推论”，其正当性保障源于现象的过往重复性，即经验重复性。而这种经验性保障是存在问题的。首先，如前所述，经验存在缺失与个体差异的情形；其次，正如吉尔伯特·哈曼的论述，经验归纳不总是可靠的，毕竟经验性推论无法为结论提供逻辑形式上的保障；最后，即便经验归纳总是可靠的，但它仅仅依据历史过往的经验总结，便试图为未知现象提供某种正当性保障，是一种“毫无趣味的特例（an interesting special case）”[①]。也正出于对弥补经验推论的保障性缺陷的反思，吉尔伯特·哈曼才提出了“最佳解释推论”概念，用于描述经验性事实认定中前提与结论间的相互关系。我们在前文已经初步提及了这一概念。尽管其尚无法作为一套完整的描述事实认定过程的理论模型，但这并不妨碍它已经在西方证据理论研究者中获得的广泛认可，也不影响其在描述事实认定解释性发生机制时的内在合理性。此外，本书之所以将对其的进一步论述放在此处的一个重要原因是，“最佳解释推论”是借助解释与推论两个概念的彼此衔接才得以构建成整体结构模型的。因此对其的理解需要建立在对解释、推论两个概念都有了必要程度的认知与分析基础之上。而行文至此，本书对刑事案件事实认定推论的理性主义要素、实质性论证特征、有关真相的认识论内核，以及与解释相关的决策动因、逻辑前提、与证据事实的解释性关联等问题，都有了

① Gilbert H. Harman, *The Inference to the Best Explanation*, The Philosophical Review, Vol. 74, 1965, p. 88.

一定程度的论证展开。“最佳解释推论”概念在此时也就有了获得相对更丰富理论解读的可能。

最佳解释推论，意味指向最佳解释的推论。吉尔伯特·哈曼将其与“溯因推理”“假设方法”“假设性推论”“淘汰法”等概念作了大体上近似的定位，但同时他也指出，其罗列的这些概念，都或多或少地存在容易让使用者对其形成机制产生误解的风险。例如，“溯因推理”偏重强调溯因的过程，而易让人忽视其与经验性推论间的密切关系，尤其是当这一概念与“演绎推理”“归纳推理”相并列时，极易让使用者认为这是独立的第三种推论形式，从而忽视其与归纳推理的同源性。而至于“假设方法”“淘汰法”等称谓，则失之宽泛，它们更像是对某种具体技巧方法的命名，而不是对某种一般性的方法论体系的概括。

（一）解释形成的一般步骤

按照最佳解释推论模型，事实认定推论遵循如下步骤：

1. 事实认定者们作出推论。这些推论可能是事实认定者自己作出的，如办理过多起凶杀案件的经验丰富的侦查人员，其头脑会形成一套基于归纳概括的对凶杀案件的经验性认识。包括凶杀案件的成因、作案手法、作案环境等，这些经验将会对其未来将要办理的类似案件产生重要影响。此外，这些经验总结也可能是习得的，诸如通过阅读相关书籍、类似案件的卷宗甚至是口头交流、媒体信息等都有可能潜移默化地向事实认定者灌输经验基础，形成其“经验池（pool of beliefs）”。

2. 当事实认定者出于某种“主观目的或期待”而需要解释特定证据现象时，他们将利用先前推论积累的经验池。其经验池中或许包含与待解释现象相同或相关联的内容（如图3所示），这些内容将“自然的”被用于解释其观察到的证据现象，也正是在此典型情形下，刑事案件事实认定推论被认为是经验性推论过程，经验性知识库在其中起到重要作用。

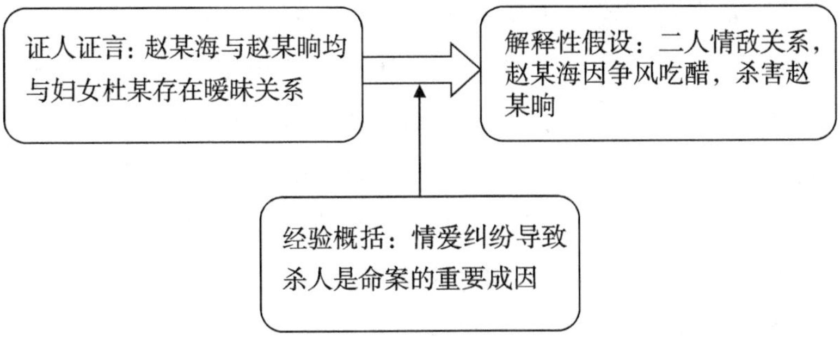

图 3　先前经验与当前推论的相似性关联

3. 当事实认定者经验池中的推论并不包含与待解释案件证据现象相关联的内容时，常见于疑难、复杂案件的侦破过程中（如图 4 所示）。也即如果我们无法在现有知识库中找到答案，那么我们需要进一步的观察与发挥想象力，此时，案件的推论结论与先前经验之间的关联将不甚明确；在上述推论步骤中，先前经验在个案中的直接适用，常常让理论研究者们忽略经验知识与证据现象之间关联的实际发生机制；而当先前经验缺位时，解释性考量的重要引导作用才被凸显出来，创造性思维的发挥正在于帮助找到解释在案证据现象的新主张。

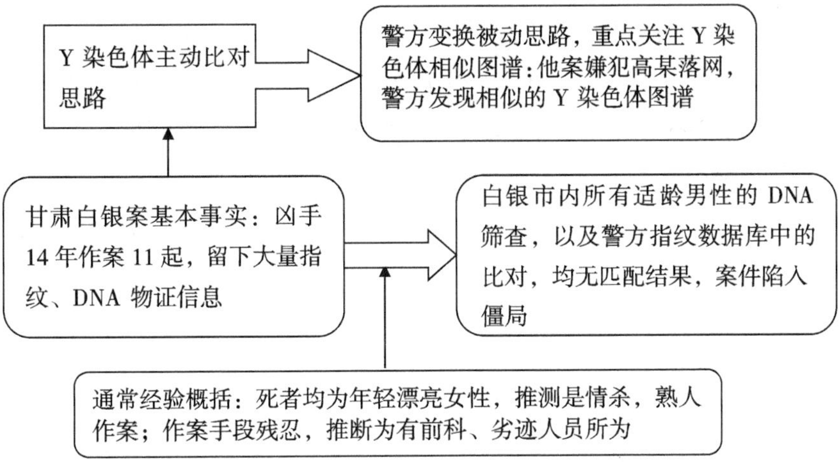

图 4　先前经验与当前推论的非相似性关联

（二）最佳解释的筛选机制

在前述解释形成步骤的一般描述中，仍有一个关键问题未予解决，即解释性推论的正当性问题。在上述解释性机制的扩展中，源于经验稳定性的正当性基础被打破，这就使得需要为解释性假设附加一个保障正当性的有效机制。

"最佳"概念正是在这一需求下被引入的，如同将"合理怀疑"概念引入内心确信的证明标准中，"最佳"也是通过诉诸事实认定主体的理性标准，而为解释性推论结论提供某种正当性保障的。也即在前述三个步骤基础之上的第四个步骤的引入：最佳解释的遴选。在从证据到解释性假设的形成过程中，通常可能出现多个能够解释在案证据事实的假设，事实认定者必须在所有的备选解释性方案中做出筛选，淘汰掉那些相较不够好的解释，直至得出唯一的"最佳"解释，这与前述实践理性的"实际做并寻求好的，避免恶的"原则精神实质相通。究其原因，解释和推论均归属于人类理性思维活动的基本范畴，二者必然遵循某些共同的原则要求。而围绕何为"最佳"的判断标准问题，笔者认为有着与"合理怀疑"缘起探讨相似的内在逻辑，如"合理怀疑的用语，尽管还难以称得上稳固的法律规则，在此后却总是被重复着"①。"最佳"的表述也从未以任何明确的文字规范的形式出现在任何国家或地区的证据证明法律规范中，但在自亚里士多德以来有迹可循的分析探讨和观察实践中，"最佳解释"模型能够为事实认定推论实践提供基于重复验证的合理性与可靠性。也在该意义上，人类经验理性的正当性正根源于人类漫长历史的存续本身。在吉尔伯特·哈曼的最初表述中，所谓"最佳"的判断标准问题即"一种解释何以优于另一种解释"的把握问题，诸如在"解释的简洁性、解释的合理性、解释更多细节、解释的一般性"方面胜出的即可能是"最佳解释方案"。但吉尔伯特·哈曼对这一问题的具体解决却是持回避态度的，如其所言"最佳解释推论的具体运用是繁复多样的"②，对最佳的判断是着落在具体语境当中的，这就又回到了类似对"合理"把握的理性标准中，"合理怀疑"即"理性的怀疑"③——所谓"最佳"即"理性认知的最佳"。

尽管我们无法找到一个如数学公式般精准计算"最佳"的方法，但并不意味着缺乏衡量"真知"的认识论标准。例如，就认识论学者的普遍观点而言，对于事实认定主体而言的"真知"，是指围绕特定信息的内心确信同时满足

---

① ［美］詹姆士·Q. 惠特曼：《合理怀疑的起源——刑事审判的神学根基》，佀华强、李伟译，中国政法大学出版社 2012 年版，第 308 页。

② Gilbert H. Harman, *The Inference to the Best Explanation*, The Philosophical Review, Vol. 74, 1965, p. 89.

③ ［美］詹姆士·Q. 惠特曼：《合理怀疑的起源——刑事审判的神学根基》，佀华强、李伟译，中国政法大学出版社 2012 年版，第 316-318 页。

“为真（true）”和“有正当依据（warranted）”两个标准。吉尔伯特·哈曼以如下事例来阐明这两个标准的差异。一天他在法学院布告牌上读到了一则讲座信息：汉普希尔今晚受邀到普林斯顿做论文讲座。而来自学院布告牌的公开告示，使其“有正当依据”地确信“汉普希尔今晚将在某处做讲座”，而该确信正是主体所作的“有正当依据”的推论。但事例假定的实际情形是，该讲座已于数周之前被取消，只是未从公告栏中删除。因此，主体所做的“汉普希尔今晚将在某处做讲座”的推论实际上是虚假错误的。也即事实上，主体是不知道汉普希尔是否会在某处做讲座的。但主体所作的“汉普希尔今晚将在某处做讲座”的推论却有可能是符合实际的，假如汉普希尔其实在当晚又受邀去了纽约大学做讲座，那么上述推论在实际上又是正确的，但我们很难说主体获得了有关该推论的真知。因此，在刑事案件事实认定中，所谓“最佳解释推论”不但应当满足为真，也应当同时满足有正当依据。也即不但缺乏正当依据的推论不能被认为是“最佳”的，那些“偶然”对真相的揭示，也同样是不符合最佳解释推论定义的。概言之，“最佳”的标准其实一直存在于理性经验的把握范畴中，对何为“最佳”的准确把握也同样根源于人类理性经验的长期积累。

尽管已经明确了对“最佳”解释的标准探讨的“主观”定性，但这并不妨碍研究者们围绕该问题“量化”探讨的众多着墨。例如，南希·潘宁顿和雷德·海斯蒂在《陪审团裁决的认识理论：故事模型》一文中探讨的陪审团事实认定过程中的叙事图景，“决策信息的处理者，在证人、展示件以及论证所描绘的案情基础上，努力创造一个有意义的基于可采证据的（故事）概要来对其进行解释”①。这一模型在提出之后被“学术界认为是对事实裁判者司法证明思维的最佳、最为详尽的解释模型”②。他们的研究跳出了关注证据个体的、孤立的所谓“原子论式的”认识过程，取而代之以“整体论”的思维模式。在西方司法环境中，陪审团是二元法庭的事实认定者之一，不同于职业法官的是，他们不擅长根据构成要件的要求拆分在案证据（事实），因此他们把握事实的方式更接近于我国侦查初期的以完整叙事对在案证据解释的基本方式，也即事实认定者吸收证据并将其转化成对事件的叙述。此时，故事的（解释的）判断标

---

① Nancy Pennington & Reid Hastie, *A Cognitive Theory of Juror Decision Making*: *The Story Model*, 13 Cardozo L. Rev., 1991, p. 519.

② 栗峥：《裁判者的内心世界：事实认定的故事模型理论》，载《中国刑事法杂志》2010年第3期。

准问题就显得尤为重要，也即基于何种标准进行判定何种故事叙事版本能够对案件证据进行更合理、更正当，或者说更符合程序法设置目的（求真）的解释。在此基础上，南希·潘宁顿和雷德·海斯蒂提出了用于评判故事叙事的一些抽象标准，这些标准也同样可被借以评价解释性考量本身：诸如“涵盖性”“融贯性”标准。其中“涵盖性”是指构造的故事对于呈现事实认定者面前的证据的涵盖程度。一个“最佳”的解释性假设（叙事）应当尽可能多地解释出现在法庭上的证据，由此我们也看到解释性考量的“完整性”倾向；而“融贯性”是指解释（叙事）体系内部的一致性，作为一种逻辑体系自洽的优秀品质，威廉·特文宁强调了理论化的一个重要功能便是提供融贯性——将联系描绘出来并发展出一个系统的、内在一致的整体看法。而在这一认识基础上，“融贯性”可以被进一步区分为“一致性（Consistency）”“似真性（Plausibility）”和“完整性（Completeness）”。其中“一致性”是指对所有在案证据的解释性假设整体与对各个证据现象的解释性假设之间不存在矛盾；“似真性”是指解释性方案指向案件事实真相，同前述理性主义符合论相对应。在具体环节上，基于各个证据所形成的解释性假设方案在理性人群体之间应具有基于常识或经验的合理性；“完整性”是指解释性假设指向的事实认定结论具有逻辑经验上的完整性。因为在实质上，刑事程序解决的是人的行为责任的认定依据问题，而人的行为总是离不开逻辑经验的合理性，这也符合通常刑事案件事实认定的基本规律，而这里的完整性即是指解释方案包括理性行为的所有结构，动机、意图、目的等。

此外，皮特·利普顿在其著作中也探讨了对所谓“最佳”解释的多个判断标准问题，包括：（1）“最获支持确证（Most Warranted）”的解释与“最可信（Most Understanding）”的解释。其中最获支持确证的解释意为，该解释受到尽可能多的在案证据的确证支持，没有证据指向相反或不同的解释性方向。而最可信的解释意为，该解释性方案对于事实认定主体而言，有着基于共同经验常识——诸如在价值观、科学认知水平、文化观念、风俗习惯等方面的内在可接受性。按照该标准，在赵某海案中，明显超出“嫌疑人”体力范围的巨大的石磙的证据事实，使得“赵某海是本案真凶的解释性假设”很难被评定为“最获支持确证”的解释；而佘某林案中，被害人的娘家人向警方就其夫妻二人关系的描述，显然是深刻影响了侦查机关的整体认知判断[①]，从而使得在当时，“被害人是被佘某林杀害”的解释性假设比“被害人是自己走失”的解释性假设，对侦查人员而言，有着更强的基于心理认知的“可接受性”，从而成为当时侦查主体的“最可信”解释。(2)“最可能（Likelies）”的解释与“最令人期待（Loveliest）”的解释。二者相对照，其中最可能的解释是指即便该解释可能是超出事实认定者心理预期的，或与其期待严重相背离的所谓“最不愿接受”的情形，但在排除其他可能之后，该选项即“最可能”的解释。而“最令人期待”的解释显然是更多倾向于照顾事实认定者心理预期的那个选项，例如在涉及“禁止使用品性证据”[②]的相关规范中，就是为了防止事实认定者对被告人“先前品行与犯罪行为具有一致性”的认定陷入某种“主观期待”中。如在高某发案中，高某发因强奸幼女的前科而符合侦查人员的解释“期待”，即便多位村民提供其不在场的证明，也不能扭转这种“期待”的影响。而根据该研究者对61起代表性刑事错案的梳理分析[③]，事实认定者的“主观期待”对解释性假设走向的影响在错案成因中所占的比例不容忽视。(3)“实际的（Actual Explanation）”解释与“潜在（Potential Explanation）”的解释。其中实际的解释意为已经进入事实认定者经验认知范围的一个或多个解释性方案，在事实认定活动的求真目标下，一个或多个实际解释中应包含同客观事实相符合的情形，也即包含对历史事实原貌的反映。然而，在真实的刑事案件事实认定语境中，必然要面对的情形是，为事实认定者所把握的（进入其遴选经验池的）一个或多个“实际的”解释性假设方案中可能并不包含实际“为真的”主张，这就意味着事实认定者需重新审视存在超出事实认定者把握范围的“潜在的”解释性假设方案的问题。事实认定者需接受“案件僵局”“犯罪黑数”“未破悬案”等情形的存在，以及有罪认定结论在法庭查证过程中被推翻、被认定无罪的情形出现。例如，在前述张某友案中，最初进入警方观念的“实际”解释方案包括，“有偷鸡摸狗行为的邻居某某奸杀了被害人”“案发当晚来被害人诊所

---

① 唐丰鹤：《错案是如何生产的？——基于61起刑事错案的认知心理学分析》，载《法学家》2017年第2期。

② 王进喜：《美国〈联邦证据规则〉（2011年重塑版）条解》，中国法制出版社2012年版，第79页。

③ 唐丰鹤：《错案是如何生产的？——基于61起刑事错案的认知心理学分析》，载《法学家》2017年第2期。

就诊的胡某刚奸杀了被害人”“张某友奸杀了被害人”。后续审判实践证明，胡某刚为本案真凶，可知在这三种解释方案中，是存在与事实真相相符合的实际的解释的，但警方很快排除了前两个解释方案，仅锁定了张某友的嫌疑，使得后续警方所主张的实际的解释方案与事实真相并不一致，对真凶胡某刚的怀疑反而成了潜在的解释方案，淡出警方视野。

总而言之，在事实认定推进的解释结构中，“最佳”解释可能蕴含在对个体证据现象的解释、对整体证据群的解释涵盖、对推论链条环节和整体的解释构建、对推论链条适当方向和长度的解释把握、对何种解释视为正当合理解释的描述、对解释方案蕴含错误风险的评估等，而这些潜在的标准又基于不同的解释场景而发生权重的变化。

三、解释性考量的经验立场

通常而言，我们对推论有更多的关注与重视，从生存的必需到解决纠纷的事实依据，推论是我们获取“真知”的重要途径，甚至是根本途径。这就使得“我们在推论中投入大量的认知精力不足为奇”①。反观解释活动，其并不指向事实真相，而是以寻求某种主观接纳的主体“理解”为目标。这就使得解释及其所扮演的角色相对易受到某种程度的忽视。在上述“最佳解释推论”的结构中，揭示了解释作用的两个环节，即解释性假设的形成与解释性方案的遴选。在解释性假设的形成中，经验基础以或直接或间接的形式发生作用，表明了解释性考量与经验基础间的密切关联；而在方案遴选阶段，无论是对认识论标准的回归，还是对多种可操作性标准的探讨，其合理性也都根源于经验本身。

（一）解释是认识论领域的经验性活动

在刑事案件事实认定中，解释的最直接目的是获得对证据现象的理解，而这种理解在表现形式上是多种多样的。如对证据现象出现原因的说明，念某案中，辩护方对现场勘查录像中的“铝壶”消失原因的追问，就是一种对引发该现象的原因的寻求；对现象作量化特征的解释也会增加主体对其的理解，在涉嫌醉驾的案件中，对嫌疑人血液中酒精含量的具体数值的测定便是对其醉驾行为的解释；对冲突的证据现象的消解也将有助于主体对特定证据现象的理解，

① Peter Lipton, *Inference to the Best Explanation* (*Second Edition*), Routledge, 2004, p. 128.

事实认定者通过特定主张假设串联那些貌似冲突的证据现象也是司法实践中常见的解释行为，如于某生案中，侦查人员认为出现在案件现场的不属于于某生的精液痕迹，是其为了误导侦查视线，从外面捡来后故意放置在现场的；对混乱证据现象作简化的解释有时也同样能够帮助事实认定者把握对现象核心的理解。而对这些现象的梳理正说明解释是寻求主体内部的或主体之间的主观理解的活动。

证据现象在被解释之前是“客观存在的……类似自然科学研究中的‘真相’……具有客观性质，不依赖于主体的主观意志”①，“证据客观性”概念也应当是在这个层次上被理解的。只是随着该现象被事实认定者所解释，基于理解而形成的经验领域的某种共识或结论性认识，才构成刑事案件事实认定的推论基础。此时围绕刑事证据问题的探讨便已经进入认识论领域，体现为“主客体间通过相互作用发现真知”的过程。对这一过程的理解不能“把存在论层面谁决定谁的反映论关系，机械套用到认识论层面的主客体关系”②。或言之，作为历史事实遗存痕迹的现象材料是客观存在意义上的，如刑事案件发生之时形成的生物物证痕迹、遗留案件现场的作案凶器、进入目击证人感官范围并被其接收的案件信息，而当这些现象进入事实认定者的主观世界，并为其主观经验所把握之时，解释也才同步发生。总而言之，解释是从属于经验领域的认识活动，与推论不但有着密切的理性逻辑关联，更具有经验的同源性。在此基础上，所谓理解也是基于经验理性的，这也保障了其在不同主体之间被接受并达成共识的可能。

（二）刑事案件事实认定中的解释是依据逻辑和归纳的说明活动

就更普遍意义上的哲学诠释学或哲学解释学研究而言，我们在刑事案件事实认定语境中所使用的解释方法、解释逻辑等概念与日常生活中所使用的解释概念并不存在本质差别。正如弗朗西斯·培根对于所谓“自然解释”的表述，其意为“通过方法概括和归纳法的解释”③，也就是说解释是根植于经验性归纳活动的。有研究者对解释作了进一步的区分，区分为两个层次④。

---

① 潘德荣：《文本理解、自我理解与自我塑造》，载《中国社会科学》2014 年第 7 期。

② 张保生、阳平：《证据客观性批判》，载《清华法学》2019 年第 6 期。

③ 洪汉鼎：《论哲学诠释学的阐释概念》，载《中国社会科学》2021 年第 7 期。

④ 洪汉鼎：《论哲学诠释学的阐释概念》，载《中国社会科学》2021 年第 7 期。

首先，是一种“弱的解释”，也即在司法事实认定中较常用的通过“逻辑方法和归纳法”对待解释现象作出的阐释性说明。这里的核心特征在于解释是一种“说明”，其不需要经过严格的逻辑推导或证据证明，而这符合“证据本身不需要被证明”的共识，即仅凭借主体之间或主体内在的经验理性的共识便可获得传播和接受的内容。事实认定者对证据所作的解释也多是在这一层面的。这也构成了区分解释与推论的关键不同之一，推论是需要建立在严格的证据证明推论过程当中的，而解释则相对显得灵活与随意。“弱”解释本身的特点也决定了，对解释并不需要额外的解释、佐证或说明，便可在多主体间取得共识，这也间接导致了主体在事实认定程序推进中，对解释过程重视程度的不足。也因此当解释环节出现问题时，事实认定者更容易忽视因此造成的认识错误，如前述于某生案中，侦查人员将“冲突的（无罪）证据”解释出局，直接导致了冤案的产生。

其次，是一种“强的解释”，其典型体现在科学实验中对事物成因与结果关系的揭示中。诸如红移现象的发现、分子原子的构成等。这个层次的解释是对现象本质的深刻发掘，其通常依赖于更严格的实验观察数据或数学计算推导，并经反复的修正与检验，才能得出所谓的科学共识或理论，这也是其被称为“强的解释”的原因。这一层次的解释是不必要出现在刑事案件事实认定活动中的。绝大多数情况下，我们只需就观察到的证据现象作第一层次的“弱的解释”，即在理性逻辑和经验归纳基础上说明其与案件事实的关联，并获得特定主体的认同即可。即便在一些较为特殊的场合，如科学证据或其他专业问题出现的法庭事实认定活动中，对特定证据现象的解释虽然需要借助跨学科知识的原理剖析或证成，但其在论证的科学规范性、原理剖析的深度等方面是完全不同于“强”解释的典型情形的。尤其从根本上而言，自然科学寻求的“强”解释是开创性的、突破性的对未知原理的发现，而在司法事实认定中，对科学证据和专门性问题的解释多是对已经在自然科学领域获得共识的、成熟的理论原理的直接借用，如美国法院系统在评判专家证据所采用的弗莱伊标准、多伯特标准[①]等。换言之，法庭上的这种“解释”仅是对科学已发现的原理理论本身的再推演。如法医只需就特定凶器与尸体伤口成因、尸体伤口与死亡结果的关

① 巩寒冰：《专家证据评判标准的演进思考》，载《时代法学》2013 年第 6 期。

联作出鉴定意见即可，而不必进一步探究特定部位损伤为何导致死亡，甚至是对死亡的生物学机制等问题作出更彻底的阐释。在这个意义上，刑事案件事实认定的解释过程即便会涉及专家证据或科学问题，也是完全不同于典型的“强的解释”情形的。

而上述两层区分，同样可以在康德的“规定性判断力”与“反思性判断力”[①] 划分中找到对应。所谓规定性判断力是指普遍性原理被运用于归属于其中的特殊性事物的过程，其中普遍性原理构成了“被给予的”经验性前提，这一过程正是“说明”的解释性情形；而反思性判断力则不能从经验中借来，而只能是自己给自己作为规律的东西，是“强的解释”中对科学原理的深刻洞悉。总而言之，尽管解释概念是在被称为解释学、诠释学或释义学的“从语文学到历史学、从神学到哲学，从解经技艺到人文方法，从理解的方法论到理解的本体论”[②] 的复杂谱系中。但本书对刑事案件事实认定解释性结构的探讨是有着相对明晰定位的，即归属于弗朗西斯·培根的“自然解释”范畴，立足逻辑与归纳的基本经验方法，是第一层次的“弱的解释”。

---

① ［德］康德：《判断力批判》（上卷），宗白华译，商务印书馆1985年版，第16-17页。
② 傅永军：《现代诠释学类型阐论》，载《中国社会科学》2020年第3期。

第三章　刑事案件事实认定的心证闭环

刑事案件事实认定心证是受理性规范的真相探知活动。理性规范体现在探知真相的过程以及对探知过程和结论的审查、接纳活动中。因此，完整的理性心证是由推论和解释构成。其中推论以寻求结论真相为目的，强调过程的规范形式，提供认定事实的基础；解释是建立内心确信的理解活动，其实质是为证据性命题或结论提供某种可接受性说明，并获得主体理解的过程，二者构成理性证明的闭环结构。而“印证”并不以寻求结论真相为目的，也缺乏严格的形式推导过程。因此，印证过程并不包含推论，而仅是指向内心确信的理解活动。印证规则也在“原因模型”“因果关系模型”“熟识度模型”“统一模型”“演绎律规模型”等解释性结构模型中获得了较好的理论描述。

第一节　理性心证下的刑事案件事实认定

刑事案件事实认定的过程是在事实认定者心证中完成的，而关于心证的具体形式，在不同历史时期不同法系不同国家有着不同的概念表述甚至实质差异。主要观点认为“自由心证是当前各国通用的、理性证明方式”①，但受程序规范、证据制度、文化心理等因素的影响，各国所采自由心证原则的具体方式是有区别的。而至于其核心含义，有研究者论证为“是探索事实真相的直觉感知

① 参见龙宗智：《印证与自由心证——我国刑事诉讼证明模式》，载《法学研究》2004 年第 2 期。汪海燕教授也认为“我国证据制度或证明模式仍属于自由心证制度”。参见汪海燕：《印证：经验法则、证据规则与证明模式》，载《当代法学》2018 年第 4 期。此外，李祖军教授认为，《最高人民法院关于民事诉讼证据的若干规定》（以下简称《民事证据规定》）在证据判断方面采纳了现代自由心证原则，只是在名称上使用了中国化的表述。参见李祖军：《自由心证与法官依法独立判断》，载《现代法学》2004 年第 5 期。

模式"[①]。在这个意义上，诸如"内心确信""印证"等服务于"实现诉讼证明的基本方式"的概念，都符合该感知形式，其差别在于各自的侧重点与考察角度上。而抛开前述感知形式的具体差别，理性意义下的发现模式必然是建立在证据材料之上的，这也是第一章所述司法事实认定"理性主义"的内在要求。也即证据是奠定发现事实真相的直觉感知的基础，而围绕证据的理性推论与解释过程则构成了所有直觉感知模式的基本结构。以颇具原型意义的"自由心证"概念为例，在渊源上"自由心证"是一个大陆法系概念，经由译介进入我国。受法系分类认识的深刻影响，批评者或认为我国当前"刑事证据理论'英美法中心主义'"[②] 对证据与证明积极干预的架构现状，无益于司法理论与实践跨"程序图层与文化背景"理解这一概念；或指出"自由心证"是大陆法系国家绑定"经验丰富的法律专业工作者"[③] 的综合认证规则。而普通法系证据规则是围绕克服外行事实认定者的认知缺陷而设计，并在"稍作变更和调整"后用于我国法官审判程序的，以此最终造成我国法官在"职业法官"身份应有之"自由"与立法层面效法英美刑事证据规则的"制约法官的自由评价权"间身陷混乱。诚然，这种批评有正本清源的积极意义，也有对某种"倾向性研究偏好"的警示作用，却不足以解释就包含证据的证明力判断的原则依据和事实认定所需达到的证明标准在内的"'自由心证'的法原理，在英美法系和大陆法系各国……具有普适意义"[④]；也无助于解释我国刑事立法及司法解释在坚持"对单个证据证明力的普遍限制以及……（设置）事实认定标准的一般规则"的所谓"以限制证据证明力为核心的新法定证据主义"[⑤] 的同时，理论和实务界仍有广泛的声音认为"（印证）与自由心证相兼容"[⑥]，"属于自由心证体系……一种有区别的亚类型"[⑦]。

---

① 施鹏鹏：《刑事裁判中的自由心证——论中国刑事证明体系的变革》，载《政法论坛》2018 年第 4 期。

② 施鹏鹏：《刑事裁判中的自由心证——论中国刑事证明体系的变革》，载《政法论坛》2018 年第 4 期。

③ 何家弘：《司法证明方式和证据规则的历史沿革——对西方证据法的再认识》，载《外国法译评》1999 年第 4 期。

④ 龙宗智：《印证与自由心证——我国刑事诉讼证明模式》，载《法学研究》2004 年第 2 期。

⑤ 陈瑞华：《以限制证据证明力为核心的新法定证据主义》，载《法学研究》2012 年第 6 期。

⑥ 李建明：《刑事证据相互印证的合理性与合理限度》，载《法学研究》2005 年第 6 期。

⑦ 龙宗智：《印证与自由心证——我国刑事诉讼证明模式》，载《法学研究》2004 年第 2 期。

而在实践中“我国法官对证据的审查模式与上述自由心证制度并无本质区别”①。而至于民事证据领域，也是同样存在大量涉及“规范证据形式、限制证明力以及规范事实认定标准”。如在《民事证据规定》中，第 87 条、第 90 条至第 94 条等都涉及对证据证明力大小以及事实认定综合标准的法律预先规制条款的情况下，“自由心证”仍然在理论和实务中获得了认同共识和广泛的现实接受度②，同样《民事证据规定》第 85 条第 2 款规定“审判人员……运用逻辑推理和日常生活经验，对证据有无证明力和证明力大小独立进行判断”。而即便刑事领域持批判观点者也承认“中国当下的刑事证明制度带有自由心证的些许印记”③。

一、事实探知模式的理性边界

也因“自由”之名，使“自由心证”成了一个既彰显魅力又饱含危险的概念。早期的大陆法系的启蒙思想家已经意识到了这一点，前述大陆法系代表性国家在裁判庭职能划分（混合式法庭）以及审级监督权限方面的发展变化，正是对自由的理性限制的体现。尤其法国在其新的司法改革方案中，允许在其上诉程序中提交新证据或提出新理由，以增强上诉法院的监督和纠错职能，这也在客观上强化了对初审法院通过自由心证认定事实的监督。指向了法官依据自由心证所得出的结论“必须合乎理性”④。这正是大陆法系对所谓“新的自由心证”观念的发展：“自由既不包括不受理性推理规则约束的自由，也不包括无视经验规则的自由”⑤；而在英美法系的考察者眼中，普通法系陪审团制度主权在民的“自由基因”⑥ 所受的实际限制也同样是“理性限制”的体现。托克维

① 汪海燕：《印证：经验法则、证据规则与证明模式》，载《当代法学》2018 年第 4 期。

② 理论与实务中对“自由心证”共识的体现。参见吴泽勇：《民事诉讼中自由心证的裁判方法及司法适用》，载《法学论坛》2020 年第 19 期。陈贤贵：《论民事诉讼中自由心证的客观化制约》，载《法律科学（西北政法大学学报）》2019 年第 6 期。邹碧华：《要件审判九步法》，法律出版社 2010 年版，第 146 页。

③ 施鹏鹏：《刑事裁判中的自由心证——论中国刑事证明体系的变革》，载《政法论坛》2018 年第 4 期。

④ ［美］米尔吉安 · R. 达马斯卡：《比较法视野中的证据制度》，吴宏耀、魏晓娜译，中国人民公安大学出版社 2006 年版，第 214 页。

⑤ ［美］米尔吉安 · R. 达马斯卡：《比较法视野中的证据制度》，吴宏耀、魏晓娜译，中国人民公安大学出版社 2006 年版，第 214 页。

⑥ ［法］托克维尔：《论美国的民主》（上卷），董果良译，商务印书馆 2013 年版，第 344-348 页。

尔认为，陪审团作为人民主权的表现形式，已经超出了司法制度的涵摄，而成为维护其社会“稳定和统一”① 的政治制度。也因此陪审团裁判被赋予了“已决事实裁判不被推翻”“无须提供裁判理由”且“不被追责”的极大自由，而这被认为是在事实上享有为早期的启蒙思想家所忧惧的“迷失方向的自由”。而在实践中，程序以及制度的发展早已超出托克维尔的观察，在陪审团参与审判的二元法庭上，以政策原因（保障人权）、经验的、价值目的，甚至因科学技术发展而出现的“事实调查方法的科学化”，都促使立法者以及职业法官介入对证据可采性的主动干预，这在事实上限制了外行事实认定者们（陪审团）心证的自由家园。也因此，心证的“自由”一直在某种边界中。这一边界是以贝卡利亚为代表的欧陆启蒙思想家在批判法定证据制度基础上，回归理性与思辨的共识的“理性的证明系统”。而与之相应，前述大陆法系的英美同行所梳理出的“理性主义传统”也同样在该意义上发挥作用。

传统上认为“自由心证”思想是随着法国大革命对旧的法定证据制度的批判而发展起来的，其制度前提是“证据自由以及证据评价自由”。与“法治”概念伴随对“专治”批判而出现时的问题相似。“自由心证（同样是）是一种无奈的退缩，是一种退而求其次的选择。”② 如伏尔泰就曾表达过对“迷失自由”的疑虑，赋予法官的“自由”亦有被滥用的危险。而这一视角是服务于政治伦理的，因此必不能摆脱对体制框架的背景依赖。如托克维尔对大革命进步意义的思考，旧制度下司法权和行政权的混淆得以澄清，“法庭干预政府只对案件有害，政府干预法庭则使人们堕落”③。因此“自由心证”不过是赋予司法法官得以摆脱旧制王权的理性自给，而绝非使其享有“自由”的专权借口。在欧陆新的政治伦理中，“自由心证”是“法定证据”对中世纪法官专横批判的延续，是同新的司法权力和诉讼构造相匹配的事实认定模式，批评者提议彻底改革“回到职权主义惯有立场”④ 的意义正在于此。而就理性文明的发展演化来看，对“法定证据制度”的批判是逻辑与经验认识领域深化发展的必然。如

---

① ［法］托克维尔：《论美国的民主》（上卷），董果良译，商务印书馆 2013 年版，第 344-348 页。

② ［美］米尔吉安·R. 达马斯卡：《比较法视野中的证据制度》，吴宏耀、魏晓娜译，中国人民公安大学出版社 2006 年版，第 213 页。

③ ［法］托克维尔：《旧制度与大革命》，冯棠译，商务印书馆 2012 年版，第 96-97 页。

④ 施鹏鹏：《刑事裁判中的自由心证——论中国刑事证明体系的变革》，载《政法论坛》2018 年第 4 期。

贝卡利亚所言“极少数人根据普遍原则去纠正几百年来所沿袭的谬误”[①]，这里的普遍原则应是指理性的觉醒。尽管法定证据制度曾同样扮演限制法官专权的进步角色，但启蒙思想家们已经认识到这套制度在逻辑理性和经验认识上的荒谬性（不合时宜性）。而“自由心证”正是在此基础上诉诸逻辑和经验中的主体理性的选择。

因此，“自由”应在“理性”中，这呼应了文章开头两大法系对“理性”道路探索的殊途同归，也同样是我国将“法官在个案中形成的经验法则与逻辑理性……经由法律（解释）将其上升到证据规则高度”[②] 的原因所在。对此持批评意见的研究者认为，这种将经验法则一般化、逻辑法则规范化的立法倾向是对经验法则和逻辑法则的滥用，但同时他们也承认在大多数案件中可以成立，并且具有一定合理性。而这种合理性正是普适理性的体现，留待争论的问题是是否需要以立法形式明确，而这并不涉及理性内核本身。按照这一研究思路，我们可以发现“印证”模式也同样作用于理性框架中。在认识论基础上，“印证”规则所建立的“真理融贯论、真实符合论，以及其所采用的归纳推理与溯因推理方法”[③] 与第一章威廉·特文宁所描述的证据与证明的理性主义传统所包含的“一些共同假设”相一致。二者均体现了围绕证据与证明活动的“理性”探索方式，如追求“真相”，重视“推理”，相信人类依靠理性推理能力能够对真相进行把握。在作用机理上，如龙宗智教授所强调的，理解印证证明的作用机理，才是理解该模式力量所在的根源。而“印证”规则的作用机理，正是源于经验归纳形成结论的可靠性与合理性。

因此，对心证形式的矛盾分析和误读源于对“自由”及其限制的误解，而“调和”的实质根源于对“理性”的遵循。自由心证的“自由”既是受理性推理规则约束的自由，也是受经验规则统摄的自由，自由在理性边界内。在这个意义上，“自由心证”“理性主义传统”“印证规则”分享着共通的合理性或者说正当性来源，其根基在于逻辑理性与经验法则在一切人类事实认定活动中具有的普适意义。

---

① ［意］贝卡利亚：《论犯罪与刑罚》，黄风译，中国法制出版社 2002 年版，引言第 7 页。

② 参见《高法解释》第 139 条、第 140 条、第 141 条等内容，均属于这类规定。陈瑞华：《以限制证据证明力为核心的新法定证据主义》，载《法学研究》2012 年第 6 期。

③ 龙宗智：《刑事印证证明新探》，载《法学研究》2017 年第 2 期。

二、理性心证的基本结构

“自由心证”之“自由”，并不同于我们对通常“权利”语境下“法无禁止即自由”中“自由”的理解。结合此前分析，并避免与其起源地（大陆法系）政治伦理语境的绑定，在本书的论述框架内，一个更适宜的称谓是“理性心证”。具体而言，在理性心证之下，刑事案件事实认定活动，是以经验归纳为逻辑基础，以解释证据现象或证据事实的“信念和期待”为发生机制，引导主体通过理性推论解决困难并达成目标的过程。该过程对应了事实认定活动中，两个重要却又彼此不同，并常被忽视的理性思维活动——推论（inferring）和解释（explaining）。刑事案件事实认定的推论基础和解释性结构旨在“帮助事实认定者形成新的对事物如其所是的确信，以及在我们有所发现之时解释其何以如此”①。它们共同形塑了事实认定的思维系统，在涉及推论以及解释的具体实践中，经验性推论提供了认识的前提基础和基本条件，解释引导了认定的发生机制和推进方向，并在主体内部或主体之间达成基于经验归纳的共识。二者以特定的模型结构，如最佳解释推论，完成从证据到解释性假设再到与实体法构成要件相关联的事实认定结论的推进过程。

在此前两章的论述中，本书处于“有关推论与解释的巨大的主题”② 中，而这通常被认为是尝试“描述”事实认定的根本障碍——有限度地去尝试澄清了与本研究相关的基本内容。正如皮特·利普顿所指出的，围绕“解释”和“推论”的概念内涵和外延存在普遍的争论，在哲学、符号学、逻辑学等学科领域内，这些概念尚缺乏统一的认识标准。正如前述围绕“最佳解释推论”的争论所示，研究者在描述解释、推论、事实认定等概念范畴的关系时，尚缺乏系统完整的实质性共识。因此当立足刑事案件事实认定理论研究的需要，而引入并关联这些概念时，对它们进行前提性的铺垫研究和理论规范的探讨就显得尤为必要。

在完成前两章的铺垫之后，我们将正式进入关于二者具体关系的研究探讨。按照美国认识论学者道格拉斯·沃尔顿的观点，事实认定中的理性推理分别体

---

① Peter Lipton, *Inference to the Best Explanation* (*Second Edition*), Routledgc, 2004, p. 1.

② Peter Lipton, *Inference to the Best Explanation* (*Second Edition*), Routledge, 2004, p. 1-2.

现在“解释和推论”中，这也符合我们前述对于其二者皆以经验归纳为前提的论证结果。概言之，“以因为、所以、结果等连词按照一定的理性次序连接的推理活动分别组成了解释或推论”，“二者的差别在于推理的目的”①。在特定解释中，待解释对象是被预设为真实存在的，因此解释的目的并非确立该对象，而是进一步提供待解释对象存在的相关情况或者展示该对象存在的原因。因此，解释活动的核心价值之一是明确“知道特定现象的发生本身和理解特定现象的发生原因”② 间的知识差别。但在传统认识论中围绕解释的研究是立足于解释本身在认识实践中的重要性的，如皮特·利普顿对该问题的阐释，即利用解释的实际重要性来论证解释的理论重要性，而并未涉及其与推论的结构性牵连。而在推论活动中，待论证的对象并非预先设立或存在的，或者更确切地说该对象的存在或设立与否，取决于持有不同观点或证据的主体的相互影响，因此它是一个有待论证的开放性问题。概言之，“解释是对已知的追问，推论是对未知的探求”③。

尽管基于此前的论述，我们很容易得出这样一种认识，即在事实认定中推论是第一位的、解释是第二位的，这也符合戴维·宾德和保罗·伯格曼对经验知识库的观察结论。但这可能会导致对“解释活动所扮演角色的严重低估”④。笔者认为这种低估的根源正在于忽视了“解释”与“推论”在结构上的内部牵连。而要识别这种牵连，我们首先需要分析推论的整体结构。推论活动本身包含的两个重要的方面。

一方面，在形式上，推论活动表现为一系列按照特定推理顺序连接在一起的主张或命题形式。它可能被归类为演绎性推论、归纳性（经验性）推论或溯因性推论等。诚然经验性推论承担了事实认定活动的绝大部分基础性工作。也正是在这个意义上，才有研究者强调事实认定的经验性本质。而这种观点其实最早可追溯至威格摩尔有关“证明科学”的论述，他认为证明科学潜在于法律

---

① Douglas N. Walton, *Argument Structure: A Pragmatic Theory*, University of Toronto Press, 1996, p. 42-77.

② Peter Lipton, *Inference to the Best Explanation (Second Edition)*, Routledge, 2004, p. 30.

③ Douglas N. Walton, *One-Side Argument: A Dialectical Analysis of Bias*, Albany, State University of New York Press, 1999, p. 28.

④ Peter Lipton, *Inference to the Best Explanation (Second Edition)*, Routledge, 2004, p. 56.

推理之下，（其合理性）是源于归纳性（经验性）的[①]。而这是与戴维·宾德和保罗·伯格曼的观察相一致的。这一观点至今已经引发了大量争论，多有包括对演绎性及其他基于论证的技术性方法的研究和探讨。

另一方面，在功能上，推论活动表现为，为特定目的而推进的理性论证过程。在事实认定的推论框架中，冲突的证据通过提供支持或反驳的理由，而与特定的结论相绑定。一经绑定，理由与特定结论便构成一个完整的推论，其中理由同特定主体的“价值与立场”相关联，结论与特定主体的“信念与期待”相一致。这里实际对应了马塞洛·迪贝洛的“构成论证的三个部分”，分别是“原因、结论以及连接它们的推论”[②]。其中“原因”是推论的前提，即证据，而“连接原因与结论的推论”与特定结论的结合形成了完整的推论链条。而这三个部分正是构成事实认定论证活动的全部内容，即证据、推理依据（理由）以及推论结论。而后两者组成的推论过程实质上也是对证据现象的解释。例如，目击证人作证：他看到嫌疑人出现在案件现场（证据现象）。嫌疑人出现在案件现场（解释该证据的一个理由），该嫌疑人具备实施犯罪行为的空间条件（为该理由所支持的结论）。后两者形成的推论为前述证据现象的出现提供了最为可信（最佳）的解释。

此外，需要强调的是，刑事案件事实认定的推论活动是“立场、信念”相冲突的双方共同完成的，因此其困难尤其体现在如何在冲突的观点与利益之间解决不确定的、不稳定的，或未决定的问题。该方面体现了“推论的辩证性方面”，即“一个论证是如何被用来达成一个对话目标，在该目标中，对话是在两个或两个以上主体间以常规类型进行的对话式交流”[③]。在刑事案件事实认定中，事实认定主体并不会（也不应当）直接判定那种推论结论更可能或更可信，而是要在关于“一个主题的不同看法”之间展开对话，这既可能是客观的不同主体之间的对话，也有可能是同一主体内心的对话。如在前述念某案的审理中，如果事实认定主体能够反问并思考“通常情况，人们有多大可能会对抢

---

① Douglas Walton, *Legal reasoning and Argumentation*, in Handbook of Legal Reasoning and Argumentation, Giorgio Bongiovanni eds., Springer, 2018, p. 47.

② Marcello Di Bello and Bart Verheij, *Evidential Reasoning*, in Handbook of Legal Reasoning and Argumentation, Giorgio Bongiovanni eds., Springer, 2018, p. 454-455.

③ Douglas N. Walton, *One-Side Argument: A Dialectical Analysis of Bias*, Albany, State University of New York Press, 1999, p. 29.

走自己商机的人起杀机”，那么对案件推论结论的认识可能会有所不同。

综上来看，一切裁判心证都是受理性规范的事实真相探知活动。其理性规范体现在两个方面：首先，是探知真相的过程，即理性如何实现从证据现象到真相结论的过程。该过程是以证据为起点的推理论证活动，其被通常表述为“认定案件事实，必须以证据为根据”，以及“证据法的逻辑起点在于事实认定”，或“运用证据以证明事实”。概言之，探知真相是在证据基础上，以发现真相为结论目标的理性推论。其次，是对探知过程和结论的审查、接纳过程，而这一过程常被忽视。其在本质上是对理性推论及其所获结论的解释说明活动。就该解释性过程的形成依据而言：在原理上，法律论证的“非形式化”决定了司法探知过程不同于“形式逻辑”的抽象与利益无涉，其严重依赖主体参与者的理性评估和理性引导。也正是在这个意义上，有学者指出：“在司法证明过程中，无论科学经验还是人文经验的适用都必须经过正当性论证。”① 尤其在司法事实认定这种典型“非演绎型”推论活动中，如何表述主体对推论结论正当性的认同就显得尤为重要；而在具体形式上，现代法庭日益强调心证过程并非专属于事实认定者的主观感受领域，其需要（在一定程度上）被外在主体感知，以便接受监督和约束。而出于对司法公开、程序透明等原则理念的践行，心证过程更被要求以某种具体的形式外化。从大陆法系对自由心证的“心证责任伦理”② 的限制，到我国司法裁判文书中载明“裁判所认定的案件事实及其根据和理由”③ 的说理要求，均是这种外化需求的具体体现。而在明确推论所包含的上述两个方面以及形成推论的复杂主体互动关系后，我们再来重新评估“解释”在推进事实认定活动时所扮演角色的问题。

首先，上述分析意味着，传统“推论是第一位的、解释是第二位的”顺序认识是值得商榷的。尽管我们的多数分析和研究实践，确实是从推论展开的，但这是因为我们只评估了推论活动的“直观层面”，也即推论采取或提供了何种形式，而忽视了其“实质层面”。实质层面的首要关注是功能性的，包括事

---

① 纪格非：《经验法则适用之正当性研究》，载《证据科学》2012 年第 1 期。

② 施鹏鹏：《刑事裁判中的自由心证——论中国刑事证明体系的变革》，载《政法论坛》2018 年第 4 期。

③ 参见 2018 年《最高人民法院关于加强和规范裁判文书释法说理的指导意见》（以下简称《文书说理指导意见》）。

实认定主体主张假设的形成、推论的形成机制、推论所期待达到的标准等。而这些功能均源于解释证据现象的“信念和期待”或服务于形成内心确信的过程，也即事实认定主体是以解释现有证据事实引导并展开推论的，而推论结论又需通过解释建立某种内心确信。因此，如果只评估推论展开后的形式过程，而忽视了导致推论展开的功能原因，那么当然会弱化解释在事实认定过程中所扮演的引导性角色。

其次，就目的性而言，推论活动是从证据事实出发指向解决“不确定的、不稳定的，或未决定的问题”的认识推进过程。在该过程中，证据事实似乎天然地被归为已知的知识，并似乎不需经过处理和理性的加工而直接充当推论活动的认识前提（这里仅指对特定现象的认识活动，而不包括对证据进行的辨认鉴真环节）。而正如之前有关“推论”与“解释”的描述，解释活动的一个区别性特征是待解释对象的确定性或已知性，这就造成了事实认定的“解释”功能极易被忽视。这种忽视常常导致事实认定者在实际的案件办理中，将工作重心置于“推论”的构建和维护上，而疏于对解释的审慎。例如，在赵某海案中，公诉机关关于赵某海杀人动机的推论是“因和赵某裳之间存在经济纠纷，同时跟杜某慧之间存在三角恋情关系，因被撞见而争风吃醋，心生怨恨”。办案机关对该推论的逻辑合理性和经验可信性高度认同。而基于维护该推论“正确性”的主观意愿，甚至不惜选择忽视甚至无视“反驳”证据，赵某海案中现场勘查笔录证据显示：“无名尸体上的三个石磙，每个石磙重达四五百斤……赵某海一人根本无法推动，存在多人犯罪的嫌疑”，并且其后揭示的事实真相也证实了“石磙是真凶李某金、杨某福等四人一起推到井里去的”[①]。由此，推论对于证据现象的解释功能，或者说解释对推论的引导作用被忽视，沦为附庸；而在杜某武案中，这种强调重视推论的办案思路表现得更为突出，公诉机关关于杜某斌杀人动机的推论是“因怀疑其妻王某湘与同案被害另一名男性警察王某波有不正当两性关系，而对二人怀恨在心”[②]。办案机关对“情杀推论”的片面重视，直接造成了事实认定的解释性活动完全服务于巩固、强化该推论。

---

① 陈永生：《冤案的成因与制度防范——以赵作海案件为样本的分析》，载《政法论坛》2011 年第 6 期。

② 陈昌云：《从民警到死囚，从死囚到民警——“民警杜培武故意杀人冤案”昭示了什么》，载《人民公安》2000 年第 18 期。

第二节 探知事实真相的推论过程

如前所述，法庭事实认定活动是一个典型的寻求未知结论（待认定事实）的推论过程。在这个意义上，寻求裁判结论的完整论证过程应当是理性心证的重要内容。该过程是通过理性限制自由的重要形式，具体表现为“提供裁决理由……是一项极为重要的程序保障”①。而这也与“自由心证”对“心证责任伦理的限制”要求相匹配，即“在判决意见中，应当详细记载法官在心证形成过程中所发生的各种心智活动”②。这个记载过程是对事实认定推论过程的呈现。

一、刑事案件事实认定推论的一般模式

对法官在心证形成过程中所发生的各种心智活动的记载过程，有别于纯粹的形式逻辑范式。在以法律为代表的理性实践学科内，推论过程属于典型的非形式化逻辑范畴，体现为传统逻辑学科的形式主义概念同属于经验性科学的逻辑经验主义概念的融合。③ 这与大陆法系学者所主张的一派观点“逻辑和经验统辖着法官的整个心证形成过程”相一致。理性活动构建了法律论证的基础体系。在从命题（包括法律规则性命题以及证据性命题）到待证结论（事实认定）的推论过程中，即包含了复杂的理性推理构成。非形式逻辑研究代表性学者道格拉斯·沃尔顿描述了其具体结构④，该结构奠定了推论的形式体系。

---

① 陈瑞华：《走向综合性程序价值理论——贝勒斯程序正义理论评述》，载《中国社会科学》1999年第6期。

② ［美］米尔吉安·R. 达马斯卡：《比较法视野中的证据制度》，吴宏耀、魏晓娜译，中国人民公安大学出版社2006年版，第215页。

③ Joseph Horovitz, *Law and Logic-A Critical Account of Legal Argument*, Springer-Verlag Wien New York 1972, p. 2-3.

④ Douglas N. Walton, *One-Side Argument: A Dialectical Analysis of Bias*, Albany, State University of New York Press, 1999, p. 27-29.

1. 数个命题或主张，通过分别充当前提与结论的形式，形成一个从前提到结论的推论。

2. 数个推论，以一定次序连接，在前一连接中充当结论的推论，在后一连接中充当前提，以此形成一个推论链条，即推理。

3. 一系列的推理，按照前述前提与结论的逻辑关系，构成一个由主张与命题形成的网络，即论证。

完整“理性心证”的推论过程正是对上述结构的具体展开。表现为刑事案件事实认定的理性心证是一系列推论的集合。这些推论是由约翰·塞尔所称的行为、信念、期待以及希望等所引发的，这符合实践理性所强调的“理性对具体行为的决定作用”。这里需要指出的是，刑事裁判的心证过程包含解决事实问题和法律问题两个部分，即“事实认定推理”和“狭义法律推理”，二者尽管在推理形式、价值取向和形成机制方面存在差异，但并不影响二者在本质上都属于认识活动。即“狭义法律推理”同样建立在证据及推论基础上，属于理性认识活动的组成部分。因此二者在抽象层面的推论形式中，具有一致性。本书受研究主旨所限，将重点关注事实认定阶段的推理论证过程，并在该过程中一并展现“狭义法律论证”的规范形式。具体而言，刑事案件事实认定心证展开建构的统一实质是运用命题逻辑（Propositional Logical）重新描述从证据性主张到结论性事实的过程，该过程表述如下。

首先，是将证据性主张或法律规范条文抽象化为命题（Proposition）。命题并非通常理解的语句概念。语句（Sentence）属于语言学单元，其包含字、句子及语法元素，而命题是“一个主张或断言的逻辑内容，并具备被判定为真或为假的能力”①。就证据性命题主张而言，无论是源于言词证据或实物证据，均是以事实的“可陈述性”特征为信息承载的，也即所有刑事证据类型都将在裁判过程中以命题形式呈现为证据性主张。正如维特根斯坦所言“命题是现实的形象，……理解命题，则可知所叙述的情况”②。并且在依据证据性命题主张展开推论之前，事实认定者主观上已经预先接受了证据现象为所发生之事的前提。在心证中，获得证据现象是已发生之事的知识并非事实认定的目的，心证主体

① Irving M. Copi & Carl Cohen, *Introduction to Logic* (11th ed.), Routledge, 2002, p. 4-6.

② ［奥］维特根斯坦：《逻辑哲学论》，郭英译，商务印书馆1962年版，第22页、第79页。

的目的在于以此为基础推论关于要件事实的有效结论，如“匕首为杀人凶器”或“嫌疑人的杀人动机”；而至于法律规范条文，典型的成文法结构通常也是蕴含着标准条件命题（Conditional Proposition）的逻辑结构，其“或者呈现条件性结构（如果P，那么Q），或者呈现谓词结构（对所有的X，如果X是F，那么X是G）”[①]。如哈特的“禁止在公园中使用车辆”[②]的样本性规则所示，可以用谓词结构表述为“违规（X，S）：车辆（X），公园（S），在（X，S）”[③]。

其次，命题的逻辑连接过程，即理性推理过程的抽象化表达。前述命题将通过逻辑连接词，按照道格拉斯·沃尔顿所描述的具体结构相衔接，从前提指向结论（如图5所示，下层级为前提，上层级为结论），可以是多个前提指向一个结论，也可以是一个前提指向多个结论。

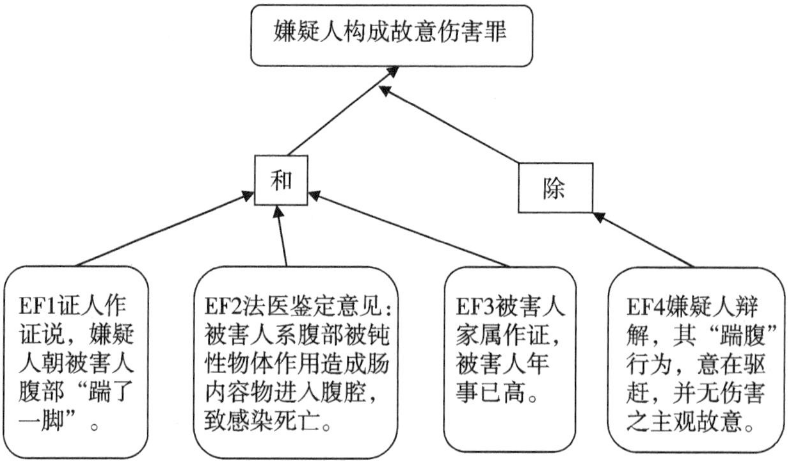

图5　事实推论的倒树状图

逻辑连接词包括：和“and”（在所有的推论条件均同时为真时，结论才为真）；或“or”（在推论条件至少有一个为真时，则结论为真）；除非“unless”（如果该阻碍条件为真，则结论为假，并且阻碍条件具有优先性，优先于初步具备的前提条件）等。这个连接过程即理性思维的推论过程。在传统的法律推

① Scott Brewer, *Exemplary Reasoning: Semantics, Pragmatics, and the Rational Force of Legal Argument by Analogy*, Vol. 109, Harvard Law Review, 1996, p. 972.

② ［英］哈特：《法律的概念》（第二版），许家馨、李冠宜译，法律出版社2011年版，第129页。

③ “如果X是车辆，S是公园，并且车辆出现在了公园，那么车辆在公园中是违规的。”参见［美］凯文·D. 阿什利：《人工智能与法律解析》，邱昭继译，商务印书馆2020年版，第54页。

理中，因所涉法律规范条文的命题通常要么真、要么假，因此“可称之为二值逻辑演算……或更简洁地称为二值逻辑”[①]；而在证据性法律论证中，情况稍有不同，证据性命题主张可能包含“真、假以及未定”[②] 三种情形，即“三值逻辑或所谓模态逻辑”。

在图 5 中，从证据性主张到最终待证事实的推论过程如下：

前提：EF1、EF2、EF3；结论：嫌疑人构成故意伤害罪。

前提：EF1、EF2、EF4；结论：嫌疑人构成过失致人死亡罪（不构成故意伤害罪）。

在刑事裁判心证中，事实认定者便是按照上述推论过程完成从证据性主张到最终待证事实的论证的。因此裁判根据的说理要求也应当是对该过程的完整展现。而对理性推论活动的梳理外化，也正是“心证责任伦理”要求的题中之义。

最后，推论过程的非演绎型。事实认定者在多数情况下可以较好地完成推论，但正如皮特·利普顿所言“似乎人类就是被设计为完成一些活动，而非去分析或探讨其存在的合理性的”，也即所谓的“描述性难题（The Problem of Description）”[③]。推论高度依赖归纳概括形成的经验基础，事实认定者很难自我检视经验推论的可靠性，这个基础是“必要但却危险的”[④]。

如图 6 所示的局部推论过程中，即包含对经验基础的依赖，除其本身的不保真外，其在推论实践中也常处于隐秘状态。正如前述福建念某案中检控方所依赖的经验概括“一个人会对抢走自己生意的人起杀机”即缺乏“可靠性”的错误“经验归纳”。

---

① ［德］乌尔里希·克卢格：《法律逻辑》，雷磊译，法律出版社 2016 年版，第 32 页。

② 凯文·D. 阿什利在其文章中，介绍了疫苗侵权案件中事实认定的证据性主张推论过程。这一过程在实质上正是对人脑理性决策活动的描述。参见［美］凯文·D. 阿什利：《人工智能与法律解析》，邱昭继译，商务印书馆 2020 年版，第 196-197 页。

③ Peter Lipton, *Inference to the Best Explanation*（*Second Edition*）, Routledge, 2004, p. 11-15.

④ ［英］威廉·特文宁：《反思证据——开拓性论著》（第二版），吴洪淇等译，中国人民大学出版社 2015 年版，第 339 页。

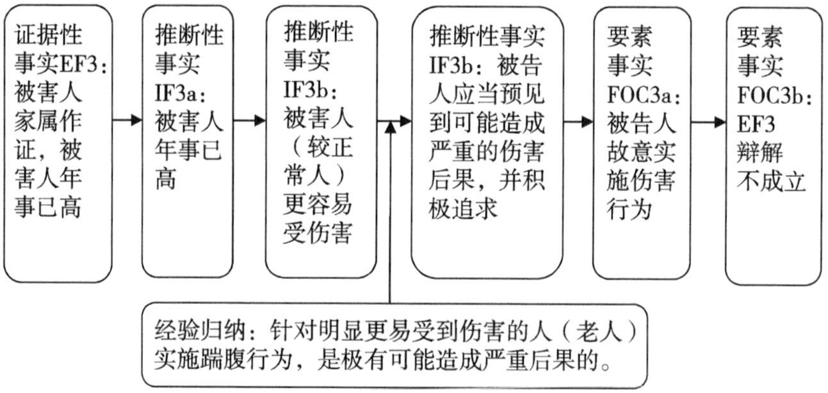

图 6　故意伤害案局部推论链条

而上述从命题的形成、推论的建构，到经验基础本身都存在被误读、信息缺失、主体判断错误的风险。因此，在裁判心证中，推论结论必须获得某种形式的再确信。在更深层次的原因中，对“形式法治的追求，导致的约束自由裁量、回避司法责任”[①] 在提升推论过程重要性的同时，也压制了裁判主体寻求解释的空间。

二、我国刑事案件事实认定推论的过程外化与说理现状

在论证理论中，刑事案件事实认定的作出在本质上是理性决策的结果。罗纳德·J. 艾伦指出：“理性决策是构建公平社会的根基，没有理性决策的法治将丧失其全部意涵。”[②] 就事实认定而言，理性决策本身正深切反映在其推论过程中。刑事案件事实认定推论过程的独特之处在于，事实认定者本身并不亲身感知案件发生的历史事实，也因此无法通过“聚焦于认知主体自身的心理活动”获取真相，而只能通过筛选审查冲突双方的证据，确立信念基础，展开推论，并由此形成关于真相的符合特定标准的内心确信。这是一个典型的“社会认识论”的形成过程，其聚焦于主体间的互动关系，由此得出的事实认定结论是以事实真相为取向的主体“知识”。对其理解的关键在于它并非真实发生的历史事实，而是基于主观判断的内心确信。这个真相信念是经由一套复杂的思

---

① 刘国华、沈杨：《人工智能辅助司法裁判的实践困境及其应对策略》，载《学术交流》2021 年第 9 期。

② Ronald J. Allen, *Reasoning and Its Foundation: Some Responses*, 3431 Int' l J. Evidence & Proof, 1997, p. 1.

维推理过程得出的，并建立在对“人和物的一般行为模式概括”的经验性推论基础上，也因此“基于经验的概括是司法事实认定的动力”①。

这个在理论上聚焦于事实认定主体观念领域的活动，伴随着现代责任伦理制度的发展和完善，而日渐呈现出明确的“外化”需求。最高人民法院在《文书说理指导意见》中指出裁判说理是通过“阐明裁判结论的形成过程和正当性理由”实现的。就刑事案件事实认定而言，裁判说理是对事实认定的形成过程和正当性理由的各自阐明。

具体而言，事实认定的说理即阐明经验性推理的推论过程及经验性推论的合理性或可靠性来源。经验性推论的过程“取决于事实和事实之间联系之一般规则的信念”② 基础，依靠该信念，事实认定者对典型行为进行归纳概括，作出经验性推论。而上述信念或观念在特定社会群体中的普遍持有性即为社会主流价值观的反映。例如，在“陈某正当防卫案”③ 中，检控方依据经验概括“双方实力相差悬殊，陈某借助水果刀增强防卫能力，在手段上合情合理”，从而认定了陈某防卫行为的正当性；在“朱某山故意伤害（防卫过当）案”④ 中，检控方依据经验概括“齐某当晚的行为在时间、方式上也显然不属于探视子女”，从而认定齐某行为的不法侵害性。这些推论大量存在于司法裁判或相关事实认定活动中，既反映了经验性概括连接特定证据和待证事实的过程，也反映了情理用于认定事理的过程。因此，基于经验的推论过程本身在通常意义上即意味着“法理情相协调”的目的的实现，这也是一般裁判说理的重要呈现方式。而诸如前述念某案中法官对其杀人动机推断，以及彭某案⑤中法官依据经验概括“根据社会情理，在原告的家人到达后……，被告未……自行离开”，而认定彭某“行为显然与情理相悖”，所引发的批判或争论，则从另一个侧面反映了经验性推论的展开过程恰是司法事实认定与情理相调和、与主流价值观

---

① ［美］亚历克斯·斯坦：《证据法的根基》，樊传明、郑飞等译，中国人民大学出版社 2018 年版，第 111 页。

② ［美］特伦斯·安德森等：《证据分析》（第二版），张保生等译，中国人民大学出版社 2012 年版，第 346 页。

③ 最高人民检察院第十二批指导性案例（检例第 45 号）。

④ 最高人民检察院第十二批指导性案例（检例第 46 号）。

⑤ 尽管彭某案是一起民事案件，但裁判法官在该案中对经验概括的运用非常具有典型性，本书对其予以引用，旨在强调经验概括对于事实认定活动的影响。参见江苏省南京市鼓楼区人民法院（2007）鼓民一初字第 212 号民事判决书。

相碰撞融合的过程。此外，就经验性推论的合理性或可靠性来源而言，裁判者对案件事实的认定建立在“源于经验的概率推理基础上”①。在该意义上，经验性情理对事实认定的保障程度，与对事实认定结论提供的合理性或可靠性依据，以及经验性概括的概率性真理性质之间具有等值性。正如上述代表性案例中事实认定者所依据的经验性概括，它们在人类社会中的重复概率性，正比于其对一般常识标准而言的合理性或可靠性，正比于其对推论结论的保障程度。威廉·特文宁及特伦斯·安德森将该比例数值评价为“争端问题被解决的特定共同体中被接受或分享的广泛程度”②。因此，当一个合理的、可靠的经验性推论被作出时，它在很大程度上也将是与“主流价值观”相一致的，是符合说理要求的。

另外，值得一提的是，针对法律适用的说理过程则呈现了完全不同的面貌。而对这种不同的认知，将在很大程度上帮助我们从另一个角度认识裁判文书事实认定部分说理的独特模式和法律价值。从“事实与法律”的区别特征来看，法律推理的规范性特征往往使得文书撰写者将“形式过程”的呈现等同于正当性依据的来源，而“法学科自治性”的话语权威（本质上仍是一种权威形式性）则进一步强化了这种“道理自然在其中”的说理模式。尤其在所谓“机械式司法”③ 的传统推论框架中，法律适用阶段的推论过程被看作演绎推理这种推论形式的简单适用，其中以制定法形式呈现的规范性条文以其规范性和权威性为背书，充当了“三段论”推理的大前提。而在演绎类型推论中，前提对于结论的逻辑保障关系，更是满足了制定法条文为裁判结论的准确性提供正当性依据的形式需求。因此，法律适用阶段的推理过程以其形式特征明显、规范性强，使得法官往往只需列明法条，展示其“形成过程”，便完成了对所谓法律推理的释明。如在最高人民法院发布的第 26 批指导性案例“张某某正当防卫案”④ 中，二审法院所作法律适用的推理过程如下：列明《刑法》第 20 条第 3

---

① ［美］亚历克斯·斯坦：《证据法的根基》，樊传明等、郑飞等译，中国人民大学出版社 2018 年版，第 78 页。

② ［美］特伦斯·安德森等：《证据分析》（第二版），张保生等译，中国人民大学出版社 2012 年版，第 350 页。

③ ［英］哈特：《法律的概念》（第二版），许家馨、李冠宜译，法律出版社 2011 年版，第 20 页、第 117 页。

④ 参见天津市第一中级人民法院（2018）津 01 刑终 326 号刑事附带民事判决书。

款的规定“对正在进行行凶……不属于防卫过当，而本案中……符合上述法条规定，故……属正当防卫，不负刑事责任。而本案原一审法院作法律适用的推理过程为①：列明《刑法》第234条，本案中被告人故意伤害他人身体……行为已构成故意伤害罪，判决被告人构成故意伤害罪。针对同一案件事实，一审法院和二审法院所作法律适用的推理采用了完全相同的过程形式，却得出了完全相反的裁决结论。

如果孤立地看上述两级法院的法律适用推理过程的形式本身，似乎并不存在任何问题。因为至少在形式上，制定法条文提供了推论的大前提，经过挑选的要件事实构成了推论依据的小前提，以此得出结论的推论过程本身也同时提供了该结论的正当性理由。但当对比两份判决时，便可明显看出其中的差别。首先，在形式上，对案件事实（小前提），尤其是要件事实的裁切选择是影响法律适用推理正确与否的关键，列明法条（其规范性与权威性）本身并不一定能为“三段论”的裁判结论提供真实性保障。其次，在实质上，对要件事实的裁切选择是建立在对法律规则的条文含义和逻辑体系的深刻把握基础之上的，这就要求适用法律的推理，即释明法理，不仅仅是简单地列明“三段论”的演绎程式，更要对其作实质性推理的目的性或正当性检验，以此为裁判结论提供正当性依据。

因此，将制定法规则作为简单演绎推理前提的机械式法学存在的世界“不是我们的世界”②。法律实证主义者哈特将法律规则的内在属性视为“可宣告无效性”，其意为“对例外的开放与接纳”③。在适用法律的推理过程中，制定法规则并不是如真理般存在的大前提，演绎推理的形式化特征也当然无法为裁判结论提供“道理自然在其中”的正当性保障。如前述哈特的那条著名规则“任何车辆皆不得进入公园”，这种以人类理性为基础而创设的“一般化规则”必然面临各种可反驳、可撤销、可宣告无效的情形。类比于上述正当防卫案，《刑法》第234条故意伤害罪的条文规范，在法律适用阶段推理中的适用，将面临《刑法》第20条第3款等“违法阻却性事由”的反驳与撤销。因此，推

---

① 参见天津市西青区人民法院（2016）津0111刑初576号刑事附带民事判决书。

② ［英］哈特：《法律的概念》（第二版），许家馨、李冠宜译，法律出版社2011年版，第20页、第117页。

③ Douglas Walton, *Legal reasoning and Argumentation*, in *Handbook of Legal Reasoning and Argumentation*, Giorgio Bongiovanni eds., Springer, 2018, p. 49.

论结论的真实性（正当性）并不源于演绎推理大前提的规范性或权威性，而对规则所蕴含的可能存在的“宣告无效情形”的排除与查验，才是推论结论正当性的保障，这是法律适用推理区别于机械式演绎推理的真正内涵。因此，在这个意义上，法官能否正确适用法律完成推理，并不是一个“道理自然在其中”的过程。它是一个需要接受法律逻辑体系自查，排除例外项，指导要件事实拣选，并随时接受新的潜在的事实的否定或反驳的过程。

而对法律适用推理实践中存在的上述问题的分析，也为我们提供了反思事实认定说理问题现状的另一种可能。刑事案件事实认定推论过程的“外化”说理，在某种程度上，是否也受到了上述“演绎形式”的影响？“案卷笔录中心主义”的传统弊端，使得以客观笔录形式呈现的控方主张及其论证过程具备了某种“保真”属性，在裁判书阐明事理的过程中影响裁判者对推论的实际认知。从法律规定层面来看，案卷笔录的“规范性”意味着并未受到限制，庭前陈述仍然在法庭上大行其道，而关于其“印证”“确认真实性”或“合理解释”等所谓限制条件则失于宽泛①。而就裁判实践来看，“法庭裁判的绝大多数活动仍是围绕侦查阶段的案卷笔录”②进行的。这将在某种程度上造成裁判者误认为其事实认定心证推论的前提是具备某种“规范形式”外衣的“客观性”结论，从而忽视了对事实认定推论的正当性论证工作。

三、我国刑事案件事实认定推论过程的问题分析

刑事案件事实认定推论是事实认定者心证的内在活动，而其外化则集中体现于事实认定裁判的说理过程。因此，推论过程存在的不足之处也将相应体现在裁判说理中的薄弱环节。整体而言，在当前司法实践中，围绕事实认定推论过程的说理呈现一种复杂性。一方面，避免长篇大论的说理可能被认为是“隐藏恐惧的掩饰之举”③；而另一方面，洋洋洒洒几十页甚至上百页的判决书又常显用力过猛，同样可能被认为是“法官的防卫策略”④。这些无不反映了事实认

① 褚福民：《案卷笔录与庭审实质化改革》，载《法学论坛》2020 年第 4 期。胡铭：《审判中心、庭审实质化与刑事司法改革——基于庭审实录和裁判文书的实证研究》，载《法学家》2006 年第 4 期。

② 陈瑞华：《案卷笔录中心主义——对中国刑事审判方式的重新考察》，载《法学研究》2006 年第 4 期。

③ 张骐：《法律推理与法律制度》，山东人民出版社 2003 年版，第 27 页。

④ 凌斌：《法官如何说理：中国经验与普遍原理》，载《中国法学》2015 年第 5 期。

定推论过程的复杂性及微妙的分寸感。典型如围绕彭某案判决书说理的争论观点，究竟是判案法官对经验法则的错误概括①，还是经验法则同社会价值取向或公共福祉的冲突②，抑或只是说理本身的技术性失误③，而这些彼此冲突的观点又都可以找到各自合理的论据及论证角度，这也从另一面展现了判决书说理的困难实践。而这也是通常"裁判不说理"④ 批评的重要成因。

（一）事实认定的推论过程并未在判决书中得到充分展现

事实认定阶段的推理是依据证据展开的，这就决定了"对事实的认定不是一个直截了当的描述过程"⑤。对"以真相为取向"的事实认定活动而言，尽管真相（历史事实本身）具有唯一性，但案件证据并不完全决定这种唯一性，同历史事实的唯一性相矛盾。因此如何描述案件裁判结论的形成过程将是裁判说理的难点所在。

1. 相对缺乏冲突证据的解释与说明

《决定》明确了"推进以审判为中心的诉讼制度改革"。而一般认为"以审判为中心"的核心要求是"作为裁判根据的案件信息形成于审判程序"⑥。其中"作为裁判根据的案件信息"，主要是指传统上三段论推理的小前提——认定的案件事实。因此，该核心要求等值于"事实认定及其推理形成于法庭"，这与我国法院系统以审判为中心的"四个在法庭"⑦ 诉讼制度建设意涵相同。这就必然要求审判法庭（法官）应当尽可能地接触到全面的、丰富的案件信息，尤其是来自控辩双方的，彼此冲突的证据信息及诉讼主张。而"采取兼听和辩论

---

① 张卫平：《认识经验法则》，载《清华法学》2008 年第 6 期。吴洪淇：《从经验到法则：经验在事实认定过程中的引入与规制》，载《证据科学》2011 年第 2 期。

② 傅郁林：《当信仰危机遭遇和谐司法——由彭宇案现象透视司法与传媒关系》，载《法律适用》2012 年第 12 期。

③ 有研究者认为，"即使不'画蛇添足'地利用'先天不足'的经验法则，本案判决书认定事实的结论也基本正确"，而引发争论的原因在于说理不当。参见曹志勋：《经验法则适用的两类模式——自对彭宇案判决说理的反思再出发》，载《法学家》2019 年第 5 期。

④ "裁判不说理"当然不是说法官什么都没有写，而是体现在"说理水平、程度、推理、论证"等方面的问题。参见凌斌：《法官如何说理：中国经验与普遍原理》，载《中国法学》2015 年第 5 期。

⑤ ［新加坡］何福来：《事实认定》，张保生译，载《证据科学》2019 年第 1 期。

⑥ 魏晓娜：《以审判为中心的刑事诉讼制度改革》，载《法学研究》2015 年第 4 期。

⑦ 参见《最高人民法院关于全面深化人民法院改革的意见——人民法院第四个五年改革纲要（2014—2018）》（法发〔2015〕3 号）文件中指出"实现诉讼证据质证在法庭、案件事实查明在法庭、辩护意见发表在法庭、裁判理由形成在法庭"。

的方法，采用公开的方式……”[①]，正是庭审实质化的题中应有之义，威格摩尔在《论普通法审判中的证据制度》中也强调交叉盘问的对抗制质证方式是“我们曾经发明的揭示事实真相之最伟大的法律引擎”[②]。而我国自2012年以来，以《刑事诉讼法》修正为标志的一系列诉讼制度改革，包括对“证人出庭”的强调，对所谓“卷宗中心主义”弊端的防范，以及对直接言词审理的贯彻[③]也同样是服务于加强庭审对抗，实现当庭质证的目的。正是在这个意义上，“庭审实质化意味着控辩双方的对抗性增强”[④]，无对抗则无兼听，则必然依赖卷宗，也因此庭审实质化需要以完善的辩护制度为依托。

在这一背景框架下，裁判文书阐明事理，即“展示案件事实认定的客观性、公正性和准确性”的要求，无疑意味着应当首先将事实认定形成过程中的控辩对抗展示清楚，尤其应当将冲突证据及主张的法庭质证、认证过程予以阐明，这既是事实认定者如何解释冲突证据和主张的心证过程，也是法官展现事实认定结论的客观性、公正性和准确性的关键步骤。尽管如前所述，这个对抗性的关键步骤仍然在很大程度上是围绕庭前的案件笔录展开的，但我们也可以看到一些裁判文书所作的有益努力。例如，在黄某某诈骗案的二审刑事判决书[⑤]中，裁判文书便详细列明了上诉人的上诉理由、辩护人的辩护意见及其所涉及的相关证据事实，并在随后的行文中，通过“本院评判”对这些同原审认定证据事实相冲突的内容进行了逐一分析，或予以支持或不予支持，笔者认为起到了较好的阐明事理的作用。又如，在顾某某等人虚报注册资本等再审刑事判决书[⑥]中，裁判文书同样逐条列明了原审被告人及其辩护人的辩护意见，最高人民检察院出庭支持公诉的检察员提出的公诉意见，并在随后以“本院经再审查明”的形式逐一对争议主张或证据事实进行了原因分析和理由阐释，同样较好地完成了阐明事理。仅就冲突证据或对抗主张的质证以及认证过程而言，

---

① 龙宗智：《庭审实质化的路径和方法》，载《法学研究》2015年第5期。

② ［美］罗纳德·J. 艾伦等：《证据法：文本、问题和案例》（第三版），张保生、王进喜、赵滢译，高等教育出版社2006年版，第114页。

③ 尽管这些改革举措仍然面临来自实践的阻力与妥协波折，但可以看出以2012年《刑事诉讼法》的修正为契机，加强控辩对抗已经成为理论和实务中的普遍共识。参见汪海燕：《论刑事庭审实质化》，载《中国社会科学》2015年第2期。

④ 汪海燕：《论刑事庭审实质化》，载《中国社会科学》2015年第2期。

⑤ 参见辽宁省丹东市中级人民法院（2021）辽06刑终38号刑事判决书。

⑥ 参见中华人民共和国最高人民法院（2018）最高法刑再4号刑事判决书。

这无疑是裁判书阐明事理的关键环节。

但还需要指出的是，上述两篇裁判文书是较具典型性的“理想”文本材料。

首先，上述两篇文书材料分别是二审和再审的裁判文书。相对一审而言，其本身面临争议证据和主张的暴露程度，以及相应说理的针对性都是较高的。且二审、再审分别处于终审和救济审的地位，相应的法官在撰写判决文书时的重视程度，对遣词造句的关注程度，甚至说理的详细程度（直观反映在篇幅长短上）都明显超过一般的一审判决文书。例如，在张某某犯危险驾驶一案的一审刑事判决书[①]中，其对于冲突证据或主张的阐明相较薄弱很多。一审法院对于被告人一方主张仅以简单一句“被告人张某某在开庭审理过程中亦无异议”予以说明，在刘某盗窃一审刑事判决书[②]中，同样是“上述事实被告人在庭审过程中亦无异议”，在姜某某故意伤害一审刑事判决书[③]中，辩护一方的庭审对抗情况，同样仅载明“被告人、辩护人均无异议”。

其次，上述两篇文书是在互联网站上对社会公开发布的裁判文书，其撰写者当然会给予足够的重视与规范性体现。尽管最高人民法院在 2013 年通过的《最高人民法院关于人民法院在互联网公布裁判文书的规定》第一次以司法解释的形式要求，自 2014 年 1 月 1 日起对各级法院“在互联网公布裁判文书的工作进行全面规范”，并在随后跟进的其他司法解释中进一步突出了裁判文书公开范围的“全面”性。但实际上，裁判文书的网络公布数量与实际裁判数量的占比在全国范围内仍然不到半数[④]，这也同左卫民教授等人的研究相一致，即裁判文书的网络公开是“有限的、角度特定的数据”[⑤]。而笔者在实际通过中国裁判文书网检索相关裁判文书的过程中，以刑事案件、基层法院（一审）、判决书为关键词的检索结果中，排除诸如涉及国家秘密、未成年人犯罪等不宜公开审判等案件的情况，仍然发现实际不公开的裁判文书（仅公开显示裁判法院、文书号、裁判日期等）占比非常高。相当多的刑事案件的裁判文书基于未

---

① 参见陕西省神木市人民法院（2021）陕 0881 刑初 132 号刑事判决书。

② 参见台安县人民法院（2021）辽 0321 刑初 56 号刑事判决书。

③ 参见辽宁省开原市人民法院（2021）辽 1282 刑初 7 号刑事判决书。

④ 马超等：《大数据分析：中国裁判文书上网司法公开报告》，载《中国法律评论》2016 年第 4 期。

⑤ 左卫民、王婵媛：《基于裁判文书网的大数据法律研究：反思与前瞻》，载《华东政法大学学报》2020 年第 2 期。

知原因不予公开，而最高人民法院在《关于人民法院在互联网公布裁判文书的规定》第4条第5项的兜底性规定“人民法院认为不宜在互联网公布的其他情形”大概为此提供了依据。有学者在对我国司法统计数据发布情况的调研后指出“数据不完整……统计口径不统一、数据公开不够连贯及时”①。

整体而言，裁判文书在阐明事理部分，对冲突证据或对抗主张的解释或论证仍然相对薄弱。究其原因，庭前案卷笔录依然承担着重要的证据或证明价值。这一方面导致裁判说理流于形式，所谓说理过程不过是对庭前记录的再确认或注解过程；另一方面案卷笔录的天然控方证据立场，也同样造成了辩方对抗缺乏有效依据的羸弱现状。抛开案件本身的难易及对抗程度不同外，有些案件裁判文书完全没有或不展示辩护一方的对抗证据或冲突主张的记录，仅以“完全无异议”或“完全具结同意”等字样简单交代。加之实践以“其他原因”不予公开的案件占比较高，这些都是导致对裁判说理正当性质疑的重要原因。

2. 相较缺乏规范论证——偏重对案件笔录的“解释性”说明

刑事案件事实认定的推论活动以寻求结论为目的，它强调论证过程中的理性推理形式，关注前提与结论间的逻辑关系。在这个意义上，裁判说理应当主要展现的是寻求裁判结论（未知事实）的论证过程，而不仅仅是对“法庭调查以法官宣读卷宗为主”② 的所谓“已知事实”为前提的法庭再解释性活动。

在典型的刑事论辩语境中，面对“犯罪嫌疑人是不是杀人凶手”这一未决（待认定）事实，理论上控辩双方持有不同观点，他们据此提出的证据或主张指向对立的两面，但在我国的刑事裁判实践中，控辩双方的论辩依据均主要源自侦查阶段的案卷笔录。即便在理论上反复强调、在规范层面持续推进以审判为中心的今天，案卷笔录对于裁判事实认定的影响以及提供裁判说理依据的意义仍未见明显削弱。例如，在以实现庭审实质化为目的的规范性文件“三项规程”③ 中，以“一审庭审调查”为主要着力点的《人民法院办理刑事案件第一审普通程序法庭调查规程（试行）》（以下简称《法庭调查规程》）尤其具有代表性地展示了该问题。尽管《法庭调查规程》对于避免案卷笔录在法庭中的

---

① 易霏霏、马超：《我国司法统计数据的公开：现状与建议》，载《中国应用法学》2017年第2期。

② 侣化强、余韵洁：《审判中心主义与案卷制度的前世今生》，载《法学家》2020年第6期。

③ 参见戴长林、刘静坤：《让以审判为中心的刑事诉讼制度改革落地见效》，载《人民法院报》2017年6月28日。李敏：《“三项规程”背景下的庭审实质化》，载《人民法院报》2018年5月16日。

直接使用作出了诸多限制，但“承办法官在开庭前阅卷”“证人不出庭时，案卷笔录仍可作为定案根据”[①] 以及“庭前供述与相关证据印证的，可以采信庭前供述”[②] 等规定，仍然将在很大程度上延续法官以及控辩双方对案卷笔录的依赖，并体现在裁判说理的过程中。这种作用体现为事实认定者在推论说理中，忽视对推论本身规范性特征的遵循，转而呈现为对笔录记载结论的解释性说明。

对于居中裁判的事实认定者而言，其决策过程的思维图景是关于经验事实的内心重建过程，是在假定证据信息为真的前提基础上的推理论证活动。而当重建经验事实的证据材料主要甚至全部源于“案卷笔录”时，传统办案习惯对“案卷笔录”的依赖以及规则层面对于其价值的优先考量，都将促使裁判文书的书写者将侦查人员记录的证据信息与案情材料作为已知事实，创造概要对其解释，并将其反映在裁判书阐明事理的过程中。这种解释性活动倾向于以一个相对完整的故事描述整个案件事实，其问题在于，解释性活动可能将争点混淆，它实际关注的“问题并不是解释本身是否真实，而是（所谓）真相是否能够解释（在案事实）”[③]。事实认定者将这种解释性证成误以为是对推论过程的正当性论证，从而丧失了裁判文书对事实认定推论过程的反映途径。

具体到我国裁判文书的事实论证部分，其在结构上“是继控、辩双方对证据、事实和定罪量刑的抗辩之后”[④] 的内容。在实际的文书书写中，这一过程通常表现为，先载明公诉机关的指控内容，包括主要犯罪事实，再载明被告人及辩护人的异议情况，然后是以“经审理查明”引出的法庭对“事实论证”的部分，在法庭认定的事实部分之后，通常还会列明能够证实上述事实的“经庭审举证、质证”的证据内容。裁判文书的事实认定部分会因案件本身的疑难复杂程度的不同而出现篇幅上的差别，但大体结构上均遵循该范式。在绝大多数裁判文书中，这种“块状”的事实论证方式，缺乏针对某些重要证据同要件事实之间如何发生关联的细节展示，也较少见围绕特定证据有效质证的展示性话语。因此，裁判说理整体呈现为裁判者将建立在“案卷笔录”基础上的“公诉

① 参见《法庭调查规程》第 48 条第 1 款：“证人没有出庭作证，其庭前证言真实性无法确认的，不得作为定案的根据。”

② 参见《法庭调查规程》第 53 条。

③ Peter Lipton, *Inference to the Best Explanation* (*Second Edition*), Routledge, 2004, p. 22.

④ 沈志先主编：《裁判文书制作》（第 2 版），法律出版社 2017 年版，第 166 页。

机关指控”部分，作为真实的结论，而后以某种反映故事全貌的概要去解释同样记载于案卷笔录的在案证据。如前所述，这种解释性的推理活动，会将关注的重点引向法庭查明的事实与判决书所列证据间的解释性关系，而不是证据经过推论得出结论本身的真实与否。

换言之，这种逐部分列明的“块状”判决书书写范式很难说是对事实认定结论的论证过程的展示。诚然，这并不是说法官没有进行论证，相关结论甚至是每件证据材料都可能在法官的内心判断中经过了对其证据资格（相关性）、证明力（相关程度）的判定与把握。但问题是，这个内心心证的过程最终并没有很好地反映在当前的裁判说理范式当中，甚至可以说，当前裁判文书的书写过程恰好是法官内心心证的“反向”载明，即内心心证遵循从证据，经推理到论证结论，而裁判说理的事实认定部分，则是从已经心证认定的结论为真这一基础出发，展示证据材料及故事概要对其的解释过程。

而这恰恰是导致裁判不说理批评的内在原因。对于任何裁判文书的潜在读者而言，就事实认定部分，其阅读的最强烈诉求，应当是希望能够读懂甚至是感同身受到法官得出事实认定结论的心路过程。并在这个过程中发现法官从特定证据材料，经过一系列推理或推论，最终得出特定结论的必然性。而不是法官直接以“块状”的形式展现一个结论性质的有关事实认定的概要，再辅之以各种解释其“合理性”“正确性”的证据或控辩主张。

（二）相较缺乏对事实认定推论正当性依据的分析

推论的正当性问题即展示“推论方法的合乎目的性”①。就刑事裁判的事实认定活动而言，其目的是发现事实真相。因此阐明事理的正当性问题，即展现阐明事理所使用的推论方式是合乎发现真相这一目的的，是可靠的。然而，如前所言，事实认定本质上是一个经验性推论的归纳过程，也就是说在逻辑形式上，即便证据材料为真、经验归纳符合高度盖然性要求，其结论仍然可能为假。这引发了由来已久的围绕证据推理逻辑形式可靠性（正当性）的争论。而借助笛卡尔“第一沉思（First Meditation）”的分析路径，我们得以尝试分析“正当性”问题的不同论证角度，也即相较关注结论本身的不可靠性，归纳推论的

---

① Peter Lipton, *Inference to the Best Explanation* (*Second Edition*), Routledge, 2004, p. 7.

正当性问题其实源于经验性概括本身。①

就证据推理而言，概括作为推论性推理每一步骤的保障几乎总是必要的，缺乏这种最基础的经验性认识或判断，裁判者难以将证据与任何潜在的推论链条相关联。在前述陈某正当防卫案、朱某山故意伤害（防卫过当）案中，法官都大量使用了经验性概括帮助形成从证据到认定事实之间的推论链条，但同时它们又常常是“论证中的最弱点”②，意为可能导致虚假结论的关键，如杜某武案中，因“妻子有外遇”则“愤而杀妻”；杨某忠案中，“其与被害人的情感纠葛”；张某风案中，其因“一系列巧合”而有重大作案嫌疑等，有学者将之归类为“将办案线索当作证据”③，但其实这背后都反映了经验概括的高度概然性中实则蕴含导致错误推论的危险性。这也是很多冤错案件中，即便存在可能无罪的或同有罪结论相冲突矛盾的证据事实或线索材料的情况下，办案机关仍然固守“先前经验”的可靠性，将案件侦办方向扭向同“经验概括”相一致的结果。而显然的结果是，在这些案件的裁判文书中，自然缺乏对“无罪的或同有罪结论相冲突矛盾证据”的掌握与显示，只能被动接受上述基于“案卷笔录”的判断。

此外，值得一提的是，“经验概括”先入为主的强烈程度，不只是会造成办案机关对潜在无罪、罪轻证据的消极应对，甚至是会促使办案机关积极地清除掉、解释掉明显的同“经验概括”相冲突矛盾的证据材料。例如，在于某生案中，侦查机关在案件现场发现的属于第三人的血指纹和精液 DNA 证据没有证进入“案件笔录”当中。一个合理的解释是，并非办案人员没有意识到这些“无罪”证据的价值，而是其同侦查机关基于经验概括的判断“熟人作案……于某生夫妻关系不和，其有重大作案嫌疑”④ 相矛盾。这也进一步揭示了，裁判文书阐明事理的正当性相较对“经验概括”可靠性的依赖而言，更在于对“全部”证据材料的把握上。

---

① Peter Lipton, *Inference to the Best Explanation* (*Second Edition*), Routledge, 2004, p. 9.

② ［美］特伦斯·安德森等：《证据分析》（第二版），张保生等译，中国人民大学出版社 2012 年版，第 346 页。

③ 汪建成：《论证据裁判主义与错案预防——基于 16 起刑事错案的分析》，载《中外法学》2015 年第 3 期。

④ 海一笑：《“于英生杀妻冤案”昭雪始末》，载《检察风云》2015 年第 13 期。

四、刑事案件事实认定推论过程的说理完善

（一）源于“论证构建方法”的启示性借鉴

自亚里士多德创立“论证理论”以来，在以法律为代表的理性实践学科内部，关注内容的实质性论证在刑事案件事实认定推论中被赋予决定性意义。刑事案件事实认定论证是推论活动的复杂化、体系化形式。其体系性体现在，论证可被用来实现具体功能，诸如对特定结论的证明与反驳。而裁判文书阐明事理的过程，正是道格拉斯·沃尔顿所描述的非形式化事实论证的体现，是对特定事实认定结论的证明或反驳过程。在庭审事实认定框架下，探讨论证理论模型化的代表性研究，以威格摩尔的“论证建构方法（argument construction methods）”较具启示意义。

论证建构方法在本质上是一种面对大量证据信息时的整理策略[①]。在案证据被用于构建一组论证，该论证的功能或目的是“评估特定解释性假设的可能性”[②]，这种可能性是基于经验归纳的概率性真理特征的。且这一过程与解释性假设是互逆的，如图7所示是“威格摩尔概率推论网”[③] 的具体形式。推论网由灰色所表示的演绎推理过程与白色所代表的归纳推理过程组合而成，这两个过程在思维方式上是互逆的，它们分别对应了假设的评估与论证形成的一般过程，其展示了证据是如何通过论证活动同特定假设发生连接的。

如图7灰色部分是对解释性假设的评估过程，这个过程遵循着以下步骤：

第一步，对最终假设Hk的评估被拆分为对两个次终假设Hb和Hc的评估，这种拆分在形式上遵循命题主张的简单化要求，在实质上以构成要件事实为参考。假设的拆分以尽可能的同要件事实相关联为标准，并且这种拆分通常不是一步完成的，其需要经过若干步骤的思维推导。并且拆分的形式也不具有唯一性，而是呈现多样化的。

---

① David Schum & Peter Tillers, *Mashalling Evidence for Adversary Litigation*, 13 Cardozo L. Rev., 1991, p. 657.

② Gloria Philips-Wren, *Advances in Intelligent Decision Technologies: Proceedings of the Second KES International Symposium IDT* 2010, Springer, 2010, p. 4-6.

③ Gloria Philips-Wren, *Advances in Intelligent Decision Technologies: Proceedings of the Second KES International Symposium IDT* 2010, Springer, 2010, p. 6.

第二步，对次终假设 Hb 的评估，被进一步地拆解为对更简单、更直接的假设 Hd 和假设 He 的评估。这一拆解过程所遵循的原则和尺度同上，即尽可能简单化，使证据同假设之间的联系在逻辑上尽可能直接，以减少不必要的中间环节，消除错误产生的概率。这一拆解过程在特定证据条件下，可以进一步细化。

第三步，经过一系列拆解，得到的所有“简单”假设都要经过证明与证伪的双重检测。对支持该假设的证据与削弱该假设的证据进行分别评估，其中用以证伪的证据一旦被确实，则假设就成为一个伪命题。如嫌疑人没有作案时间的证据或不在现场的证据，通常这种证据一旦查证属实，即意味着假设被证伪。

第四步，在第三步基础上，即可开始评估支持特定假设的所有证据，在如图所示的灰色推论链中，分别评估证据 Ed1 以及证据 Ed2 对假设 Hd 的支持程度。

第五步，评估证据 Ed1 的相关性和可靠性。

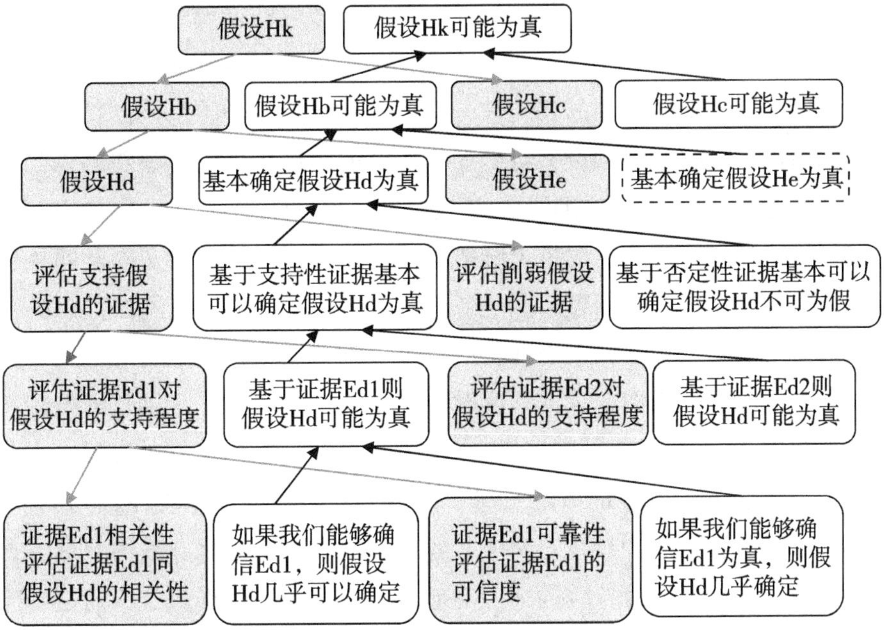

图 7 威格摩尔概率推论网①

---

① 巩寒冰：《证据整理与假设评估：侦查阶段的事实认定问题研究》，载《山东警察学院学报》2019 年第 1 期。

而阐明事理的理想论证正是该过程的逆向展开。即如图白色链条的推进过程，描述了从证据材料开始建构假设的思维路径。

首先，证据个体的相关性（关联性）以及可靠性（合法性）分析。在刑事案件事实认定的过程中，事实认定者首先需要完成的工作是对单个证据项目的相关性以及可信性的分析，也即对其证据资格或证明力的判断。这一工作是通过证据（尤其是争议证据）在辨认、鉴真活动基础上，在公开程序中出示接受控辩双方质证实现的，裁判文书应当反映对关键证据尤其是主要争议证据的查证过程。这是构建论证的第一步，也是非常重要的铺垫性工作，其直接关系到后续证明工作的权威性以及准确性，是阐明事理的基础性步骤。

其次，从证据到初步假设的推论过程。"假设"在法律语境的事实认定活动中，表现为特定的主张和诉求。在阐明事理的论证中，所有的证据整理活动都将围绕相应的主张和诉求进行，表现为对其的支持或削弱，此时的整理活动也会受到一定的证据规则和程序规则的约束，如证明责任和证明标准分别界定了证据整理活动的起始及质量要求。而在到初步假设的推论过程中，对否定性证据的涵盖与评估也同样尤为重要，体现在裁判书阐明事理的过程中，应同样包含对冲突证据或对抗线索的相应评估。以上评估工作必须具体到特定证据与论证链条上的直接关联的假设，也即初步假设的对应中，应当说在理论上这种"对应"越直接、越细节，阐明事理的效果也就越明显。

最后，论证过程应注重对推论链条的清晰展现。目前裁判文书阐明事理的"块状"解释方法，相较缺乏清晰的推论过程。书写者往往按照控方意见及证据，辩方意见及证据，法庭审理查明这样的"阵营"之别构建行文逻辑，尤其在篇幅较长的裁判文书中，读者阅读时往往需要自行探索并区别从证据到特定假设的对应关系。并且这种"块状"的说理模式，也很容易使说理者本人忽略掉那些实际影响其作出特定结论的细节信息，从而未将其体现在裁判文书中，也就容易招致"裁判不说理的批评"。而如图 7 对论证构建方法的使用，也有助于厘清面对大量证据信息时的细节对应关系。从在案证据入手，通过明确梳理呈现对特定主张的支持与反驳关系，逐步推进朝向最终结论的论证活动，使主要证据都最终对应到具体的推论链条中，使这些证据都切实反映在或支持或反驳网络中的某个假设上，并使所有初步假设与最终假设之间，都建立起来或支持或反驳的关系，指向案件的最终假设（裁判结论）。如此，阐明事理将可能取得较好的效果。

（二）推论正当性评估的逻辑自查

如前所述，阐明事理的论证在逻辑形式上是“非演绎型”的，这就决定了其可能从正确前提导向错误结论。而错误形成的根源在于概括基础的概率性。因此，阐明事理的要求应当尤其注意对论证过程中经验归纳“可证伪性”的评估。除在威格摩尔论证构建方法中“基于否定性证据基本可以确定假设 Hd 不可能为真”的证伪性评估外，对论证所依据“经验概括”的审慎态度也同样重要。尤其在庭前“案卷笔录”主要呈现控方立场的情况下，按照道格拉斯·沃尔顿的研究，在主张冲突的对话语境中，“论证中的用词以及语句都会自然倾向于支持己方自身观点”，“会以包含正确性意涵的词句描述己方立场，并以包含错误或不完备意涵的词句描述相对方的立场”①。《高法解释》第 73 条强调了“对提起公诉的案件，人民法院应当审查……有罪、无罪、罪重、罪轻的证据材料是否全部随案移送……”即在提醒事实认定者，对证据的全面掌握，是阐明事理论证正当性的前提。而要破除案卷笔录“控方立场”对审判人员心证影响的疑虑，裁判说理尤其应注意对阐明事理部分的论证过程作“细节展示”——如威格摩尔论证构建方法所呈现的推论链条的具体对应——这不但有助于获得文书阅读者对论证过程的感同身受，起到切实说理的效果，更有利于文书撰写者自查可能受到的不利影响。因为阐明事理的论证过程正是事实认定者对各方主张诉求（解释性假设）分析梳理的心证活动的逆向展开，在其严格按照论证逻辑阐明事理的过程中，将较易发现被遗漏的冲突证据、被不当使用的推论依据等。从而对论证形成过程本身的梳理也将起到论证正当性检验的作用。

综上，阐明事理的正当性评估包括：首先，警惕“经验概括”的潜在危险，审视评估构建证据推论链条所依据关键概括的必然性与危险性；其次，全面评估证据，尤其是同经验概括不相一致的证据。只有很好地展现围绕正当性依据的探讨，才能做到裁判文书阐明事理的要求。

---

① Douglas N. Walton, *One-Side Argument: A Dialectical Analysis of Bias*, Albany, State University of New York Press, 1999, p. 147-148.

第三节　建立内心确信的解释活动

如汉斯-格奥尔格·加达默尔所述“凡在人们所说的东西不能直接被我们理解，解释学就开始发挥作用”①。解释是建立内心确信的理解过程，其与指向事实真相的推论互为补充，在这个意义上，前述“自由心证”制度对“心证责任伦理”的要求，英美理性主义事实认定中包含“存在一个可被发现的‘外在’客观真相的核心假定”，以及我国证据证明体系对“客观印证”实践的追求，都是为解决事实认定推论结论真相的可信程度或可靠性而引入的解释性机制。这种机制在具体路径上或指向于外，如“外在真相”“印证实践”，或指向于内，如“责任伦理”“内心确信”，但无论具体形式是否存在差异，都不妨碍这种机制在本质上是服务于寻求被特定范围主体所理解并接受的解释性过程。

就特定案件事实而言，刑事案件事实认定者探寻对现有证据事实的解释提供了描述刑事案件理性心证的重要角度。同推论指向结论的方向相反，解释是对“已存在结论”的原因的寻求，是指向主体内心的理解或确信过程。在这个意义上，“理性心证”与解释活动有着本质的联系。一个完整的心证过程，除为寻求事实真相结论的推理过程外，还包括对通过逻辑推论所获结论的理性理解过程。对应道格拉斯·沃尔顿所言“理性既存在于解释中，也存在于推论中”②。

一、源于法律解释的分析与启示

一个完整的法律论证过程，包含法律适用与事实认定两部分。在传统上对这种差异的关注主要体现在与推论论证相关的活动中，表现为针对两个部分各自的形成过程与正当性依据的表述存在评判标准的不同。而至于解释环节，对解释过程的关注是规范语境的，包括对成文法规则或判例的发现、检索，以及

---

① ［德］汉斯-格奥尔格·加达默尔：《哲学解释学》，夏镇平等译，上海译文出版社 2004 年版，第 100 页。

② Douglas N. Walton, *One-Side Argument: A Dialectical Analysis of Bias*, Albany, State University of New York Press, 1999, p. 28.

对法律条文结构或演绎逻辑体系[①]的再解释。这一般被认为是法理学的研究范畴，是传统“法学科自治性的”[②] 重要体现。就法律解释而言，“从文本上的法到规范上的法是一个解释性过程”[③]。该解释性过程为裁判者选择特定法条（此法条而非彼法条）提供正当性理由或依据，“这种解释性理由（或原因）被认为是一种指向展示成文法文本基础上特定规则有效性的论证”[④]。其共识在于，法律适用过程是经由解释性活动形成的，“成文法自身的概括性和抽象性决定了……其必须经过解释，才能与具体的案件相联结”[⑤]。

法律解释被认为“是一门有关方法论的学问”[⑥]，是对“法律文本进行理解和说明的活动”，是法学方法论的核心构成内容[⑦]。就其功能而言，传统上法律解释被认为服务于（1）保障法律适用，实现立法目的和意旨；（2）实现法律社会效果，克服机械法律适用；（3）有利于裁判统一；（4）约束法官自由裁量权；（5）实现法律的安定性，保障可预期性；（6）有利于完善法律论证过程[⑧]。而法律解释的这六个方面的功能其实都可归属于“法律适用”本身。或言之，法律解释正是为了保障法律适用，进而实现法律预期实现的各种功能，在这个意义上，法律的解释在法律适用过程中扮演着极为重要的角色，法律的解释即法律的适应。与之相对的，解释功能也同样体现于事实认定的活动中，从最初观察到的证据现象到形成解释性假设，解释性假设通过引导推论最终涵盖了全部在案证据。解释性机制不同于推论本身，其并不直接参与事实认定结论的形成，而是作用于主体内心对该结论的接纳和理解。对此我们将在后文予以分析。

---

① 研究者认为我国构建的法律体系为借鉴大陆法系传统的“演绎建构主义法律体系”。参见钱大军、苏杭：《我国法律创制与司法适用衔接机制的重塑》，载《学术交流》2021 年第 2 期。

② Richard Posner, *The Decline of Law as an Autonomous Discipline*: 1962-1987, 100 Harvard L. Rev. 1987, p. 771.

③ Jaap Hage, *A theory of Legal Reasoning and a logic to match*, 4 Aritificial Intelligence and Law, 1996, p. 214.

④ Fabrizio Macagno & Capone Alessandro, *Interpretative Disputes*, *Explicatures*, *and Argumentative Reasoning*, 4 Argumentation, 2016, p. 399-422.

⑤ ［日］星野英一：《民法的另一种学习方法》，冷罗生等译，法律出版社 2008 年版，第 75 页。

⑥ 王利明：《法律解释学导论——以民法为视角》（第 2 版），法律出版社 2017 年版，导言第 7 页。

⑦ 王利明教授认为“法学方法的核心研究对象就是法律适用和法律解释”，参见王利明：《法律解释学导论——以民法为视角》（第 2 版），法律出版社 2017 年版，导言第 8 页。

⑧ 王利明：《法律解释学导论——以民法为视角》（第 2 版），法律出版社 2017 年版，第 74 页。

就具体表现形式而言，在法律解释框架下，“解释的目的、解释的方法以及解释的价值判断”[①] 等方面的复杂多样性，都决定了对特定解释方法加以阐释的必要性。里斯本大学论证理论研究者法布里佐·马卡尼奥等人梳理总结了“11 种解释性论证方案”，包括：“从通常含义出发的解释，即特定概念的解释应当按照其母语使用者所同意的含义”“从技术性含义出发的解释，即特定概念拥有技术性含义且出现在反映技术性文本背景中，对其的解释应当依据该技术性含义”“从语境协调出发的解释，即成文法规则中特定概念的翻译应当同其规则整体相协调”“从先例（指导性案例）出发的解释，即特定概念的解释应当按照同先前司法判例解读相一致的方式”[②] 等，这些解释路径揭示了裁判者适用法律的实质性过程，而释明法理便是将其在裁判文书中加以展示。然而，法布里佐·马卡尼奥等人的归纳梳理略显繁复。尼尔·麦考密克教授探讨了法律解释性论证活动的简明分类，共包含三种主要类型[③]：第一，语言性论证（Linguistic-Arguments），诉诸语言性背景的解释；第二，体系性论证（Systemic Arguments），诉诸权威性文本特殊语境的解释；第三，目的论评估性论证（Teleological-evaluative Arguments），诉诸法律文本目的或实践目标的解释。而在我国，法律解释的具体表现形式在法理学和各个部门学科当中有着较为统一的表述方式，包括“文义解释、体系解释、当然解释、目的解释……社会解释”等。而这些具体形式的表述同前述法布里佐·马卡尼奥、尼尔·麦考密克等人的表述是实质相通的。而正如王利明教授在对这些狭义法律解释方法的梳理后得出的结论性认识，他指出以法律文本为基础的解释须从文义出发，再回归到文义本身。张明楷教授也认为刑法学的本体是刑法解释学，在其观点中“解释学是从语言的解释开始的……再从语义学阶段到达反思阶段，最后到达存在阶段……而语言是人类一切经验最基本的条件”[④]。也即“解释语词，语义分析通常是首要选择”[⑤]。反观证据现象的解释，言词证据本身即以命题化的文

---

① 王利明：《法律解释学导论——以民法为视角》（第 2 版），法律出版社 2017 年版，第 40 页。

② Fabrizio Macagno, G. Sartor, and D. Walton, *Argumentation schemes for statutory interpretation.* In Argumentation, International conference on alternative methods of argumentation in law, J. Šavelka, M. Araszkiewicz, M. Myška, eds., Masarykova univerzita, 2012, p. 63–75.

③ Neil MacCormick, *Rhetoric and the Rule of Law*, Oxford University Press, 2005, p. 124–125.

④ 张明楷：《刑法学》（第四版），法律出版社 2012 年版，绪论第 15 页。

⑤ 张洪新：《对新兴（型）权利现象的一种阐释学反思》，载《学术交流》2021 年第 8 期。

本、文义为呈现方式的，实物证据被提取保存并最终呈递法庭的形式也被转化成具有“可陈述性”的语义命题。而理解一个命题意味着知道其所述事实，也即“命题与事实具有同构性”①。在这个意义上，以文本形式呈现的法律与以可陈述性的经验事实之间不存在本质的差别，也因此才有前文所述，事实概念与法律概念间的微妙关联。因此对证据现象的具体解释方法将不外乎对法律解释方法的直接援引或形式借鉴。总而言之，就解释方法以及解释所要达到的可接受标准而言，法律解释与事实解释同样是不存在本质上的差别的。本书希望尝试通过对法律解释逻辑的简要分析为切入，探讨对相对陌生的事实认定解释活动的分析目的。

卡尔·拉伦茨在其有关法律解释任务的论述中指出“解释乃是一种媒介行为，借此，解释者将他认为有疑义文字的意义，变得可以理解”②。在他的观点中，法律文本所使用“规范文字”总是无法避免对“日常用语”的使用，这使得其与计算机语言或数理逻辑所包含的语义精确性不可同日而语。而具体“该当的情况、指涉的事物、言说的脉络，在句中的位置以及用语的强调”等，都使得解释成为消除疑虑的必然。因此说，在法律层面，解释所探讨的正是建立内心确信的方法的问题。而与之相对，在事实认定的解释性结构中，解释的直接目的是对新观察（未知）证据现象的出现原因、形成机制、与待证事实的关联关系的寻求，而其最终目的也是服务于内心确信的形成。此外，在法律解释中，上述的每个具体的狭义解释方案，都有可能指向不同的解释结论，如卡尔·拉伦茨所列举的一个攻击性事件的法律适用问题，通常法律条文对“使用武器攻击他人的行为”表述是指采用机械性工具攻击或伤害人身体者，而当用盐酸攻击他人时，盐酸能否被解释为“武器”？如果机械地夸大“武器”所包含概念含义，甚至将之视为“空白”概念而对其内涵任意填补，并由此得出结论的话将是荒谬的。而如果按照立法原意，突出其对当时场景下，对人体造成损伤的属性来解释，则实现相同结论的过程就显得合理很多。由此可见，法律解释将是围绕多个解释方案的合理性或正当性问题展开的，该过程通常被认为是

---

① 张保生等：《证据法学》，高等教育出版社 2013 年版，第 9 页。

② ［德］卡尔·拉伦茨：《法学方法论》（第六版），陈爱娥译，商务印书馆 2020 年版，第 193 页。

“一种基于论证的程序，其中最好的解释是被最有力或更合理的论证所支持的”①。这与前述描述事实认定解释性活动的“最佳解释推论”概念颇有相似之处。

二、事实认定过程的解释标准

基于上述分析，本书将尝试以卡尔·拉伦茨所确立的法律解释的七款标准为参照，即（1）字义；（2）法律的意义脉络；（3）历史上的立法者之规定意向、目标及规范想法；（4）客观的目的论标准；（5）合宪性解释的要求；（6）各种解释标准之间的关系；（7）解释法律与解释法律行为之比较②，来探讨对事实认定解释的具体标准。从中剔除或替换明显的法规范性语境的表述，尝试构建一套用于衡量事实认定解释过程的标准体系。

1. 证据现象包含的语义。证据现象大体上被区分为言词证据和实物证据，其中所包含的语义信息内容，命题主张和表现形式差异，前文已有论及。在此将其作为事实认定解释性过程的首要标准，意在表明刑事案件事实认定活动的解释过程不应当也不可能脱离语义文字的基本含义，对证据现象的解释应当从语义中来，再回到语义中去。

2. 解释的经验脉络。如前所述，解释性形成机制与经验知识库之间存在密切的关联，不存在摆脱理性经验基础的解释，这也是解释得以在主体内部和不同主体之间促进理解的根本原因。或者说，一切人类理性的理解过程都是经验归纳的产物。因此，解释性过程寻求的内心确信也一定遵循经验归纳的基本逻辑，不存在超出经验范畴的理解。

3. 客观的目的论标准。如果说前述对经验脉络的寻求指向主观经验领域，是以主体的观念可接受程度为判断依据的，那么客观的目的论标准则指向于外，是以实现某种外在的政策目标为依据的。而这二者的关系，典型地体现在我国当前指导性案例制度之下“类案类判”的政策性要求实践中。通常而言，事实认定活动是以探寻真相为目的的。在常规认识论体系中，真相是关乎获得“真知”并避免与其相对应的“错误”和“疏忽”的。但就指导性案例制度下

---

① Fabrizio Macagno et al., *Pragmatic Maxims and Presumptions in Legal Interpretaiton*, 37 Law and Philosophy, 2018, p. 69-75.

② ［德］卡尔·拉伦茨：《法学方法论》（第六版），陈爱娥译，商务印书馆 2020 年版，第 200-223 页。

"类案"的分类标准而言，其设立目的是实现"类案类判"的统一法律适用，而并非强调真相。尽管"类案类判"通常意味着真相的发现，但不可否认的是，该制度并不直接作用于发现真相。或言之，指导性案例制度有关分类目标的实现，正是其追求的"真相"或"真知"，该过程是服务于能够更好地实现"类案类判"的统一效果的，而那些有悖于或完全无助于实现类案类判分类标准的，则是这一制度目的之下的错误或疏忽。因此，发现类案与关联案件的分类"真相"便是获得能够更好实现"统一法律适用"目的的分类标准或分析方法。

4. 解释的规范性标准。尽管在推论与解释的闭环结构中，推论是直接与实体法规定相对应的，体现刑事案件事实认定的规范性特征，但解释同样是围绕从证据现象到要件事实这一过程进行的，是对与特定要件事实相关联的证据现象的解释。也就是说，解释不可能脱离规范性要件的背景，刑事案件事实认定过程中不能作天马行空或任意立场的解释。例如，面对同样的证据现象，如念某案中，对俞氏姐弟的腹疼症状，侦查人员所作的解释应当是立足"投毒动机—投毒行为—有毒物质—有毒物质引起的典型症状"的规范性构罪要件展开的。而假如是当天接诊的医护人员，面对姐弟腹疼症状的解释则可能是对临床上引起腹疼的常见原因的拣选剔除过程"阑尾炎—肠胃炎—食物中毒—有毒物质中毒"。而再如，案发当晚，丁某虾（俞氏姐弟的母亲）面对孩子突然出现的腹疼症状，其更可能作出的解释性方案则可能是"孩子吃过期食物、不卫生食物吃坏肚子—某种急性炎症"。由此可见，在刑事案件事实认定语境中，侦查人员的特殊主体身份以及法规范的构成要件都在很大程度上决定着解释的具体展开。

5. 各种解释标准之间的关系的明确。在法律解释中，"各种解释标准并非可由解释者任意选择"①，其中存在相对明确的规范性层次，卡尔·拉伦茨将之梳理为六条规范。我们仍剔除其中明确的规范性语境的内容，在本书研究主旨之内，整理为以下四条规范：第一，字义语义"构成解释的出发点，同时为解释的界限"；第二，法律的"意义脉络（上下文关系）"不可或缺；第三，在"第一规范"和"第二规范"共同构成的框架内，仍然有得出不同解释结论的

① ［德］卡尔·拉伦茨：《法学方法论》（第六版），陈爱娥译，商务印书馆2020年版，第219页。

可能，此时，则应优先采符合规范目的（立法者目的）的解释；第四，明确立法者目的本身的局限性，法律一经创设便获得了超出立法者本意的含义，此即“客观目的论标准”，体现为超出立法者主观认知的外部形式特征。以此，我们可以针对事实认定活动中的解释行为确立一套规范标准。

第一标准，围绕事实认定的解释应以字义语义为出发点和基本界限。因为对一个命题的理解即意味着对其所对应之事实的知晓，命题是由基本的字义语义构成的，如果任意超出字义语义本身的含义，也就破坏了命题本身的概念含义，由此形成的理解或知晓对事实认定而言将毫无意义。

第二标准，解释应遵循经验合理性。经验脉络构成统摄解释的合理性和正当性依据。经验脉络的梳理将提供认识推进的某种“整体性优势”，即借助“真理是一个其诸部分皆和谐地相联系的整体”① 而展开的，这种“内在统一性”正对应历史事实本身的逻辑形成过程。尤其在刑事案件事实认定的初期，侦查推进过程中对线索材料掌握的混杂状态造成解释性推理的不确定性，该阶段的线索信息的混杂状态，使得以此为基础的推理活动必然呈现出一种“分离性”的状态，可能导致多种推理方向，甚至是相互冲突矛盾的解释性方案，与历史真相的唯一性相矛盾。例如，发生在某地的一起强奸杀人案件中，初次现场勘查确认的女性尸体上的捆绑勒颈痕迹、其体内和大腿处的精液精斑以及财物翻找痕迹均指向一起入室强奸抢劫杀人案件；而后续现场勘查中才注意到的现场“疑因发生搏斗而被打落在地”的闹钟——时间暂停并指向案发时间，被放入抽屉的闹钟电池与后盖——未随闹钟本体一同跌落在地的矛盾；以及受害人尸体体内和大腿上残留的精液精斑——显示凶手仓促完成奸杀行为，与案件现场未提取到任何有效的凶手指纹或脚印——现场被仔细打扫，反映了凶手犯案后的淡定处置过程间的矛盾。

第三标准，在命题字义语义的基本界限之内，在符合理性经验脉络的条件下，如果对于特定案件事实的解释还存在多种可能，或仍未能明确特定的解释方案时，则应当考虑指向于外的“客观的目的论标准”，如以实现某种外在的政策目标为依据，包括“统一法律适用”“正当程序”“保障人权”等。而这些政策性目标的重要性在今天的刑事事实认定语境中扮演着越来越重要的角色，

① ［美］路易斯·P. 波依曼：《知识论导论》，洪汉鼎译，中国人民大学出版社 2008 年版，第 9 页。

米尔吉安·R. 达马斯卡认为“在我们这个时代，形塑社会价值的期望推进着法律的进程”①。他将司法审判中所应当关照的价值序列列举如下：准确性，效率，当事人的参与，对实体权利的尊重，明示性，结果可预见，公平、平等，以及政策合法性。此外，戴维·伯格兰在描述“法庭认识论”时，也强调了在事实认定系统中，对一系列程序性价值的权衡取舍，具体而言，其将证据规则的价值基础总结为以下八项：生命、自由、稳定性、正当程序、事实真相、司法经济、联邦制、健康和安全等。②

第四标准，刑事案件事实认定解释的规范性语境。除了前述事实认定者的主体判断立场之外，事实认定的解释过程也应遵循规范性要求。而其规范语境主要体现在以审判为中心的程序框架下。以侦查为主要内容的审前阶段所收集、固定的证据及其解释活动最终将提交法庭，接受公开查证。因此事实认定的解释最终不能脱离法定程序环境，要同法庭证明相衔接，同法庭事实认定相融贯，从而建立起全部证据性事实与最终假设或主张之间的证明（逻辑推导）关系。其中，证据同特定信念的关联是通过推论链条构建的，而每个推论链条最终都指向特定犯罪构成要件。因此，解释性内容应接受构成要件的规范性审查。如在李某明案③中，“李某明因与被害人的妹妹有暧昧关系，导致矛盾，进而实施入室杀人”的故事版本，难以有效解释实体法构成要件“杀人动机”的主观证据问题；在杜某武案中，“杜某武持枪杀妻”的故事版本，无法涵盖致王某波、王某湘死亡的手枪这一关键物证缺失的问题；而在腾某善案中，腾某善“用手捂死”被告人的故事版本，同在案证据尸检报告的“骨折”间存在不相一致的情况；在丁某权案中，作案情节不符合残疾人的生理特点④，警方的叙事版本同证据信息间存在冲突。

---

① Mirjan R. Damaska, *Truth in Adjudication*. Vol. 49 Hastings Law Jouurna, 1998, p. 289-309.

② 以上每一项价值要求都可以构成事实认定活动所需满足的一个标准，这些价值之间存在的紧张冲突关系在司法系统中已经得到了共识。参见［美］戴维·伯格兰：《证据法的价值分析》，张保生等译，载何家弘主编：《证据学论坛》（第十三卷），法律出版社 2007 年版，第 244-263 页。

③ 参见姜保忠：《刑事司法错误与司法惯性——试论惯性在司法中的消极作用》，载《河北法学》2010 年第 4 期。

④ 汪建成：《论证据裁判主义与错案预防——基于 16 起刑事错案的分析》，载《中外法学》2015 年第 3 期。

三、理解事实认定过程的描述模型

综上所述，在刑事案件心证的事实部分，待解释对象是推论所获事实认定的结论或部分中间性命题主张，解释是寻求对已知结论理解的过程。心证事实部分的解释是为证据性主张或事实认定结论提供某种可接受性说明或使其获得来自控辩双方的理解。但不同于研究者对推论目的，即获得对真相认识的研究共识。研究者们关于何为“理解”以及满足何种标准才可以形成解释的问题仍然是存在争议的。这也在客观上导致了解释标准和解释形式的多样性。笔者在此借鉴常见的五种理性解释模型①，并在其基础上结合对刑事案件事实认定实践的分析，以期从不同角度展示解释在理性思维活动中的具体范式，也借此阐明解释活动对于“理性心证”的重要意义。

（一）因果关系的解释模型（Causal Model）

在因果关系的解释模型中，“解释特定现象即给出与其因果关系史相关的信息”②。具体而言，一个解释行为是掌握或了解特定事件因果关系历史的主体尝试向其他主体传递解释性信息的过程。按照戴维·刘易斯所主张的因果关系的解释学模型，我们想要解释的任何特定事件均处在一个漫长而复杂的因果性历史链条当中。尽管迈克·弗雷德曼模仿批评者的口吻指出，对因果关系史的追诉将会（反向沿着该链条）把解释导向无休止的“为什么”的追问当中，而这种追问总会在远处遭遇无法解释的某一环节，从而毁掉所有奠基其上的解释尝试。③ 但对通常的刑事案件事实认定活动中的解释或理解概念而言，我们并不需要也不会陷入这种无休止的追问中，如一场干旱可以用来向人们解释庄稼的减产，即便没有人知道导致干旱的气象学成因，而这并不妨碍我们理解减产现象的出现。或言之，在特定语境下，我们不必也通常不会关心干旱本身的气象学原因。同理，在刑事案件事实认定中，法医可以根据尸体上的致命伤口和凶器形状间的“同一”认定，得出该被害人死于特定凶器的解释方案，而不必

① Peter Lipton, *Inference to the Best Explanation* (*Second Edition*), Routledge, 2004, p. 23-30.

② David Lewis, *Causal Explanation*, in Philosophical Papers Vol. Ⅱ, Oxford University Press, 1986, p. 217-219.

③ Michael Friedman, *Explanation and Scientific Understanding*, Vol. 71 Journal of Philosophy, 1974, p. 5-6.

进一步纠结致死的生物学成因。侦查人员只需要判定心脏上存在致命伤，即可解释死亡结果与伤害行为间的因果关系，而不必进一步解释或搞明白为何心脏遭受创伤会导致人的死亡，更不必了解心脏的工作机理。在一起性侵幼童案件中，基于现有证据，事实认定者构建了嫌疑人甲实施犯罪的解释方案，就刑事审判而言，这已经足够了，事实认定者不需要进一步探究甲成长为恋童癖的心理学成因。诚然，这可能是犯罪心理学家们关注的重点，却非事实认定的研究旨趣。正是在这个意义上，皮特·利普顿指出"（对上述批评）一个好的回应是，解释本身不需要被解释"①。

尽管刑事案件事实认定中的因果关系在解释的时间和程度范围上都受到规范性理性的极大限制，这也是皮特·利普顿回应的立足点，但对于事实认定活动而言，这并未减少相应解释的工作量和复杂性。原因就在于，刑事案件中的证据现象是一个庞杂的"结合体"，是"无法计量的不同的、交织的因果关系链条叠加的结果"②。一个典型的杀人案件中，事实认定者将面临杀人的凶器、尸体上的致命伤、法医关于死亡时间的鉴定意见、嫌疑人出入案件现场的监控录像、嫌疑人购买凶器的证人证言、嫌疑人同被害人存在经济纠纷的书证、嫌疑人案发时不在现场的书证等证据事实。这些事实将结合在一起使得特定的因果关系不再明确，从而产生更多的解释可能，事实认定者或许将在"嫌疑人是无辜的""嫌疑人是凶手""嫌疑人雇凶杀人""案外人行凶嫁祸嫌疑人"等多种解释方案中进行判定，即何种解释方案更符合规范性要求，或者具有更高概率的可能性。

而这种复杂性的梳理最终仍要诉诸规范性理性本身。按照玛丽亚·阿尔瓦雷斯的表述，规范性理性的规范性体现在"它可被用于对特定主张适当或正确与否的评判"③。而这种评判的依据因素也是多方面的，诸如价值、规范、准则、规则、预期、目的以及自然事实等。这就对应了上述事实认定活动中解释的复杂性。以实际情况为例，如在一起交通肇事案件中，轮胎磨损严重、路面

① Peter Lipton, *Inference to the Best Explanation* (*Second Edition*), Routledge, 2004, p. 22.

② David Lewis, *Causal Explanation*, in *Philosophical Papers*, Vol. Ⅱ, Oxford University Press, 1986, p. 214-215.

③ Maria Alvarez, *Kinds of Reasons*: *An Essay on the Philosophy of Action*, Oxford University Press, 2010, p 3, 11.

湿滑、视野盲区、需要躲避的对向行驶车辆、驾驶员醉酒或疏忽等都是可能造成交通事故发生的原因性事实，但这些并不全是刑事案件事实认定主体需要解释的证据现象。正如皮特·利普顿所言的“立场帮助我们在诸多因果关系链条中进行选择”①，也即解释主体的立场决定了特定案件待解释现象的范围以及程度，这是实践理性的必然要求。不难想象脱离具体规则束缚的天马行空的解释主张对于审判法庭而言，将会造成多么荒谬的境况。概言之，解释伴随着解释主体的立场和兴趣而发生变化，在上述交通肇事案件中，事实认定主体的解释兴趣在于驾驶员的构罪问题，因此醉酒或疏忽等证据事实才是需要特定主张加以解释的，这是基于立法规定的产物。而在上述杀人案件中，事实认定主体的争论点（兴趣点）是“嫌疑人亲自杀人还是雇凶杀人”或者“嫌疑人杀人还是案外人杀人后嫁祸”。而这是由案件基本（自然）事实或控辩双方的争议旨趣所决定的，这也同样影响了解释的立场，影响了对证据事实及其因果关系的关注与梳理。

综上，在事实认定活动中，对证据现象的解释是同特定的主张相绑定的。主张是“目的性现象”的表达，而规范性理性为主张的表达过程提供了有关“规则与价值”的框架，以保障基于某种关系的适当性。这种关系的凸显是同具体的领域或立场相关的，是事实认定主体在特定领域和立场中选择的结果，是规范性理性的产物。在刑事程序中，相关证据规则（证据资格、证明力规则或相关性和可采性标准）、裁判规则（证明责任规则）通过作用于证据的收集、整理活动实现对解释活动的规范性要求，并通过凸显或侧重因果关系的某个部分，实现对特定解释方案的“好”或“坏”的评判。它们在道德、伦理、法律、政治、科学等不同领域会有不同的侧重与表现，甚至在“不同的背景下，这些因素的相关性程度也会发生根本性改变”②。对应玛丽亚·阿尔瓦雷斯所指出的，主体在规范性理性指引下采取的特定行为将会受到个案环境的决定性影响，这种影响可能会表现为对该行为的指引程度，如仅仅是推荐其采取特定行为、请求其采取行为或以强制性命令的形式。

---

① Peter Lipton, *Inference to the Best Explanation* (*Second Edition*), Routledge, 2004, p. 33.

② Maria Alvarez, *Kinds of Reasons*: *An Essay on the Philosophy of Action*, Oxford University Press, 2010, p. 11.

（二）熟识度解释模型（Familiarity Model）

熟识度模型的核心含义在于消除认知实践中的紧张关系。[①] 在刑事裁判心证中，当某个证据性主张或某项事实认定结论同我们所持有的某种既有经验观念相冲突时，认知上的紧张关系或更形象地说一种“陌生感”便会产生。这种超出既有经验范畴的结论或主张不能直接被我们理解，因此需要理性的解释以消除这种紧张关系。例如，云南陈某案[②]中，“陈某无罪”的事实认定结论便带来了某种经验认知上的紧张关系，“陈某没有杀人（指控杀人证据不足）”的真相结论无法有效消弭如下证据性事实给案件观察者造成的与其经验认知相冲突的整体印象，如捆绑被害人尸体胶带上的“血潜指纹”，被害人与陈某因子女、经济、感情等问题产生了相当尖锐的矛盾，陈某手机上有“故意杀人罪”“手机定位”等敏感词汇的检索记录等。研究者也承认陈某案的无罪判决书在事实证明方面的说理论证是不能令人满意的[③]。在这个意义上，陈某案判决书中记载的理性心证过程便是不符合熟识度解释模型要求的。再如，山东于某案[④]中，于某“一审判处无期徒刑，剥夺政治权利终身”的结论，同其案发之前所处的“报警求援无效、辱母、殴打与非法拘禁”窘境给外在观察者造成了认知上的紧张关系。这种情形足以（设身处地）让正常人“处于一种深度恐惧与绝望之中，因此丧失了期待可能性”[⑤]。这也是该案一审结论引发巨大争议和社会关注度的直接原因，一审判决书的论证同样未就其事实认定结论给出符合熟识度模型要求的解释。

（三）演绎律规性解释模型（Deductive-nomological Model）

该模型的含义是，解释是给出能够经由演绎推导出待解释现象的前提项的过程，并且前提项中至少包含一条能够被视为法则前提（Nomological Prem-

---

① Carl Hempel, *Aspects of Scientific Explanation*, Free Press, 1965, p. 428-430.

② 参见昆明市中级人民法院（2014）昆刑一初字第 120 号刑事判决书。

③ 周洪波、熊晓彪、张志敏：《“昆明陈辉故意杀人案”之无罪判决说得过去吗？——基于改良版威格摩尔图示法和第三层次有罪判决证明标准的证据分析与评价》，载《中国案例法评论》2017 年第 1 期。

④ 参见山东省聊城市中级人民法院（2016）鲁刑初 33 号刑事附带民事判决书。

⑤ 参见姜涛：《行为不法与责任阻却：“于欢案”的刑法教义学解答》，载《法律科学（西北政法大学学报）》2019 年第 1 期。

ise）——展开演绎的必要条件的内容[①]。需要强调的是，这里的法则前提不同于前述“案卷笔录中心主义”弊端下，充当形式认知规范的“笔录文本”。通常而言，演绎推理常见于威廉·特文宁所言的“关于法律问题的推理”，即以成文法为大前提，以认定的案件事实为小前提，以特定事实是否符合该犯罪构成的判决为结论的“三段论推理形式”。在该“狭义法律推理”中，成文法构成的大前提即为展开演绎的必要“法则性”前提。演绎律规性解释模型将成文法裁判的该种典型推理形式类比应用于有关事实问题（证据性主张）相关的理性解释活动中。

典型的如南京彭某案，这虽然是一起民事案件，但其中有关“经验法则”的运用逻辑可被用于刑事案件事实认定研究的启示性作用。原判法官在裁判文书的理由依据部分做出如下阐释：“根据被告自认，其是第一个下车之人，从常理分析，其与原告相撞的可能性较大”“如果被告是见义勇为做好事，更符合实际的做法应是抓住撞倒原告的人，而不仅仅是好心相扶”。[②] 即将对裁判结论的解释（提供合理性依据）过程诉诸“经验法则”——为演绎提供必要条件的法则性前提。皮特·利普顿认为，演绎律规性模型所探寻的法则性前提，同时也承担着提供结论发生的逻辑原因，因此该模型同因果关系模型存在交叉重合。但不同的部分在于，演绎律性规模型更强调“原因”的“法则”属性[③]。而在事实认定活动中，除被纳入“鉴定意见”或“专家证言”部分，以及“免证事实”的具有真“法则”属性的自然公理或科学共识外，大多数承担法则属性的前提内容依然属于“经验法则”的范畴，其在演绎过程中，对结论的保障程度是远不如自然公理或科学共识的。而包括彭某案和前述念某案都存在援用“弱经验法则”充当论证依据的情形，这也是造成这些案件的心证说理存在争议的原因。尤其在彭某案中，根据研究者的梳理，“记录在法院制作的谈话笔录中的‘两名民警都回忆说彭某承认发生过相撞’，南京市公安局指挥中心的两份接处警登记表的‘报警内容’一栏记录了两人相撞的情况，以及‘彭某主

---

① Carl Hempel, *Aspects of Scientific Explanation*, Free Press, 1965, p. 335-376. Michael Friedman, *Explanation and Scientific Understanding*, Vol. 71 Journal of Philosophy, 1974, p. 7.

② 参见江苏省南京市鼓楼区人民法院（2007）鼓民一初字第212号民事判决书。

③ Peter Lipton, *Inference to the Best Explanation* (*Second Edition*), Routledge, 2004, p. 26.

张自己见义勇为的时机’”[①] 等事实材料，如果在裁判时被妥善加以利用，则足以认定当事人双方相撞的事实的可能。而一审裁判文书对“经验法则‘画蛇添足’的不当利用”[②] 却起到了相反的作用，反而引发了舆论对“见义勇为反遭诬告”的情绪反应——同时也是认知紧张关系的体现形式。该案正充分说明了裁判文书解释（对合理性或正当性依据的提供）对于推论结论的支撑作用，以及在解释不合理时的反噬情形。

（四）统一解释模型（Unification Model）

按照英国哲学科学家菲利普·基切尔的观点，统一的解释学理论可以溯源至康德关于科学方法的哲学论述以及逻辑经验主义传统的经典著作中。[③] 代表性研究学者将解释与统一间的关联界定为“在使用前提数量最小化与所获结论最大化间的最佳平衡”[④]。在这种关联中，典型推论结构中包含的“前提-结论”被改变，而呈现为一种“前提产生结论”的“派生”关系。基切尔认为“理想的解释源于派生”[⑤]，而同时这种派生关系在其过程进展中也并没有超出“因果结构”的限制。因此，统一模型也被视为一种形而上的、更加抽象的因果关系模型[⑥]。

在该模型中，获得对一个现象的解释即“在那些最初看起来不同的情形中发现联系或共同模式”的过程，这一过程以将“待解释现象置于一个想象的统一图景中”为目的。具体在心证裁判的事实认定中，解释即发现全部在案证据事实的联系或共同遵循的某种内在范式，并将其纳入一个以因果关系为承载的统一图景的过程，也即对前述所谓的“理想的解释”方案的实现。在这个意义上，“印证”规则的合理性本质即源于“统一解释模型”所预设的形而上的

---

① 朱菁、蔡海锋、张菱兰：《假作真时真亦假——彭宇案真相探析》，载《河北法学》2014年第4期。

② 曹志勋：《经验法则适用的两类模式——自对彭宇案判决说理的反思再出发》，载《法学家》2019年第5期。

③ Philip Kitcher, *Explanatory Unification and the Causal Structure of the World*, in P. Kitcher and W. Salmon (eds), Scientific Explanation Vol. 13, University of Minnesota Press, 1989, p. 431.

④ Michael Friedman, *Explanation and Scientific Understanding*, Vol. 71 Journal of Philosophy, 1974, p. 8-9.

⑤ Philip Kitcher, *Explanatory Unification and the Causal Structure of the World*, in P. Kitcher and W. Salmon (eds), Scientific Explanation Vol. 13, University of Minnesota Press, 1989, p. 430.

⑥ Peter Lipton, *Inference to the Best Explanation (Second Edition)*, Routledge, 2004, p. 28.

"想象图景"。而正如若菲利普·基切尔在回应著名哲学家、逻辑学家戴维·刘易斯在其"反对将寻求统一视为解释的至关重要的组成部分"观点时所论述的隐含结论：至少在现有的因果逻辑中，世界不该是无序的。如果我们还依靠因果规律来调查案件、认定事实，总结、传承并依赖这种规律的话，那么我们也应当承认存在支撑"印证"有效性的"统一图景"，而这也是统一解释模型的合理性根基。也正是在这个意义上，才有"印证注重证明的'外部性'""双（多）向度印证是对证据审查判断的一种有效方法，在很大程度上也是经验法则的总结"以及"通过证据之间的相互印证，那些本来孤立存在的间接证据就开始发生了逻辑上的联系"[①] 等认识的合理性。

（五）原因解释模型（Reason Model）

在原因模型的分析立场中，解释一个现象即给出一个导致该现象发生的原因。[②] 这种原因是事实认定者据以确信的内心依据或理由。如在安徽于某生案中，侦查机关对"死者内裤上检测出的精子不属于于某生"的解释是"于某生把捡到的避孕套上的物质涂在内裤上伪造强奸现场"[③]；在浙江张氏叔侄案中，从被害人指甲缝隙里提取的DNA混合谱带，被证明属于张某、张某平以外的第三名男性，侦查机关对"第三人男性DNA"的解释是"这是被害人生前从事洗发服务所留"，二审法院也因此认为该证据"与本案事实无关联"[④]。尽管从事后视角来看，上述解释是对造成证据现象事实的依据或理由的错误解读，但回到案发当时，如果孤立看解释本身，我们很难否认这种解释也是对现象形成原因的一种"合理"解读。这也从另一个侧面反映了，推论以真相为取向，而解释并不当然如此。值得一提的是，原因解释模型与演绎律规性解释模型的一个关键区别即在于，"原因"所诉诸的依据或理由，并不需要达到"法则"的程度，原因模型更强调对内心相信的遵循。

---

① 参见龙宗智：《印证与自由心证——我国刑事诉讼证明模式》，载《法学研究》2004年第2期。汪海燕：《印证：经验法则、证据规则与证明模式》，载《当代法学》2018年第4期。陈瑞华：《论证据相互印证规则》，载《法商研究》2012年第1期。

② Carl Hempel, *Aspects of Scientific Explanation*, Free Press, 1965, p. 337, 364-376.

③ 姜保忠：《正本清源：刑事错案的概念展开——以"于英生案"为样本的分析》，载《贵州社会科学》2017年第4期。

④ 参见杭州市中级人民法院（2004）杭刑初字第36号刑事附带民事判决、浙江省高级人民法院（2004）浙刑一终字第189号刑事附带民事判决。

综上，尽管这五种解释模型并非对解释形式或解释原理的穷尽列举或完整表述，但也基本囊括了刑事案件事实认定活动中解释的可能情形。并且最关键的是，从以上梳理中，我们能够观察到解释的某种内在属性。无论是对因果关系的回溯、对认知紧张关系的消除、对准经验法则的寻求、对关联关系的发掘以及对理由依据的依赖，均指向理性主体的内心接纳。因此解释（相较推论）也更呈现主观色彩，即便其有对外在的经验法则、统一规律的依赖，但在本质上这种依赖仍然是建立在解释者（或被解释者）的主观把握尺度上的。相较而言推论服务于寻求外在真相，因此必然以“真理融贯论、真相符合论、外在客观、证据裁判”等“客观标尺”为判断依据；而解释则是以说服自己或说服他人为主要目的，进而引发某种主观上的理性共鸣，也正是在这个意义上，皮特·利普顿认为“解释的目的是被理解”①。总体而言，推论与解释共同组成理性心证活动的完整结构。在司法证明语境中，对证据现象或事实认定结论的解释正是同“目的性现象”所引发的推论相衔接的，解释的目的正在于为这些“目的性现象”提供合理依据。这对应了吉尔伯特·哈曼以“最佳解释推论”概念描述的，由推论和解释活动构成的理性证明体系。英美证据证明研究代表性学者罗纳德·J. 艾伦教授即认为“关于司法证明更好的一种解释，也是我认为正确的解释，是在哲学著作中已经阐述过的最佳解释推论”②。

第四节 印证的本质：基于推论与解释关系的分析

在本章的论证主旨中，推论与解释共同构成了理性证明的内在结构，即理性心证的闭环结构。基于此前分析，心证结构应包含推论的构建以及解释形成的主体确信，其从主体内心的“目的性现象”出发，最终又回到主体的内心确信中。也因此，本书才尝试提出这样一种理论预设，即一个完整、稳定的证明结构需要包含推论构建的事实结论基础以及依靠解释性结构形成的主体确信。也因此，只有同时具备推论与解释两个步骤的事实认定活动才能被称为一种完

---

① Peter Lipton, *Inference to the Best Explanation* (*Second Edition*), Routledge, 2004, p. 23.

② ［美］罗纳德·J. 艾伦：《罗纳德·J. 艾伦教授论证据法》（上），张保生等译，中国人民大学出版社 2014 年版，序言第 8 页。

整的证明模式。

在该理论预设之下，本节拟对“印证”规则进行考察，以进一步验证事实认定之“推论基础与解释性结构”在描述具体证据理论问题时的可行性。“印证”作为证明活动的重要存在形式，其分享“理性”的共通本质。在我国的证据证明实践中，其遵循证据裁判原则及其事实根基，奉行“事实清楚，证据确实、充分”的认识论标准，体现为一种辅助查明事实真相的理性确证方法。此外，需要强调的是，作为一种基于经验的查证方法，“印证”形式并非我国证据证明实践所专有。正如研究者在考察美国证据制度中的“补强规则”、法国刑事程序中的“口供制度”以及日本对言词证据的“补正要求”后，指出“我国印证规则并不是特有的地方性知识……（而）带有较为浓厚的普适性色彩”[①]。此外，研究者还发现“任何一种证明模式都要求一定程度的‘印证’，否则难以形成一种稳定的证明结构”，甚至在“自由心证体制中……（同样包含）多样性的印证”[②]。这些都进一步说明了“印证”与完整心证模式间的区别和联系。

一、“印证”并非具备推论结构的心证模式

“印证”不以寻求结论真相为直接目的，缺乏严格的形式推导过程，而是指向内心确信的理解活动。或言之，印证的主旨含义更趋近理性证明活动中的解释范畴，并不包含严格意义上的推论。这也回应了一些研究者对“印证最显著的特点在于，它实际上不是证明”[③] 的批评，以及在印证反思中的一些误区。

首先，印证不包含寻求结论真相的直接目的，因此印证不具备证明（推论）事实真相的功能。龙宗智教授将印证定义为证据（证明材料）的“相互证明、彼此符合”[④]，其意含印证活动并不指向事实认定结论本身，而是更侧重证据事实或证据性命题间的“融贯、符合”。陈瑞华教授将印证区分为“作为证明力要求的证据相互印证”和“作为证明标准的证据相互印证”。就“证明力”要求而言，2021 年《高法解释》第 87 条第 8 项、第 91 条第 2 款对证人证言有

---

① 汪海燕：《印证：经验法则、证据规则与证明模式》，载《当代法学》2018 年第 4 期。
② 龙宗智：《印证与自由心证——我国刑事诉讼证明模式》，载《法学研究》2004 年第 2 期。
③ 栗峥：《印证的证明原理与理论塑造》，载《中国法学》2019 年第 1 期。
④ 龙宗智：《刑事印证证明新探》，载《法学研究》2017 年第 2 期。

无矛盾的印证，第 93 条第 1 款第 9 项、第 96 条第 2 款和第 3 款对被告人供述不一致的印证采信规则，以及第 141 条、第 143 条对特殊情况下言词证据的印证采信规则，都属于“确保单个证据真实性的印证规则”，这里的印证显然不指向事实认定结论真相；就证明标准而言，陈教授指出间接证据间的印证最多只能说明其所包含事实信息的真实可靠，而不能说明案件主要事实是成立的，正如《高法解释》第 140 条的印证规则所示。而直接证据间的印证尽管意味着“案件主要事实得到了两个以上具有独立信息源的证据的证明（形式上指向事实认定之结论真相）”，但印证在实质上仍是建立在“证据……所包含的事实信息方面出现重合或者交叉”[①] 的，仍异于推论所指向之真相结论。此外，汪海燕教授将我国印证规则区分为“单向度印证模式和双（多）向度的印证模式”[②]，他指出前者是单个证据需要另一个（或多个）证据“对其证明作用进行弥补或填充”，而后者是指“两个或两个以上证据的……互为印证”，即其所谓“单个证据的证明力来源于案件证据的总体判断”[③]，而这两种模式同样不指向事实认定的结论主张。因此，印证并不是严格意义上的推论活动。在印证实践中，其对事实认定结论为真的保障是依附于其建立“融贯、符合”的解释关系的。因此，印证不以发现事实真相为直接目的，即便其在客观上确实有助于结论的真相取向，但这也是建立在解释的体系合理性基础上的，体现为解释对于推论的验证作用。

其次，印证缺乏（或不关注）严格的形式推导过程。如前所示，推论遵循相对严格的从前提到结论的逻辑推理过程。而印证则缺乏较为规范的理性形式。前述研究者在探讨“印证证明模式”“印证规则”的过程中，也均未明确印证的规范形式。诸如印证的程序形式、程度要求、推论基础、形成机制等问题均未得到澄清。与之相应，在实践中，印证确实获得了广泛的适用，尤其在刑事领域，相关实证研究显示，印证在刑事司法实务中已被视为完成证明的一种

---

① 陈瑞华：《论证据相互印证规则》，载《法商研究》2012 年第 1 期。
② 汪海燕：《印证：经验法则、证据规则与证明模式》，载《当代法学》2018 年第 4 期。
③ 汪海燕：《印证：经验法则、证据规则与证明模式》，载《当代法学》2018 年第 4 期。

“主要模式”[①]。《高法解释》及相关规范文件[②]对印证的应用场景界定清晰、颇具可操作性，似乎传递出一种不言自明的，并以获得共识的规范性含义。但在理论研究层面，研究者对印证是证据间的“彼此符合”、信息的“重合或交叉”、证明作用间的“弥补或填充”等概念的表述是含混的[③]。“符合”“重合”“交叉”“弥补”甚至“相互支持”“相互照应”等（印证）判断标识明显缺乏规范把握的可能，更遑论作严格形式推导的可能，如左卫民教授所言，“印证模式是一种非精细化的证明模式”[④]。

最后，印证是指向内心确信的理解活动。在理性证明语境中，推论旨在寻求结论真相，并以严格的逻辑形式推导为保障，而解释则以获得主体内在或主体间的内心确信为目标。该目标是借助理性共通的理解过程实现的。理解本身也是一个复杂抽象的概念，即便在哲学、语言学的研究中，也未见对该概念的清晰描述。而从前述五种解释模型中可以窥见的是，所谓对特定现象的理解，即对（但不限于）导致该现象产生的因果关系、有助于消除认知紧张关系的补充说明、较具可靠性的准经验法则、同相关事物的内在联系以及通常的理由和依据等额外信息的获取。也正是在这个意义上，皮特·利普顿说理解是对更多的知识的获取过程。也即经由推论所发现的结论真相是事实认定主体对知识的知晓过程，而解释则是主体获取围绕该“知识”的“更多的知识”以实现理解的过程。就印证而言，尽管围绕其“确切含义、作用机理、适用范围、技术性要求”[⑤]等的研究仍有待进一步跟进，但主流研究者的共识是“‘印证’不是对案件事实或信息的揭示，而是描述证据相互之间的验证关系”[⑥]。而这种验证的实质是帮助在主体内部或主体之间确立关于结论真相的内心确信，也即属于发现结论真相的“知识”之外的，对“更多的知识”的探寻要求。

---

① 黄维智：《心证形成过程实证研究——以刑事诉讼程序为主线》，中国检察出版社 2012 年版，第 114 页。

② 据研究者统计，在相关司法解释和指导性案例中均出现了“印证”一词。参见周洪波：《中国刑事印证理论批判》，载《法学研究》2015 年第 6 期。

③ 周洪波：《中国刑事印证理论批判》，载《法学研究》2015 年第 6 期。

④ 左卫民：《“印证”证明模式反思与重塑：基于中国刑事错案的反思》，载《中国法学》2016 年第 1 期。

⑤ 龙宗智：《刑事印证证明新探》，载《法学研究》2017 年第 2 期。

⑥ 陈瑞华：《论证据相互印证规则》，载《法商研究》2012 年第 1 期。

此外，还需要重视的是，基于前述分析，研究者指出的如下观点是存在错误的，即“我国的印证模式注重‘外部性’……西方的自由心证注重‘内省性’”，其依据源于印证需要“证据之外的证据”①。而这种认识存在三个误区。

第一，这是对解释所采用的方法与解释本身功能的混淆。印证借助同“外部证据”相“符合、验证”仅仅是其采用的方法问题，其功能目的仍然是帮助建立内心确信的理解过程。在这个意义上印证是从属于解释的具体实践的，其“外部性”是仅就形式方法而言的，同“法律解释的具体方法”，以及诉诸“外在”因果关系、经验法则等的事实解释模型并不存在本质差别。

第二，西方的自由心证作为一种理性证明方式，在借助和运用理性的实质上同印证并无差别。不同之处在于，自由（理性）心证是包含完整证明活动的闭环结构，即推论基础与解释性结构。而印证是从属于解释范畴的，其不以寻求结论真相为直接目的、不关注严格的形式推导过程。

第三，上述“中西相异”观点的持有者也指出任何一种证明模式都要求一定程度的“印证”，这显然引发了“内省性”与“外部性”论述的逻辑矛盾。究其原因，是误将印证本身视为一种完整的证明模式。结合此前论述，一个完整的证明模式需要包含推论以及解释两个部分，而印证显然并未包含推论部分，其仅是解释的具体实践，而自由（理性）心证则具备完整证明模式的稳定结构，这也当然解释了自由（理性）心证对“印证”功能的涵摄。

二、常见印证模式的解释性模型分析

（一）言词证据印证规则的解释学分析

言词证据受个体“感知、记忆、表达”功能的影响，而在可靠性、稳定性方面相对较弱。在包含言词证据的推论链条中，事实认定主体对于其推论过程和结论也相较更难以建立符合特定标准的内心确信。在刑事诉讼语境中，“被需求信息的隐私性或者信息不对称的问题（尤其言词证据）”使得事实认定者实际缺乏评估言词信息真实与否的有效手段，正如亚历克斯·斯坦对边沁评估

① 龙宗智：《印证与自由心证——我国刑事诉讼证明模式》，载《法学研究》2004 年第 2 期。周洪波：《中国刑事印证理论批判》，载《法学研究》2015 年第 6 期。

沉默权的批评，“（真正需要的）是一个事先的（上帝）视角”[①]，而这是不切实际的。因此，按照亚历克斯·斯坦的思路，言词证据的采纳应以通过提升言词信息的采纳成本的形式，而尽可能减少较随意的证言或供述被采信的概率。这也就产生了借助额外“更多的知识”解释言词证据，以使其在认知主体的心证中获得补强的、符合采信要求的理解需求。言词证据印证规则即发挥了提升言词证据采纳成本的作用。如《高法解释》第87条第8项、第91条第2款、第93条第1款第9项对证人证言、被害人陈述、被告人供述同其他证据的印证要求。在“原因解释模型”中，如果言词证据所含信息真实发生过，则其与在案其他证据事实之间应当是能够互相为彼此的发生提供据以确信的依据或理由的；而在“因果关系模型”中，一个真实发生过的历史事实，也必然处在一个特定的因果关系链条当中，处在该链条前后环节的事实，也应能够互相提供基于因果律的合理解释。

这里需要强调的是，互相印证的证据事实必须具备基本的证据属性要求（客观性、关联性、合法性）。如在浙江张氏叔侄案中，被告人供述“抛尸地点是一个听到水声（的地方）”与“发现尸体的水沟”以及“杭州市气象全局关于案发前降雨量的水文资料”间的“印证”，以及在“完全按照事发经过，在尽可能接近当天各方面条件的前提下，进行多次侦查实验”结果的“印证”[②]，都伴随着“张某的口供材料是袁某芳代写好进而逼他抄写的，并非张某本人真实口供”[③] 而失去了解释或验证价值。而导致该问题的原因，并非印证本身的问题，而是用于印证的证据信息本身受到了污染。但该案的印证思路也从另一个角度展示了，如果相关证据事实为真，则彼此之间应当能够提供据以确信的依据、理由或因果关联。此外，在福建缪某华案的原审裁判文书中，合议庭认定“柘荣县气象局出具案发当晚下小雨的证明，与原审被告人抛尸当晚下雨相吻合，证明有罪供述真实、可信”[④]属于印证范畴。而在该案的高院再审裁判文书中，合议庭指出“柘荣县气象局的证据不具有可采性”，而认定原

① ［美］亚历克斯·斯坦：《证据法的根基》，樊传明、郑飞等译，中国人民大学出版社2018年版，第190页。

② 左卫民：《“印证”证明模式反思与重塑：基于中国刑事错案的反思》，载《中国法学》2016年第1期。

③ 卢勤忠：《“张氏叔侄强奸致死案”中“证人”的角色》，载《法学》2013年第5期。

④ 参见宁德市中级人民法院（2004）宁刑初字第27号刑事附带民事判决书。

因包含两点：一是“案发当时下雨属于客观事实，为众人所感知，不属于先供后证”；二是“两原审被告人该节供述并不必然证实有罪供述的真实性，该证明不能作为定案依据”①。而高院的解读是存在问题的，如果排除刑讯逼供等证据信息受污染的情况，“气象局出具的下小雨的证明”完全能够为“雨天抛尸”的环境信息提供理由或依据，并用以佐证言词信息的真实性。我们还可以反向思考，如果气象局提供了“案发当时无雨的证明”，是否可以用来否定“雨天抛尸”言词的真实性呢？如果后者是可行的，前者也当然具有一定程度的可采性。

因此，在亚历克斯·斯坦所言的无法“通过事先视角”去查验证据真实与否的“信息不对称”语境中，刑事司法证明不应当对言词证据的印证要求设置超过理性自由或经验把握含义的额外限制。现行《高法解释》的言词印证规则便是将印证的判断完全交给裁判主体作理性把握的，如第 87 条第 8 项规定“证言之间以及与其他证据之间能否相互印证”的判断，这是解释功能的题中之义。诚然，这是以证据信息没有受到刑讯逼供等非法取证行为的污染为前提，建立在事实认定者全面掌握在案证据信息，并以严格的形式推论所获结论为基础的。

（二）间接证据相互印证规则的解释学分析

间接证据的相互印证规则也被研究者称为“多向度的印证”或“作为证明标准的印证”。这种印证模式在形式复杂性和可靠性方面超过了前述所谓“单向度的”或“作为证明力的”印证。《高法解释》第 140 条规定了间接证据定罪的五个条件，逐一考察可以发现：

条件一“证据已经查证属实”，这是对证据具备属性特征的基础要求。

条件三“形成完整的证据链”、条件四“排除合理怀疑，结论具有唯一性”和条件五“推理符合逻辑和经验”是对推论基础的要求。

条件二“证据之间相互印证，不存在无法排除的矛盾和无法解释的疑问”是对印证规则的要求，也是对事实认定解释性结构的体现。

间接证据印证的复杂性体现在参与印证材料的多向性，传统的“对式”印证被打破，目标证据可能在不同特征点、不同信息局部、不同时空条件下，

① 参见福建省高级人民法院（2017）闽刑再 4 号刑事附带民事判决书。

同多个证据分别进行匹配印证。如在福建念某案[①]中，围绕检材“铝壶”的提取、保管、送检、检验程序这条证据线上的间接证据群即需要进行多向印证。包括现场勘查笔录显示“被投毒铝壶、高压锅的提取送检时间为7月28日”，检验鉴定委托书记载“送检时间为8月9日”，侦查人员出庭说明“系8月8日傍晚提取送检”，现场照片和指认现场录像显示“8月9日晚现场还存在相同高压锅铝壶”的铝壶提取、提交的时间顺序，鉴定受理登记表记载“侦查机关送检铝壶及里面3500毫升水”，现场勘查检查笔录“未记载铝壶中有水”，证人证言显示的“是使用铝壶中的水还是红桶中的水捞鱿鱼，说法不一”“鉴定机构未按照专业规范要求进行‘空白’对照检验”，双方聘请的专家辅助人员“对于检验数据能否判定系氟乙酸盐分歧严重”。这里对以“铝壶”为载体的不同证据种类的综合分析，即包括对时间、空间逻辑顺序的梳理，对证人、鉴定机构、侦查人员的多主体信息碰撞匹配，对推论链条的综合性评估解释。

按照“统一解释模型”，该案的印证是将上述证据“置于想象的统一图景”中。如果铝壶确实是念某投毒的作案工具，那么由前提“铝壶中盛放着有毒的水”，将派生出一系列符合因果规律、时空规律的结论性事实。如铝壶中应有水，现场勘查笔录应记载铝壶的提取时间早于送检时间，现场指认环节铝壶不应再次出现。此外，尽管多向度印证模式呈现更大的复杂性，但如果孤立地考察，其本质上仍然是证据个体之间印证的叠加。因此，这种印证也不会超出逻辑理性和经验法则统摄下的解释范畴。而包括因果关系解释模型、原因解释模型、演绎律规性解释模型等，都可能被用于引导特定的“间接证据”印证环节。例如，我们在前文引用的用于证明念某杀人动机的供述证据即包含对演绎律规性解释方法的采用，当其与辨认笔录证据“念某与杨某炎（卖毒药者）互相不能辨认”以及鉴定意见“被害人系中毒死亡，但无法确认系氟乙酸盐鼠药中毒”组成该推论链条上的证据群时，能否形成符合因果关系要求，或提供内心确信的依据或理由也就成为我们考察该证据群印证能否纳入“想象中统一图景”的必经步骤。

---

① 参见福建省高级人民法院（2012）闽刑终字第10号刑事附带民事判决书。

（三）口供补强规则的解释性模型分析

《最高人民法院、最高人民检察院、公安部、国家安全部、司法部关于办理死刑案件审查判断证据若干问题的规定》第 34 条规定的“根据被告人的供述、指认提取到了隐蔽性很强的物证、书证，且与其他……证据相互印证……可以认定有罪”，被认为是“口供补强规则”在我国的正式确立。① 《高法解释》第 141 条完整保留了该条印证规则。

从解释立场分析：第一，口供补强规则从属于解释性结构。有研究者指出“口供补强规则是作为自由心证的例外而发生作用的”②，而这种观点是由传统观察角度的差异产生的。在事实认定心证的传统证明模式中，观察者通常更关注心证所获结论的过程，也即从前提到结论的推论过程，而忽视心证的解释性部分。而口供补强规则作为印证的具体形式，是从属于解释性结构部分的。因此，就性质上而言，口供补强规则是形成理性心证的必要组成部分。来自实践的佐证是，前述大陆法系国家对“心证责任伦理的限制”的强调以及我国法院面对的“加强裁判说理要求”的理论和实践压力。③ 恰从另一个角度反映了自由（理性）心证过程中解释性部分是受到忽视的。在此基础上，观察者易认为强调自由的心证过程与偏重发挥解释性功能（旨在建立内省理解或确信）的口供补强规则间是原则与例外的关系。

而造成这种冲突着重体现在口供证据中，也是因为口供是一种极为特殊的证据类型，其中包含重要的甚至全部案件事实信息，且获取的技术成本和时间成本相对低廉，导致“几乎所有社会都经历过‘口供为证据之王’的证据制度”④。也因此，口供补强才从印证规则中脱颖而出。而在实质上，“孤证不能定案”原则其实已经揭示出一切证据都需要某种程度的“印证”，而这也是解释性结构是构建证明活动的必要组成的体现。

第二，口供补强规则的熟识度模型解释。我国《刑事诉讼法》第 55 条

---

① 参见张军主编：《刑事证据规则理解与适用》，法律出版社 2010 年版，第 152-160 页、第 256-262 页。

② 陈瑞华：《论证据相互印证规则》，载《法商研究》2012 年第 1 期。

③ 参见付立庆：《法院判决书：你为什么不说理?》，载《法制日报》2001 年 2 月 18 日。胡云腾：《论裁判文书的说理》，载《法律适用》2009 年第 3 期。凌斌：《法官如何说理：中国经验与普遍原理》，载《中国法学》2015 年第 5 期。

④ 陈瑞华：《论证据相互印证规则》，载《法商研究》2012 年第 1 期。

第 1 款规定："……只有被告人供述，没有其他证据的，不能认定被告人有罪和处以刑罚……"基于此，研究者指出"口供是定罪的唯一依据时才有补强的必要"①，而这被认为是与大陆法系国家"只有单独可以定罪的口供才有补强的必要"的传统观念相一致。这种延续传统的规定的合理性多是从前述口供证据本身的独特性出发的，却鲜有基于认识主体内心确信或理解角度的反思，即为何单独口供需要补强？其原因很大程度上源于前述亚历克斯·斯坦对刑事诉讼中"信息不对称问题"的分析，有罪嫌疑人通常知道他们是有罪的，同样无辜者也深知其无辜。

但问题在于事实认定者无从判断供述或辩解是不是对其内心世界的真实描述。因此"为了将私人信息作为可信性信息，事实认定者要求一个能够解决可信性问题的二阶信息"②。而根据"熟识度模型"，这个"二阶信息"的价值即在于消除私人信息接受主体内心的认知紧张关系。当法官在仅听取嫌疑人的口供后便被要求据此裁决时，无从判定嫌疑人所述事实是不是真实的内心疑虑便呈现为主体认知上的冲突关系。而参与补强的其他证据将有助于消除这种紧张关系，对推论起到解释作用，帮助建立"内心确信"。

① 徐美君：《口供补强规则的基础与构成》，载《中国法学》2003 年第 6 期。

② ［美］亚历克斯·斯坦：《证据法的根基》，樊传明、郑飞等译，中国人民大学出版社 2018 年版，第 198 页。

第四章　刑事案件事实认定的模型化路径与评估

伴随着科技以及认知水平的每一次变革或进化，司法证据制度及其证明系统几乎都会出现不同形式和程度的“量化尝试”①。在时间顺序上，最早期的系统性量化体现在“司法证明系统取代司法决斗的中世纪欧洲大陆……（即）明显出现了数值化裁判的做法”②。尽管这一做法受到了以伏尔泰为代表的后世启蒙思想家的普遍批判，但其实这些批判主要是围绕着“合法化的刑讯”或“酷刑”展开的，并且当时的数值化裁判也远非误解或讹传的“算术叠加”③。抛开上帝视角的批判，在当时的历史条件下，法定证据制度以数值化的形式对“证明力作预先约定……是约束法官在……司法裁判中的专权”④ 的重要尝试，是“经验哲学的抽象化影响下的，用数学精确性避免非理性及主观裁判”⑤ 的历史性进步。在具体形式上，数字化在法律体系中承担着诸多现实功能，包括度量功能、识别功能、运算功能。而在当前司法实践中，数字化以“度量和识别的实践应用为主”⑥，诸如在刑法条文中用以规范行文排序和结构的数字序号，以及对人的行为频率、年龄、人数、金额、时间等概念的描述等。而至于运算功能，虽得以摆脱彼时对浅显“算数叠加”的理解，但更深刻的需结合“算法规则”或“形式结构”的研究探索则相对较少，尤其相较在语言学研究和计算机领域的人工智能研究而言，法律理论和实践对于数学化运算的体现和应用相对

---

① E. C. Lashbrooke Jr., *Legal Reasoning and Artificial Intelligence*, 34 Loy. L. Rev., 1988, p. 287.

② Laurence Tribe, *Trial by Mathematics: Precision and Ritual in the Legal Process*, 84 Harvard Law Review, 1971, p. 1329.

③ 施鹏鹏：《法定证据制度辨误——兼及刑事证明力规则的乌托邦》，载《政法论坛》2016 年第 6 期。

④ 施鹏鹏：《法定证据制度辨误——兼及刑事证明力规则的乌托邦》，载《政法论坛》2016 年第 6 期。

⑤ Laurence Tribe, *Trial by Mathematics: Precision and Ritual in the Legal Process*, 84 Harvard Law Review, 1971, p. 1329.

⑥ 曲笑飞：《法律数字化现象研究》，载《法律科学（西北政法大学学报）》2013 年第 1 期。

较少。[①]

在一个普遍意义上，司法数字化的重要性是从属于R. M. 昂格尔所称“现代西方法治的历史上，有一个压倒一切并包容一切的问题，即法律中的形式问题”[②]。这里的“形式”是指，所有规则适用者从事的解释和推论活动可仅仅根据规则本身，以及是否具有被规则所要求的有关事实而论证自己的决定，而不用去考虑其他外在的政策或价值目的。诚然，R. M. 昂格尔也强调形式总有程度的问题——法律从来不是纯粹形式的，但形式永远不会消失。可见，这种形式是内在法律体系的某种逻辑自洽。证明系统的量化或者说事实认定的模型化正是从属于这种形式问题的。而反过来，法律的形式性框架，又为证明系统的量化提供了演化发展的基础。

就实现途径来看，前三章关于推论基础与解释结构关系的论述，构建了以命题主张为最小核心基础的论证闭环结构。而命题在具有与经验事实同构性特征的基础上，还具有转化为可供计算机识别并进行逻辑运算的形式特征。而这在技术原理上预示了事实认定过程模型化（形式化）的未来可能。具体而言，刑事案件事实认定的理性心证，在推论层面表现为一系列推论的集合。这些推论从命题主张展开，以命题为基本前提，按照一定的逻辑顺序构建完整的论证。而在解释层面，解释性动因引导证据命题化归的基本逻辑，解释性考量引导推论的进行。表现为事实认定者从自然语句中提取命题，构建疑问式命题主张的实质性求解，并引导推论，获得与“目的与期待”相一致的内心确信。推论与解释最终统一于“命题”的基本单位。在这个意义上，刑事案件事实认定是围绕“命题”的获取与运用展开的，而命题本身正是包含“主张或断言的逻辑内容”，是模块化信息传递的形式单位，对其进行的结构化研究或将有助于实现事实认定过程的模型化建构。本书接下来的两章也正是围绕着该主题进行的。通过梳理反思数字化在“新证据学研究”中经历的历史机遇与发展困境，尝试探讨以推论和解释重新诠释的“事实认定”模型，在“法律与人工智能交叉研

① Vern R. Walker, *A Default-Logic Paradigm for Legal Fact-Finding*, Vol. 47 Jurimetrics, 2007, p. 193-194. Douglas Walton, *Legal reasoning and Argumentation*, in Handbook of Legal Reasoning and Argumentation, Giorgio Bongiovanni eds., Springer, 2018, p. 49.

② ［美］R. M. 昂格尔：《现代社会中的法律》，吴玉章、周汉华译，译林出版社2008年版，第171-172页。

究”语境下，将可能获得的未来发展。

第一节 “新证据学研究”[1] 的短暂探索与启示

一、20 岁跨学科领域的模型化尝试

近现代以来，事实认定的“量化”尝试有了更为复杂也更抽象的表现形式。在20世纪70年代前后，美国证据学者理查德·兰帕德经过对当时英美证据理论研究状况的观察和反思，注意到了证据证明理论研究中的一种涉及“学科交叉”数值模型化研究趋势。证据学研究从对规则的教义学注释开始转向对“证明过程”的模型化分析，并开始从跨学科的“数学、统计学和概率理论”[2]中汲取灵感。“新证据学研究”的萌芽出现在传统证据理论研究陷入某种僵局的境况中，一种被理查德·兰帕德略显夸张地嘲讽为“缺乏顶层理论关照的谨小慎微的制度解构”型研究成为彼时的研究主流，这标志着承继法教义学研究认识论和方法论体系的证据证明理论研究的整体局限。而转变肇始于证据理论研究的跨学科模型化尝试。在1968年，约翰·卡普兰的代表性文章《裁决理论与事实认定过程》开始探索在事实认定问题研究中摆脱对规则的法教义学分析，转而探求对事实认定决策过程的模型化动态研究。同一年，人民诉柯林斯案[3]判决中对概率模型在事实认定中的应用更是引发了“数学推理在事实认定者决策中明确适用可行性”[4] 的广泛争论，劳伦斯·特莱布称之为“数学审判”[5] 的开始。这些探讨全面引发了证据理论研究对法庭证明活动的“量化”探索。而一直到乔纳森·科恩在《可能性与可证明》一书中形成关于新证据学

---

① 理查德·兰帕德首先创造使用了“新证据学研究”一词，用来指发生于20世纪70年代之后的英美证据理论研究体系中的“关于数学推理在法庭审判中适用可行性”的相关研究。See Richard Lempert, *The New Evidence Scholarship*: *Analyzing the Process of Proof*, 66 B. U. L. Rev., 1986, p. 439-477.

② Richard Lempert, *The New Evidence Scholarship*: *Analyzing the Process of Proof*, 66 B. U. L. REV., 1986, p. 439 - 430.

③ People v. Collins, 68 Cal. 2d 319, 438 P. 2d 33, 66 Cal. Rptr., 1968, p. 497.

④ See Michael O. Finkelstein & William B. Fairley, *A Bayesian Approach to Identification Evidence*, 83 Harv. L. Rev., 1970, p. 489-492.

⑤ Laurence Tribe, *Trial by Mathematics*: *Precision and Ritual in the Legal Process*, 84 Harv. L. Rev., 1971, p. 1330.

研究价值的批评性认识及其获得的理论和实务中的广泛共识①，时间不过刚刚20年。正是埃德温娜·里斯兰教授所称的“20岁的跨学科研究领域”②。时至今日，尽管“新证据学”也并不再新，但由其突破性探索带来的重要影响已经深刻动摇了长久以来统治证据制度的理论前提和正统观念③：一方面，新证据研究引发了从证据规则到证明推理过程的研究兴趣的深刻转变；另一方面，新证据学研究从专注概率证明的兴趣出发，引发了或者说顺应了法律语境下证据和证明问题研究的模型化发展趋势。

在“新证据学研究”关于事实认定过程的数学化模型研究进程中，其实存在两种截然不同的研究进路④：第一种进路是与实践相关的模型化方案，即将概率数据或数学统计学技术直接运用到诉讼程序的事实认定过程中。第二种进路是体现在理论层面的。尤其是认识论层面的革新，即将数学概率论、统计学模型等相关学科的方法论体系以及相关的认识论基础整合成一种能够描述与过程的规范性目的相一致的，用于描述事实认定形成过程的概念和理论体系。诚然，这两种方案间存在相互作用——理论的深入探索能够为实践的整合提供指引以及评测标准，而实践的积极推进，也为理论研究提供了尽可能多的研究素材。如一项针对美国联邦法院系统在20世纪60年代到80年代发布的判决书的研究分析，侧写了当时统计学、数学证据在司法实践中的应用情况。“在1960年1月到1979年9月，联邦地区法院公布的83769份判决意见中，涉及关键词‘统计数据（statistics）’和‘统计数据的（statistical）’达到了3000份，占到了4%。”⑤

迈克·帕多教授率先注意到了这两种进路的根本差异，在这两种方案背后反映的是完全不同的方法论问题。作为证据证明实践的运用与作为事实认定理论或模型化原理之间，存在很多需要明晰的理论问题，而这在“新证据学研

---

① Samuel Stoljar, *Review The Probable and The Provable*, 90 The Philosophical Review, 1981, p. 457-461.

② 在1990年，埃德温娜·里斯兰称新证据学研究为“twenty-year-old interdisciplinary field”。See Edwina L Rissland, *Artificial Intelligence and Law: Stepping Stones to a Model of Legal Reasoning*, 99 YALE L. J., 1990, p. 1957.

③ John D. Jackson, *Analysing the New Evidence Scholarship: Towards a New Conception of the Law of Evidence* 16 *Oxford Journal of Legal Stud.*, 1996, p. 309, 310-311.

④ Michael S. Pardo, *The Nature and Purpose of Evidence Theory*, 66 Vanderbilt L. Rev., 2013, p. 548.

⑤ The Evolving Role of Statistical Assessments as Evidence in the Courts 11, S. Fienberg ed. 1986, p. 5-11.

究”当时的理论框架中是被忽视的。实践相关的整合方案是属于经验性范畴的领域，是完全不同于一个潜在的关于法律证明的性质或构造之模型描述的理论性任务的。迈克·帕多教授进一步从六个方面阐释了证据信息的统计学、概率学的具体实践形式与事实认定过程的整体模型化建构之间存在的差别。

1. 统计学形式的证据并不简单兼容于证据证明过程的概念或理论描述。具体而言，以概率或统计学形式呈现的证据本身是否具有相关性，其证明力大小程度，以及是否具备满足证明标准的充分性，这些均有别于传统证据种类在相关性、证明力、证明标准等方面的经验性判断模式和结论的。例如，在阿莫斯·特沃斯基和丹尼尔·卡内曼提出的著名“蓝色出租车（Blue Cab）案”[①]，一起因疏忽大意引发的交通肇事案中，原告出示了被告方占有案件发生城市里85%的出租汽车的证据，用于证明被告人公司拥有的出租车的其中一辆造成了导致被害人受伤的交通事故的概率为85%。而实际上，这个85%的数据在该案中作为证据的相关性（证据能力）、可采性（证明力），以及证明标准充分性的问题是完全不同于传统证据证明概念和理论中对证据能力、证明力、证明标准等概念的解释逻辑的。或言之，我们不能抛开对证据证明的基本原则和认识论基础的依赖而直接适用数学或统计学的证据形式去形成证据性结论。这种对上述两种不同进路的直接嫁接，将必然造成事实认定理论以及实践中的错误。

2. 围绕着数学或统计学的数字化证据是否应当被纳入诉讼活动的实践，以及应当以怎样的形式纳入其中，其背后是关于证据和证明的基本理论概念的明晰，是对一些根本问题的研究和反思。如数字化“精确性”的证据是否真的能够改善或增强事实认定的准确性，还是无益于甚至有碍于事实认定的准确性。事实认定者应当如何就这种状况下的证据“精确性”作出回应，更是涉及复杂的认识论问题，这绝非两组数字大小的比较那么简单。此外“统计学证据的明显的精确性（外观）……常常使得非科学性、逸闻性的非统计学证据……黯然失色”，研究者称之为“强行说服性（Overpersuasive）”。[②] 这种“对比优势”是既混淆争议又具有误导性的。在这个意义上，数学或统计学形式证据的使用不单单是一个计算精度或计算方法的问题，而是一个需要在根本上同理性事实

---

① 巩寒冰：《概率性证据研究中的认识悖论》，载《证据科学》2016年第2期。

② ［美］罗纳德·J. 艾伦等：《证据法：文本、问题和案例》（第三版），张保生、王进喜、赵滢译，高等教育出版社2006年版，第172页。

认定逻辑相融贯、相匹配的系统性工程。

3. 数学或统计学形式的证据在法庭事实认定过程中的运用，在本质上涉及法庭认识论对概率数值的吸收和转化，这并不是一个纯粹数学量值的简单计算过程。统计证据（在相关性或证明力程度上）既不必然低于也不必然高于非统计证据。在以统计形式表达的证据与非统计形式表达的证据之间，并不存在相关程度、证明力大小或构建推论的逻辑关联程度上的差别，它们有的只是呈现形式的不同。这就要求事实认定者对数字化形式证据持有更科学、更合理的审慎态度。从认识论层面明确证据的数字化形式在证据证明活动中的运用应当遵循经验理性的一般规律。

4. 量化的和非量化的证据形式在运用于刑事案件事实认定活动时，均需经过经验理性的把握。例如，证人证言的证明力价值取决于对证人作出正确的认知、记忆、叙述，以及诚实倾向的经验把握或理性判断，甚至还包括对处于证人所处情况的其他人的行为倾向的概括归纳，也即所谓理性人标准的整体判断。正是这些经验概括将证言同特定案件的事实相联系。而呈现量化形式的证据信息，同样应首先纳入理性经验的认识加工过程，而至于所采的具体方式，则取决于不同的证据信息内容。例如，前述的“蓝色出租车”案中，经验把握的正确逻辑是，85%的城市份额占有率与案件事实并不具有经验概括的实际关联，而真正具有经验关联性的统计学数据其实涉及一系列更为精确、细节的数据组，如包括案发时间段内蓝色出租车的实际比率、案发地所在街道的蓝色出租车的实际比率，甚至可能包括案发时天气情况引发交通事故的概率、司机个人驾驶习惯导致交通事故的概率等，而这涉及一组庞大的数据计算问题，也即罗纳德·J. 艾伦所称的“所属分类”① 问题。这每一组所属分类的数值都涉及一组完全不同的随机事件的发生概率问题，这个数值包括大量分类数据的收集、计算和信息关联的识别，而这个计算量对于当前依靠人力或计算机的计算而言，都是非常困难的。因此，概率计算本身的准确性即一个极为苛刻的、难以达成的条件，而正确识别出数据形式与案件事实的经验关联也同样并非易事。因此，对数学量化形式证据的把握应是建立在对其的经验把握基础上的系统性解读。

---

① Ronald J. Allen & Michael S. Pardo, *The Problematic value of Mathematical Models of Evidence*, 36 J. Legal Stud., 2007, p. 107-109.

5. 证据的数学或统计学形式并非全无益处，其在作为一种指导工具或引起对特定问题的注意力方面是有用的，这也为接下来将要探讨的跨人工智能研究奠定了可行性的基本路径。或言之，源于统计学或数学对证据证明过程的不当解读，是因处在学科交叉拓展的初期阶段，研究和实践中对相关关系的认识把握和理解深度都存在不足所造成的。因此对“新证据学研究”的概率模型的批评，并不意味着否定这种研究伴随着技术条件和认识深入而持续发展的未来可能。并且，即便在当时的进程中，它们服务于这种启发性价值的功能也不应该被低估或削弱，其预示了证据证明理论研究的某种潜在趋势。但需要强调的是，服务于启发性的或发展性的目的，并不等同于一个成功的事实认定理论体系，对其进一步的完善发展才是题中之义。

6. 对数学性或概率性等严格形式推导的批评，并不意味着陷入任意说服、任意证明或者将刑事案件事实认定等同于对直觉或经验的描述性过程。尽管我们认为任何考虑事实认定者行为之经验性知识的理论概念都是非常必要的，正如此前对事实认定活动经验性分析所示，但这与对刑事案件事实认定的性质和结构进行的理论研究的过程是不同的。一方面，存在一个容纳法律证明的非概率性的理论描述的概念性空间，这是认识论的经验性性质使然；但另一方面，通过命题形式关联的逻辑推论与解释性结构也预示着对司法事实认定进行数字化表述的某种可能。

二、概率数学与证明过程结合的根本性障碍

在证据证明理论研究中，伴随法教义学研究方法的式微，新证据学研究者们尝试性地将“数据决策理论（Statistical Decision Theory）与证明过程相结合的研究”[①] 得以获得发展土壤。这一时期，法学与统计学、概率学、数学算法等的跨学科交叉研究探索开启了证据及证明过程的新量化尝试。而获得统计学或概率化形式表达的证据和证明过程，在形式逻辑的严密性、主张表达的清晰性以及对证明过程的规范指引等方面展现了极强的论证优势，从而“迎合了司法事实认定活动中对于精确性和可操作性的需求”[②]，但这种概率化事实认定的

① John Kaplan, *Decision Theory and the Factfinding Process*, 20 Stan. L. Rev., 1968, p. 1065.

② 巩寒冰：《概率性证据研究中的认识悖论》，载《证据科学》2016年第2期。

探索很快迎来了致命的批判。其后包括“辩护律师悖论、结合悖论、相关性悖论”① 等逻辑冲突的详细分析与展现，全面引发了对证据法和法律证明过程的认识论以及道德基础的哲学反思。

从当时那些颇具代表性的争论中，可以窥见研究者量化证明推理过程的积极探索，但从中也暴露了在模型化建构方法和算力支持方面的缺陷。例如，芬克尔斯坦及费尔利认为：“贝叶斯分析增加了被告人定罪的问题的研究维度，它极有可能增加陪审团高估嫌疑人有罪概率的可能，但数值的量化形式也同样有可能促使陪审团作更理性和更谨慎的证据评估。”② 这种分析其实正暴露了当时对于“贝叶斯推理（Bayesian Reasoning）”及其代表的量化模型的研究是基于非量化的研究分析方法的，缺乏将理性推理过程转化为有效量化运算的科学算法模型。而在前述“蓝色出租车”案中，所揭示的对“基准率频率（Base-rate Frequency）与发生率频率（Incident Rate Frequency）的混淆”和在实际计算中对“基准比率计算范围的忽视”③ 实际上也暴露了缺乏足够算力支持的“简化算法”以统计学形式理解真实世界的根本缺陷。此外劳伦斯·特莱布针对芬克尔斯坦及费尔利的分析方法展开的批判，也仅是批判了他们的方法本身，却并没有否定数学模型化的未来可能，或者更确切地说，在当时劳伦斯·特莱布其实也缺乏从技术层面直接批判模型化方法的能力。

具体而言，首先，数字化的证据形式无法对认识论意义上“证据与待证事实间的关联关系或关联程度”作出描述。源于认识论的证明过程是一个经验概括的整体这一事实，使得数字形式无法融入事实认定的理性推论过程。在刑事案件事实认定语境中，典型的疑问是“造成证据现象的原因是什么?”④（这涉及行为动机、主观罪过等一系列与特定犯罪构成要件如何被证明的问题。）而就理性经验的理解方式来看，如果它能够提供一个接受某种解释的理由，并使其作为以上问题的相对合理的（甚至不必要是正确的）答案的话，那么这个证据就可能被认为具有经验相关性。而数字形式证据的介入，仅仅提供了经验判

---

① Michael S. Pardo, *The Nature and Purpose of Evidence Theory*, 66 Vanderbilt L. Rev., 2013, p.547-613.

② Michael O. Finkelstein & William B. Fairley, *A Bayesian Approach to Identification Evidence*, 83 Harv. L. Rev., 1970, p.516-517.

③ Amos Tversky & Daniel Kahneman, *Evidential Impact of Base Rates*, in Daniel Kahneman et al. eds., Judgment Under Uncertainty: Heuristics And Biases, 1982, p.153, 156-160.

④ Michael S. Pardo, *The Nature and Purpose of Evidence Theory*, 66 Vanderbilt L. Rev., 2013, p.547-613.

断相关性（及相关程度）的众多标准之一，其甚至不具有任何优先性。那些将之看作证据解读的必要条件或“处于问题的核心部位”① 是一种错误见解。这也揭示了“证据与待证事实间的关联关系或关联程度”是一种经验相关性（关联性）的判断。

其次，数学或统计学的证据形式无法为实现准确性目的的理性推论过程提供指导。其也无法为何种概率算法或统计方式的适应更能够发现事实真相的合理性提供判断标准。在司法事实认定实践中，证据证明活动的量化过程并非一个鲜有见闻的事物。通常而言，这种量化工作的完成或者基于“客观”数据本身，如 DNA 证据、指纹识别、面部识别等本质上都是对概率学、统计学知识的运用。或者基于“主观”确信，例如我们传统上对“犯罪事实清楚，证据确实、充分”，以及“排除合理怀疑”等证明标准赋予的概率性判断数值 95%，本质上也是对一种主观确信程度的数字化拟设。但问题在于，并非所有的证据证明活动都可以数字化形式呈现，甚至对于大多数证据类型而言，根本不存在概率或统计学形式，这也在客观上造成了“新证据学研究”的数学化模型无法获得广泛持久的发展。因此，从根本上而言，事实认定追求的准确性并非数学量化的形式，诸如在刑事案件事实认定中的 95%标准，甚至在民事诉讼中的超过 50%的优势证据标准，其描述的是一个存在于事实认定主体主观世界中的经验性衡量过程，数学的概率性数值无法对此提供具体指引。而一个基于主观的概念描述也同样无法提供一个从非经验性适用中区分出经验性的过程。总而言之，概率或统计学的证据形式与事实认定的准确性要求之间，是不存在对应关系的，而这进一步导致了数字化证据理论研究的衰微。

再次，统计或概率性的证据证明形式与刑事案件事实认定的竞争性推论过程以及对照性解释语境是不相兼容的。概率或统计学形式计量的是一个命题主张与其对立面的命题主张之发生可能性的不同，但在实际上事实认定推论及解释语境中，应当比较的是由各方当事人分别提出的竞争性主张的概率可能性。而统计学数值通常是被表述为非对照性的，它们常常是误导而非解释了对竞争性主张推论过程的理解。在刑事案件证明标准的设计思路中，“犯罪事实清楚，证据确实、充分”的解读，通常被认为是试图最小化错误并尽可能地将事实认

① Jonathan Cohen, *The Probable and the Provable*, Oxford University Press, 1977, p. 180.

定的错误风险置于控诉一方，即在待证事实真伪不明时，将证明责任完全置于控方，而被告人不必承担任何证明自己无罪的责任。如果我们仅用数学概率形式来机械解读该标准，假定控方提出了一种构罪主张，对此理性的事实认定者已经得出了超过95%的可能性结论，那此时被告方的除罪主张显然就只剩下了1%~5%数值的概率可能，两相比较，控方的构罪主张将获得支持。但实际情况是，事实认定者对辩方的除罪主张仍然可能得出从 0 到 1 范围内的任意数值的可能性结论，原因在于控辩双方主张的概率数值并非二者相加等于一的过程。此外，如果机械认定控方主张的概率“达到95%”的标准即胜诉，而忽视被告方主张及解释本身的概率可能性及其对心证造成的“对照性”影响的话，那实质上相当于在控辩双方之间的错误风险的不当分配，这反而曲解了“犯罪事实清楚，证据确实、充分”标准的本来含义。

最后，在刑事案件中，证据是否能够充分地满足理性证明取决于特定的事实认定主体对证据个体和证据集合的感知强度。它们将基于不同事实认定主体对争议事项的真实性的“感知程度”或“确信程度”而被量化，但其内在仍然是主观经验性的。此外，对于大多数案件或证据种类来说，客观数据的实际缺乏意味着向数学或统计学转化将不是一个常规可行的替代选项。

而最终的共识，如罗纳德·J. 艾伦教授所言：“（数学）模型化能够被很好地作为对理性思维的启发性引导，却不能作为法庭决策过程的具体指引。”[①] 在我国，与新证据学研究殊途的是，“量化”过程并没有借助复杂的数学运算实现，而是直接同经验常识相关联，呈现为“盖然性较高的经验法则”[②] 的规范形式，典型的体现在 2008 年《最高人民法院关于民事诉讼证据的若干规定》第 77 条的“证明力比较条款”[③] 中，该条款规定了诸如“物证、档案……或者经过公证、登记的书证，其证明力一般大于其他书证、视听资料和证人证言”以及“直接证据的证明力一般大于间接证据”等。这些涉及证明力比较的经验规范，同样是事实认定的抽象量化形式。尽管相较法定证据制度而言，这些规

---

① Ronald Allen, *A Reconceptualization of Civil Trials*, 66 B. U. L. Rev., 1986, p. 401, 402.

② 曹志勋：《经验法则适用的两类模式——自对彭宇案判决说理的反思再出发》，载《法学家》2019 年第 5 期。

③ 该条款在《民事证据规定》中被删除。此外《最高人民法院关于行政诉讼证据若干问题的规定》以及 1998 年《最高人民法院关于民事经济审判方式改革问题的若干规定》第 27 条等的规定中，都出现了对证明力的预先“量化”规定。

定有了更精致的表述和更科学的外观，但依然无法回应所谓“事实认定的科学化对自由心证形成的巨大冲击”①。这些规范证明力的条款最终或被废止或遭批判，同新证据学研究的数学化尝试“同归”。尽管这些尝试均以失败告终，但早期法律评论家趋向于认为“数学概率无法适用于法律证据”的态度，已经“至少在理论上，被对数学形式表达的概率观念的更大包容性所取代”②。

第二节　我国类案判断的当前逻辑与模型化解读

在我国，关于刑事案件事实认定的模型化，还存在一种独特的表述路径。最高人民法院在2015年印发的《〈关于案例指导工作的规定〉实施细则》（以下简称《案例指导实施细则》）中提出了“类似案件”的判断标准问题，即“在基本案情和法律适用方面”相类似。2020年最高人民法院发布《关于统一法律适用加强类案检索的指导意见（试行）》（以下简称《类案检索指导意见》），进一步明确了“类案”的判断依据为“在基本事实、争议焦点、法律适用问题等方面具有相似性”。结合在2015年发布的《最高人民法院关于完善人民法院司法责任制的若干意见》中，对“建立审判业务法律研讨机制，通过类案参考、案例评析等方式统一裁判尺度”的原则要求，及2017年颁布的《最高人民法院司法责任制实施意见（试行）》中，确立的“类案与关联案件”检索报告制度，2019年发布的《最高人民法院关于建立法律适用分歧解决机制的实施办法》对“法律适用分歧解决工作的领导和决策机构”的规定，以及2021年12月1日施行的《最高人民法院统一法律适用工作实施办法》（以下简称《法律适用实施办法》）对“类案检索”的进一步明确。司法实践正在逐步搭建以“类案”为基础的指导性案例制度，其背后是对严格司法责任、科学的审判权力运行、有效的审判监督和管理等原则理念的贯彻与实现。就刑事案件事实认定的研究关注而言，“类案”的判断涉及对个案事实间相似或相异的类型化把握，这在本质上同样是对事实认定的模型化处理，也同样面临着模

① 李训虎：《证明力规则检讨》，载《法学研究》2010年第2期。

② Michael O. Finkelstein & William B. Fairley, *A Bayesian Approach to Identification Evidence*, 83 Harv. L. Rev., 1970, p. 503.

型化路径及其解读过程的同传统认识论和哲学基础的冲突与调和问题。

一、类案判断的当前逻辑：经典归类理论的结构化模型

就“事实或事实认定问题”的“类似性”判断而言，较具代表性的研究关注者，如王利明、张志铭、张骐等①学者，均是从解构分析事实层面的“关键事实、争议焦点、案情比较、类型化归纳”等“结构性特征”角度展开对“类似案件”的理解与把握的。其方法论同《类案检索指导意见》和《案例指导实施细则》等司法文件的逻辑思路相一致，也符合“形式化”模型建构的基本原理。其后，伴随改革观察的深入，一些研究者进行了更具实践指向意义的反思。例如，雷磊教授认为“‘同案’的标准难以为立法穷尽……法律相关性的判断要素往往需要额外的评价”②；孙海波教授论证了借鉴判例法传统“基于案例推理的区分技术”，强调了“比较点选择应融合形式与实质、事实与价值要素”③；张骐教授也在类比“通过参照案例解决案件的思路……与决疑术很相像”的基础上，指出“裁判理由……在许多情况下，其本身就是裁判规则的表现形式”④；孙万怀教授则明确了案例的类似“所追求的等值并不是简单地寻求相似的法律标准，更不是传统的比附援用”⑤；杨知文教授探讨了“案件事实陈述”作为类案判断“逻辑起点和分析基准”⑥ 的理念思路；孙跃博士也论证了类案判断要注意“类型与层次的细化”，应结合“遴选指导性案例的目的、案件类型、关键要件事实等因素”构建“中国特色的实质性判例制度”⑦。应当说，这些反思已经超越了传统对具体“结构性特征”的关注局限，指向对抽象“相似

---

① 王利明：《成文法传统中的创新——怎么看案例指导制度》，载《人民法院报》2012年2月20日。张志铭：《司法判例制度构建的法理基础》，载《清华法学》2013年第3期。张骐：《论类似案件的判断》，载《中外法学》2014年第2期。

② 雷磊：《同案同判：司法裁判中的衍生性义务与表征性价值》，载《法律科学（西北政法大学学报）》，2021年第4期。

③ 孙海波：《案例指导制度下的类案参照方法论》，载《现代法学》2020年第5期。

④ 张骐：《论案例裁判规则的表达与运用》，载《现代法学》2020年第5期。

⑤ 孙万怀：《判例的类比要素：情景、中项与等值——以刑事裁判为视角》，载《中外法学》2020年第6期。

⑥ 杨知文：《指导性案例中的案件事实陈述及其编撰》，载《环球法律评论》2020年第5期。杨知文：《指导性案例裁判要点的法理及编撰方法》，载《政法论坛》2020年第3期。

⑦ 孙跃：《案例指导制度的改革目标与路径——基于权威与共识的分析》，载《法制与社会发展》2020年第6期。

性”的理性把握，开始迈入“基于案例推理”的认识论领域，但是这些研究并未拓展该方向，未作更进一步的关于类案方法论或认识论的模型化分析尝试，也就相较欠缺为相关实践提供完整理论解释模型的研究探讨，未能对传统“结构性模型”的类案分析方法提出有效的根本性反思。

与之相对，在当前理论研究中，如顾培东、孙海波、高尚等学者①仍系统性地论证了事实认定中“关键节点/基本事实/关键事实相似或相同”对于类案判断的根本意义。而在实践中，《类案检索指导意见》确立的“基本事实+争议焦点（+法律适用）”的“类案”规范特征仍然是法院系统把握类案判断的官方依据。在北京、重庆、江苏、湖南、青海等地高级人民法院印发的关于“类案及关联案件强制检索”或“保障裁判尺度统一”② 的地方性文件或工作意见以及更具体的北京、上海、重庆等地中级人民法院据此制定的“检索报告、检索模板”③ 中，也基本沿用了上述特征标准，以要素化的形式囊括了“基本案情、裁判要点、法条与观点”等，这一实践做法为《法律适用实施办法》所吸收。具体而言，《法律适用实施办法》进一步明确了“类案检索的情形和范围，明确了检索报告的制作规范，强化类案检索制度要求”等。但从该办法制定的背景来看，当前类案检索普遍存在“结果庞杂、匹配不精确，检索效率和效果均不理想”等问题，这也从另一个侧面印证了通过结构性特征把握类似案件的现实困难。

总而言之，在规范实践和理论研究的主流语境中，类案判断的基本逻辑仍是“类似于‘提取公因式’”④ 样的，对“共有特征”⑤ 的提取和发现过程，

---

① 顾培东：《我国成文法体制下不同属性判例的功能定位》，载《中国法学》2021 年第 4 期。孙海波：《类案检索在何种意义上有助于同案同判?》，载《清华法学》2021 年第 1 期。高尚：《司法类案的判断标准及其运用》，载《法律科学（西北政法大学学报）》2020 年第 1 期。

② 参见北京市高级人民法院《关于规范民事案件自由裁量权行使保障裁判尺度统一的工作意见（试行）》、江苏省高级人民法院《关于建立类案强制检索报告制度的规定（试行）》、湖南省高级人民法院《关于类案检索的实施意见（试行）》、青海省高级人民法院《关于提请审委会讨论案件实行类案及关联案件强制检索的规定（试行）》。

③ 北京市三中院制定了《关于开展类案及关联案件检索工作的实施办法（试行）》；上海市一中院制作了《强制类案检索报告样式》；重庆市一中院制作了《检索报告普通模板》和《检索报告量刑模板》。

④ 孙海波：《重新发现“同案”：构建案件相似性的判断标准》，载《中国法学》2020 年第 6 期。

⑤ “共有特征”可以理解为用于区分某类型案件的“关键特征”，如《类案检索指导意见》界分的“基本事实+争议焦点、法律适用”，即判断类似案件的“共有/关键特征”，诚然，这些特征可以是进一步细化的概念，但在本质上并无不同。

所不同的或有争论的只是共有特征的具体形式。而该过程正是“经典归类理论”的典型体现。经典归类理论认为，特定分类中的组成个体共享某些关键特征，这些关键特征表现为“一系列充分必要条件”的组合[①]，且“正是这些关键特征定义了分类本身”[②]，这是亚里士多德逻辑体系中确立的范畴化（categorization）[③] 路径。在《类案检索指导意见》中，将归类相似案件的关键特征概括为“基本事实、争议焦点和‘法律适用’”，便是对经典归类理论的体现。而前述代表性学者的研究，如孙海波教授所提出的“关键性事实+争议焦点+规范目的”的归类特征；王利明教授提出的“关键事实+法律关系+争议点和争议的法律关系”特征，以及张骐教授在观察分析我国法官判断类似案件的工作实践后，指出的“争议点+案情+关键事实+狭义指导性案例的形式标准”特征等，也都未能跳脱出经典归类理论的涵摄。后文，我们将进一步分析“经典归类理论”的模型化逻辑对人工智能技术介入类案判断的影响。

而前述无论是从事实或法律概念的抽象层面入手，分析关联关系，论证实质联系[④]，从而发现相似性，还是从特定情节的赋值权重，或标签、关键词的提炼总结入手，借助特定计算机量化分析软件或人工智能、大数据的算法工具，去识别相似性，在实质上都可归类为对“共有特征”识别、判断的努力尝试。就后一种研究范式而言，其对共有特征的技术性把握较为明显；而前一种研究类型尽管呈现为围绕事实与法律概念构成要素的“相似性”或关联关系的“实

---

① 江桂英：《原型范畴理论缺陷再议》，载《厦门大学学报（哲学社会科学版）》2011 年第 6 期。

② See Edward E. Smith and Douglas L. Medin, *Categories and Concepts*, Havard University Press, 1981, p. 2.

③ 学者将这“categorization”一词译为“范畴化”，意指“隶属同一集合的各成员的家族相似性”，具备这种相似性意味着可以纳入特定范畴当中。而“范畴是由一系列充分必要条件组合成的集合体”与本书所使用归类概念相一致。参见吴世雄、陈维振：《范畴理论的发展及其对认知语言学的贡献》，载《外国语》2004 年第 4 期。参见江桂英：《原型范畴理论缺陷再议》，载《厦门大学学报（哲学社会科学版）》2011 年第 6 期。

④ 例如孙海波教授在其文章中所提出“关键性事实—相同点/不同点—相关相似性”论证思路，是通过对关键性事实的锁定与提取，对关键性事实中相同点与不同点的发现，进而再以“相关性”概念标准去逐一验证相同点与不同点，由此建立类案的关联关系。该过程即案件相似性的实质论证过程。参见孙海波：《重新发现“同案”：构建案件相似性的判断标准》，载《中国法学》2020 年第 6 期。

质性判断”[①]，但在本质上仍是对经典归类理论的运用。

这些研究，尽管都可以为类案或关联案件的识别、判断提供形式合理的、规范的标准，也能够在相当程度上辅助法官实现对类案的理解和把握，但在本质上，经典归类理论的模型化解决思路将面临如下困难。

二、经典归类模型的实践困难

（一）共有特征的界定难题

基于前述“共有特征”确立的类案划分标准或者说区分界限，实际上是属于一个无限的范畴的。任何逻辑自洽的标准分类体系都将很难从现有类案识别与判断的理论依据中被剔除。认知语言学代表人物乔治·莱考夫的经典著作的书名本身恰能够略显夸张地展示其中的联系：《女人，火和危险事物》，看似风马牛不相及的概念范畴间，却似乎又揭示了思维意识上的潜在关联[②]。而尽管《类案检索指导意见》和《案例指导实施细则》确立了具有“基于附属的制度性权威的弱规范拘束力”[③] 的类案共有特征，即“基本事实、争议焦点、‘法律适用’”，但从前述众多研究者的差异性研究和实践中不难发现，宽泛而原则的“附属性”规范，仍然给“共有特征”的具体界定留下了相当的弹性空间。

首先，以前述技术性特征明显的“特定情节的赋值权重法”[④] 为例，这套赋权标准体系将因所依据理论的不同，权重考量依据的差别，赋权比重的差异调整等，而导致具体标准的多样性，进而造成类案判断的模糊化，其甚至可能被用来为“同案异判”提供合理性理由。其次，在侧重理论论证的研究范式

---

① 例如，黄泽敏、张继成探讨了从裁判理由中抽取裁判要点及其应用于案例指导制度中的推理形式问题，该论证借助了逻辑学的相关理论工具。参见黄泽敏、张继成：《案例指导制度下的法律推理及其规则》，载《法学研究》2013 年第 2 期。再如，张骐探讨了用“关键事实”判断类案相似性时的基本思路，其思路实质上仍是推论思维工具的某种变形。参见张骐：《再论类似案件的判断与指导性案例的使用——以当代中国法官对指导性案例的使用经验为契口》，载《法制与社会发展》2015 年第 5 期。

② 该书名的灵感源于名为“迪巴尔（Dyirbal）”的澳大利亚土著语言，在该语言体系中，女人、火和危险事物，被划归为同一分类当中。See George Lakoff, *Women, Fire, and Dangerous Things—What Categories Reveal about the Mind*, The University of Chicago Press, 1987, p. 5.

③ 雷磊：《指导性案例法源地位再反思》，载《中国法学》2015 年第 1 期。

④ 尽管白建军教授使用该分类方法的直接目的在于提供评估同案同判（同案异判）实证研究的理论工具，但由于该理论方案建立在案件与案件对应情节的区别或关联关系中，因而该理论方案也可用于类案的识别、判断活动中。参见白建军：《同案同判的宪政意义及其实证研究》，载《中国法学》2003 年第 3 期。

中，孙海波教授提出的“关键性事实+相同点/不同点+相关相似性”[①] 论证思路较具代表性，但由此确立的标准体系在理论注解和实践操作中往往也会出现依据该思路无法界定具体标准的问题。以孙教授在其文章中列举的最高人民法院第89号指导性案例[②]，以及同该案存在“相似关系”的“河南祖姓名案”[③]和“沈阳律诗案”[④] 为例。孙教授通过剖析上述三案的关键事实，展示了在基础事实相似背后的相同点与不同点的复杂关系，而这些形式上的相同或不同点，也并不等同于范畴化的“共有特征”，形式上的判断并不足以把握类案判断的标准，进一步的实质意义的“相关性”判断，即“相似点的质……相关类比的论证……才更有说服力”[⑤]。这正对应了共有特征在经典归类理论中界定的实际困难，这也是为何孙教授在其文章后续将类案相似性的判断转向了所谓“相似性判断中的实质论证”范畴。而像王利明、张志铭、张骐等代表性学者就“类案”判断标准的研究最终其实也都指向了“实质性判断”“价值评判”[⑥] 的领域。而无论是模型算法标准本身的多样性，还是实质性判断、价值排序本身所包含的求解的多样性，“在目的与原则、原则与原则、目的与目的之间出现紧张时……通常很难概括性地说哪一个实质性理由应绝对性地胜出”[⑦]，这与“类案类判、统一法律适用”的原则要求是存在冲突可能的。

（二）类案结构特征（Structural Features）的界定难题

经典归类理论认为范畴（类型）形成机制的核心是对符合“单独必要与共同充分性（singly necessary and jointly sufficient）”[⑧] 特征的把握。就类案判断的“基本事实+争议焦点（+法律适用）”特征标准而言：“单独必要”是指，

---

① 孙海波：《重新发现“同案”：构建案件相似性的判断标准》，载《中国法学》2020年第6期。

② “北雁云依案”。参见孙海波：《重新发现“同案”：构建案件相似性的判断标准》，载《中国法学》2020年第6期。

③ 参见河南省荥阳市人民法院（2003）荥行初14号行政判决书。

④ 参见辽宁省沈阳市中级人民法院（2005）沈行初14号行政判决书。

⑤ ［美］鲁格罗·亚狄瑟：《法律的逻辑：法官写给法律人的逻辑指引》，唐欣伟译，法律出版社2007年版，第113页、第117页。

⑥ 张志铭教授从价值功能角度探讨了包括同案判断在内的整个指导性案例制度。参见张志铭：《中国法院案例指导制度价值功能之认知》，载《学习与探索》2012年第3期。

⑦ 孙海波：《重新发现“同案”：构建案件相似性的判断标准》，载《中国法学》2020年第6期。

⑧ Edward E. Smith and Douglas L. Medin, *Categories and Concepts*, Havard University Press, 1981, p. 23–24.

前述三个特征中的任一特征，是所有被归为同一范畴的个体案件必须具备的；而“共同充分”是指，在前述三个特征方面呈现相似性的案件，应当归入同一范畴当中。并且“单独必要与共同充分”的概念结构关系是经典范畴的“必然或本质属性，而非某种概率可能性”，这也是类型集合与个体成员间特征结构严格对应关系的体现。认知心理学研究代表人物爱德华·史密斯和道格拉斯·梅丁在其经典著作《范畴与概念》中，释明了经典归类理论在描述范畴概念与个体间结构关系的典型情形：如在正方形概念的表述中，其范畴化的共有特征可以概括为：（1）封闭图形；（2）四条边；（3）边长相同；（4）四角相等。其中每个特征都是正方形图形必须具备的；而只要是符合这四个特征的几何图形，都应当归入正方形范畴当中。因此，这四个特征就构成了正方形范畴概念的结构性特征。我们可以发现，在这种“单独必要与共同充分”的结构对应中，范畴化的个体成员之间，是不存在相似性程度差别的。个体成员要么具备全部四个特征而进入范畴，要么欠缺至少一个特征而被排除。对应在事实相关的类案判断中，如果已决案件 A 案（指导性案例）与待决案件 B 案在“（1）基本事实；（2）争议焦点”两个方面相似，那么 A 案与 B 案才是类似案件。

但在指导性案例制度之下，这种结构性判断是存在根本缺陷的。首先，“经典归类理论是排斥析取概念”[①] 的，从前述正方形概念和类案判断的理想情形中可见。但在指导性案例的实际适用中，仅有部分特征相似而进行类案援引的情形并不少见，甚至在“（指导案例）裁判理由中与本案案情和裁判并不必然相关的旁论，也可能发挥‘参照’效力”[②]。其次，“裁判要点”的出现在实际上架空了“基本事实+争议焦点（+法律适用）”的规范结构。尽管“裁判要点”被认为是“结合案情与法条，从裁判理由中提炼而来的”，但其显然“具有更高的抽象性”以及“在拘束力层面上……更重要的意义”[③]。研究者根据“裁判要点”与“适用法条”间的关系梳理了指导性案例的类型：（1）直

① Edward E. Smith and Douglas L. Medin, *Categories and Concepts*, Havard University Press, 1981, p. 27-28.

② 曹志勋：《论指导性案例的“参照”效力及其裁判技术——基于对已公布的 42 个民事指导性案例的实质分析》，载《比较法研究》2016 年第 6 期。

③ 雷磊：《指导性案例法源地位再反思》，载《中国法学》2015 年第 1 期。

接适用性；（2）解释性案件；（3）漏洞填补型。其中后两种类型的出现已经使得结构性判断的概念边界模糊。而更具指向性意义的是最高人民法院在2012年发布的第5号指导案例，该案例在基本事实方面“与地方性法规无涉，但其‘裁判要点’却明白宣布了‘地方性法规不能设定工业盐准运证’的规则”[①]，这显然已经超出了结构性特征的涵盖范围。

根据经典归类理论必要与充分概念特征的要求，法院在适用指导案例判断在审（未决）案件是否类案时，理论上应当比对两案在上述结构性特征方面的一一对应关系，且这些特征点不存在地位和重要程度的差别。然而法官适用指导性案例的实际情况远非如此机械，指导性案例的功能在于“为解决待判案件的争议问题提供有帮助的法律解决方案”，类案的判断过程应当不是对特征点的简单核对。张骐教授在其文章中梳理了七类待决案件与指导性案例的相似性判断过程，除特征点明显相似的少数情形外，还存在“争议焦点相似、案情相异的类似”“依据立法目的解释的相似”“形式上相似但关键事实不同的不相似”[②]等情形。而一线法官也认为，这些特征点并非被平等考量，胡云腾大法官即指出“不仅是案情类似，更重要的是争议焦点类似”[③]。一些研究者也敏锐地注意到，指导性案例的高度概括性和抽象性可能会遗漏案例本身具有指导性的一些法律命题，在重点关注裁判要点的同时，也不能忽视其他方面丰富的法律信息。[④] 例如最高人民法院发布的第24号指导性案例[⑤]最具典型性，其在“裁判要点”中所确立的“交通事故受害人没有过错，其体质状况对损害后果的影响不属于可以减轻侵权人责任的法定情形”的规则在实际适用中已远远超出了“交通事故的基本事实”以及“《道路交通安全法》的法条适用范围”，而演变成对一种更抽象的更普遍的“素因竞合的责任承担规则”[⑥] 的确立。这也在一定程度上揭示了《类案检索指导意见》和《案例指导实施细则》所确立

---

① 沈岿：《指导案例助推垄断改革——以指导案例5号为分析对象》，载《行政法学研究》2014年第2期。

② 张骐：《再论类似案件的判断与指导性案例的使用——以当代中国法官对指导性案例的使用经验为契口》，载《法制与社会发展》2015年第5期。

③ 胡云腾：《最高人民法院指导性案例参照与适用》，人民法院出版社2012年版，第293页。

④ 于同志：《论指导性案例的参照适用》，载《人民司法》2013年第7期。

⑤ 参见江苏省无锡市滨湖区人民法院（2012）锡滨民初字第1138号判决书。

⑥ 孙鹏：《“蛋壳脑袋”规则之反思与解构》，载《中国法学》2017年第1期。

的类案判断的"结构性特征"并未能同司法实践实际适用指导性案例的逻辑相融贯，也从另一个侧面反映了从范畴化结构特征角度解读类案的方向性不当问题。

（三）类案功能性特征（Functional Features）的结构化障碍

经典归类理论的批评者认为，其"仅能孤立地描述特定实体的固定属性，即结构性特征……而无助于对抽象、功能性特征的考量"[①]。尽管该种批评很快受到了驳斥，即"功能性特征同样能被纳入经典理论的范畴化过程中"，但结构性特征相较功能性特征而言"更易感知……更易描述"[②]的现实，也确实在一定程度上导致了经典归类理论在范畴化过程中对个体功能性特征的忽视。

从《类案检索指导意见》和《案例指导实施细则》所确立的"基本事实+争议焦点（+法律适用）"的判断标准，以及前述主流学者在此基础上的拓展研究来看，指导性案例确实是以"结构性特征"为"类案"判断的主要立场的，与批评者言相对应。但从指导性案例制度的创设目的来看，类案判断应当是服务于一定功能性目的的，在《类案检索指导意见》和《案例指导实施细则》中反复重审的"统一法律适用，维护司法公正，提升司法公信力"正是其功能性目的或价值诉求的体现，而《法律适用实施办法》进一步夯实了类案判断的功能主义立场，即"统一法律适用，规范裁量权行使"[③]。但亦如经典归类理论在西方语境中遇到的批评，功能性特征在"易感知和易描述"方面的"先天缺陷"，也容易使决策者将关注重点置于对类案结构性特征的描述中，而缺乏对功能性特征的明确把握。

前述国内代表性学者就"类案"判断标准的理论分析最终指向"实质性判断"或"价值评判"领域，也在很大程度上说明了功能性特征对于类案范畴化的根本意义。正如研究者所言"对于概念界定，功能性特征相较形式特征更为

---

① Katherine Nelson, *Concept, Word, and Sentence: Interrelations in Acquisition and Development*, 81 Psychological Review, 1974, p. 267-285.

② Edward E. Smith and Douglas L. Medin, *Categories and Concepts*, Havard University Press, 1981, p. 26.

③ 2021年年初，中央政法委将"完善统一法律适用机制"列入2021年政法领域十大重点改革举措，明确由最高人民法院牵头落实，统一法律适用标准、规范裁量权行使。

基本"①，在类案界定中，功能性特征实际上也确实扮演着更重要的角色。如前述第24号指导性案例对"素因竞合的责任承担规则"的确立，再如第23号指导性案例在裁判要点部分对"不论其购买时是否明知食品不符合安全标准，人民法院都应予支持"的表述，实质上也已经从"特殊"进入"普遍"，突出了"在法律的缝隙中立法"② 的功能特征。此外，研究者还从指导性案例制度与制定法传统如何契合的功能性角度，梳理了指导性案例在"弥补规范条文缺失、矫正规范条文的负外部性、平衡各种利益""融通社会需求、融通规范体系"③等方面的广泛体现，而这种研究趋向也在某种意义上获得了域外研究者的认同④，这也同样是功能性的表达。

但问题在于，指导性案例的功能性立场并未有效传递到类案范畴化过程当中。典型的表现是，即便法官在实质上认可指导性案例确立的基本规则，并以此指导自己的裁判，但在形式上却不以明确的方式运用指导性案例进行论证和说理，研究者将这种情形称为"指导性案例的隐形适用"⑤。其隐去的是范畴化过程中对"基本事实"等结构性特征的论证过程，而显示出直接适用其功能性特征或体现其价值诉求的特点。尽管造成指导性案例隐形适用的外在原因是复合性的，包括但不限于"法官主观上的不情愿""对指导性案例效力的认识疑虑""逃避司法论证负担"以及"尚不熟悉适用案例的具体方法"等，但在本质上，是指导性案例的功能性立场与类案判断的结构性特征之间相冲突造成的。法官能够从功能或价值立场上判断指导性案例与待决案件之间的相似性或关联关系，却无法以满足现行标准要求的结构形式完成范畴化论证。

---

① George A. Miller & Philip N. Johnson-Laird, *Language and Perception*, Cambridge University Press, 1976, p. 229.

② ［美］克里斯弗·沃尔夫：《司法能动主义》，黄金荣译，中国政法大学出版社 2004 年版，第 43 页。

③ 顾培东：《我国成文法体制下不同属性判例的功能定位》，载《中国法学》2021 年第 4 期。

④ 域外研究者认为"指导案例制度和普通法先例制度都存在着促进司法统一和可预测性的功能"。See Mark Jia, *Chinese Common Law? Guiding Cases and Judicial Reform*, 8 Harvard Law Review, 2016, p. 2233-2234.

⑤ 参见孙海波：《指导性案例的隐形适用及其矫正》，载《环球法律评论》2018 年第 2 期。方乐：《指导性案例司法适用的困境及其破解》，载《四川大学学报（哲学社会科学版）》2020 年第 2 期。郭叶、孙妹：《最高人民法院指导性案例司法应用年度分析报告——以 2011—2018 年应用案例为研究对象》，载《上海政法学院学报》2019 年第 6 期。

第三节 跨人工智能的事实认定数字化新方向

新证据学研究的概率化模型以及指导性案例制度下的结构化模型均未能实现对事实认定过程的有效表述。而计算机技术在人工智能领域的持续发展提出了关于司法证明系统“模型化”的全新尝试。人工智能是“用概念框架和计算机科学工具研究认知过程”① 的复杂性学科体系。这一概念诞生于20世纪50年代，在达特茅斯学院于1956年召开的一次夏季会议上被首次提出②。到20世纪80年代，这一体系的研究关注与成果逐渐引发了法律系统的回应，并进而催生了“人工智能与法律的交叉研究（Artificial Intelligence & Law，AIL）”。尽管该交叉研究（AIL）同“新证据学研究”“几乎诞生于同一历史时期”③，但与AIL研究明显不同的是：新证据学研究的整个过程可以概括为“迅速展开、快速成熟和评判性共识形成（尾声）”④；相较而言，AIL经历了或者更确切地说是“等待了”更长时间的技术积累和迭代，其在经历了长达“25年左右的致力于发展法律信息检索系统（legal information retrieval systems）”⑤ 的基础探索或初期积累后，才迎来了某种突破。

一、人工智能语境下司法数字化的实质

皮特·提勒斯早在2001年就已经站在法学跨学科研究者的视角观察了当时人工智能发展的两个特点。⑥ 首先，人工智能与非人工智能的区分界限在当时

---

① Eugene Charniak & Drew Mcdermott, *Introduction to Artificial Intelligence*, Addison-Wesley, 1985, p. 6-7. Wolfgang Ertel, Introduction to Artificial Intelligence, Springer-Verlag London Limited, 2017, p. 1-3.

② Pamela McCorduck, *Machines Who Think*, A K Peters/CRC Press, 2004, p. 93-114.

③ 皮特·提勒斯教授考察了NES与AIL出现的具体历史时期，指出这两种跨学科体系均产生于20世纪的最后30年。See Peter Tillers, A Personal Perspective on Artificial Intelligence and Judicial Proof, 22 Cardozo L. Rev. 1365 (2001), p. 1366.

④ 巩寒冰：《解释性证据理论研究》，中国政法大学2017年博士学位论文，第31-33页。

⑤ Richard E. Susskind, *Expert Systems in Law: A Jurisprudential Approach to Artificial Intelligence and Legal Reasoning*, 49 Mod. L. Rev. 168, 1986, p. 168.

⑥ Peter Tillers, *A Personal Perspective on Artificial Intelligence and Judicial Proof*, 22 Cardozo L. Rev., 2001, p. 1370.

的计算机学科领域中已然并不明显，换言之，人工智能的实际应用程度和范围其实超出了绝大多数外行观察者的认知。大量计算机的软件或硬件程序中包含了如贝叶斯逻辑的应用，并且在相当多的“智能”计算机程序中已经包含相对成熟的决策分析系统，而无论是贝叶斯定律或是决策分析系统，在30年前新证据学研究的探讨争论中，都还仍是证据学家们积极论证的“理论前沿”。其次，人工智能的研究者及开发者在“规划、动态推理、动态环境中的决策、时序逻辑和人工生命等”①动态过程领域投入了大量的关注，而这些关注同事实认定推理过程间存在密切的内在关联。

这两个特点正反映了AIL研究的核心内容，即尝试用计算机模型或特定算法去模仿、表现、理解人脑进行决策、分析、推理的思维进程，凯文·D. 阿什利将之概括为“人工智能与法律交叉研究的主要目标是发展有关法律推理的计算机模型（Computational Models of Legal Reasoning，CMLRs）”②。这既是人工智能研究的终极目标，也是人工智能与法律交叉研究的核心任务和根本障碍，如栗峥教授即区分了人工智能“由浅入深”介入司法的四个方面，其中人工智能“直接参与决策或进行局部裁判”③被认为是最深一层次的表现形式。概言之，人工智能时代“量化”尝试的本质是对“理性推理”本身数学化、模型化的建构过程。

曾经新证据学研究时期“数学化模型作为一种理解审判过程的方法”所引发的批评与反思，呼应了今天“大数据和算法的结合将颠覆传统决策方式”④的挑战与可能。回头看，证据法学者芬克尔斯坦及费尔利对人民诉柯林斯案的过时评论似乎又在此时获得了全新的注解，即“贝叶斯推理在审判过程中应用的真正问题并不在于检控方试图使用数据进行推理，而是在于检控方未能将数据信息以最适宜陪审团决策要求的形式提出”⑤。在这个意义上，新证据学研究

---

① Steven Levy, *Artificial Life: The Quest for a New Creation*, Pantheon, 1992, p. 1-5.

② Kevin D. Ashley, *Artificial Intelligence and Legal Analytics: New Tools for Law Practice in the Digital Age*, Cambridge University Press, 2017, p. 4.

③ 栗峥：《人工智能与事实认定》，载《法学研究》2020年第1期。

④ Viktor Mayer-Schonberger & Kenneth Cukier, *Big Data: A Revolution That Will Transform How We Live, Work and Think*, Houghton Mifflin Harcourt Publishing Company, 2013, p. 34-36.

⑤ Michael O. Finkelstein & William B. Fairley, *A Bayesian Approach to Identification Evidence*, 83 Harv. L. Rev., 1970, p. 489.

的批判性共识并非对司法数字化本身的方向性质疑，而是在彼时算力局限下的妥协。而人工智能在“数据、算力、算法”① 方面的发展再次向研究者展现了“最适宜量化形式” 的未来可能。

概言之，来自人工智能领域的新技术发展，为突破算力、算法瓶颈提供了未来可能。“包括智能问答、信息提取以及从文本中挖掘论元等技术的出现，为法律领域新应用的发展埋下种子”②，而这些技术可以统归于建立在机器学习基础之上的“数据分析”或“数据采掘”技术，相较传统信息检索系统专注于促进信息获取的功能定位③，数据采掘的首要功能在于对数据的分析以及对数据背后关联的发现。在传统的信息检索或信息获取模式中，计算机工具扮演的角色是桥梁性的，其将合适的信息在合适的时间提供给合适的需求者，而并不强调对信息的附加处理或转化。相较而言，数据采掘技术在功能性上完全超越了传统信息检索系统的被动性角色定位，它将进一步帮助使用者对数据信息进行分析和消化，并促进决策的制定。④

此外，得益于互联网络和社交媒体等平台的发展，数量庞大的数据库得以积累，去中心化的多元参与主体（信息发布者）极大程度地保障了数据信息的丰富度。在这各种各样形式的数据库信息中，尤以数量庞大的文本数据内容最具代表性，如微博、微信、Twitter、Facebook 以及各种形式的论坛，这些社交媒体在当前的网络应用中扮演着非常重要的角色。他们“提供了有关人际交往和群体行为的丰富信息，并因此吸引了来自社会学、商业领域、心理学、政治学、计算机科学、经济，以及其他社会文化方面学科的极大关注”⑤。而文本数据的庞大积累又进一步提供了训练、检验人工智能文本发掘（Text Mining）技术、模型和算法等的训练场。

---

① 人工智能的三大基本要素。参见郑曦：《人工智能技术在司法裁判中的运用及规制》，载《中外法学》2020 年第 3 期。

② Kevin D. Ashley, *Artificial Intelligence and Legal Analytics: New Tools for Law Practice in the Digital Age*, Cambridge University Press, 2017, p. 1.

③ K. Sparck Jones & P. Willett (ed.), *Readings in Information Retrieval*, Morgan Kaufmann Publishers Inc, 1997, p. 1-2.

④ Charu C. Aggarwal & ChengXiang Zhai, *Mining Text Data*, Charu C. Aggarwal & ChengXiang Zhai (eds.), Springer 2012, p. 2.

⑤ Xia Hu & Huan Liu, *Mining Text Data*, Charu C. Aggarwal & Cheng Xiang Zhai (eds.), Springer, 2012, p. 385-386.

二、证据性法律论证的模型范式

事实认定阶段的推理是依据证据的推理。现代理性法庭的事实认定者被程序严格限制了诉讼外获取案件信息的途径，依赖证据形成对涉诉事实的真相信念就成为证据裁判要求的题中之义。这个过程是“基于观察到的证据和我们所处生活环境中的常识所形成的构建正在发生或已发生之事的推理”①，也即构建案件事实的推理。

如同威格摩尔将事实认定过程中的推理决策活动进一步从证据规范研究中独立出来。他指出有关证据原则的要求是包含两个独立部分的，其中“一个部分是可采性规则体系——即法律设置的程序性规则；另一个部分才是通常意义上的证明——即在争议性主张间的推理过程”②。威格摩尔也将这种不同于传统“法律推理”的法庭理性活动描述为“律师为自己设置的说服陪审团（事实认定者）相信或不相信特定事实的任务”，而为了完成这一任务，律师们必须“自然地推理，如普通人般推理”③。而这种早期的研究积淀或者说共识，影响到了 AIL 的相关研究。他们将前述事实认定阶段的推理活动视为“证据性法律论证”，以区别于“在决定法律规则或概念的意谓或解决冲突结果的法律含义时所考虑的法律论证”④。

证据性法律论证区别于传统法律论证的独特性在于，其需要在“认知目标与非认知目标之间取得平衡”，所谓的“认知目标”是指对事实的发现应当尽可能准确，并且应当尽可能地同在案证据相一致，而“非认知目标”则包含诸如程序公正、效率以及特定政策性目的⑤。而这种平衡有赖于一套实现准确的

---

① Floris J. Bex, *Arguments, Stories and Criminal Evidence: A Formal Hybrid Theory*, 92 Springer Science & Business Media, 2011, p. 1.

② Jhon Henry Wigmore, *The Principles of Judicial Proof or the Process of Proof as Given by Logic*, Psychology, and General Experience, and Illustrated in Judicial Trials (2ed edition), Little, Brown and Company, Boston, 1931, p. 3.

③ Jhon Henry Wigmore, *The Principles of Judicial Proof or the Process of Proof as Given by Logic*, Psychology, and General Experience, and Illustrated in Judicial Trials (2ed edition), Little, Brown and Company, Boston, 1931, p. 1-2.

④ ［美］凯文·D. 阿什利：《人工智能与法律解析》，邱昭继译，商务印书馆 2020 年版，第 196 页。

⑤ Vern R. Walker, *Epistemic and Non-epistemic Aspects of the Factfinding Process in Law*, Vol. 3 (1), American Philosophical Association Newsletter on Law and Philosophy, 2003, p. 132-136.

事实认定推理过程模型化的方法论体系，且这种方法论体系是以自然语言的决策过程为基础的[①]。

而建构该体系的首要难题是，研究者如何解决以计算机能够理解的形式表述自然语言的具体含义，从而使计算机可以判断具体事实情境中的语意含义。具体而言，如何让计算机理解事实问题的判断依据，以及在适用法律规则时，对特定案情、因果关系、价值因素等的衡量情况，是证据性推理模型化的核心难题。这些对人脑而言极为普通的经验性任务，对计算机而言，蕴含着极大的技术挑战。这在本质上，是人脑感知、处理知识信息不同于计算机的数据输入模式造成的，有研究者称之为“语言难题”[②]，或“知识描述瓶颈（knowledge representation bottleneck）”[③]。

而如前所述，人工智能是运用计算机科学的概念框架以及工具研究人类心智的学科体系，在其代表性的功能应用中，有击败人类围棋世界冠军的“深度学习”机器人“AlphaGo”，其核心能力体现在推理、谋略、计划以及决策[④]；有自动驾驶技术，该技术包含对一系列人脑功能的模仿和学习，包括视觉、空间感知、情况语境、行动以及判断[⑤]；有翻译和文本挖掘技术，该技术通过学习或模仿人类大脑对符号、文本、语言以及意义的处理过程[⑥]，进而实现在文本档案中发现信息、分析数据[⑦]。这些技术在法律语境中的运用，使得传统上依靠人力完成的法律文本解析工作，在“自然语言处理和机器学习”的帮助下，实现了自动化[⑧]。而人工智能所展现的上述这些功能优势，同事实认定的

---

① Vern R. Walker, *Empirically Quantifying Evidence Assessment in Legal Decisions*, Presentation at the Second International Conference on Quantitative Aspects of Justice and Fairness, 2011, Fiesole, Italy, p. 1-2.

② 栗峥：《人工智能与事实认定》，载《法学研究》2020 年第 1 期。

③ Kevin D. Ashley, *Artificial Intelligence and Legal Analytics: New Tools for Law Practice in the Digital Age*, Cambridge University Press, 2017, p. 4.

④ J. M. Unterrainer et al., *Planning Abilities and Chess: A Comparison of Chess and Non-Chess Players on the Tower of London Task*, 97 Brit. J. Psychol, 2006, p. 290-302.

⑤ Shunichi Doi, *Technological Development of Driving Support Systems Based on Human Behavioral Characteristics*, 30 IATSS Res., 2006, p. 19-21.

⑥ Stuart Russell & Peter Norvig, *Artificial Intelligence: A Modern Approach (4th edition)*, Prentice Hall, 2002, p. 2, 22.

⑦ 文本解析或文本发掘技术是“一套语言学的、统计学的和机器学习技术”，常被用于“探索性数据分析、研究或调查文本来源的信息内容”。参见［美］凯文·D. 阿什利：《人工智能与法律解析》，邱昭继译，商务印书馆 2020 年版，第 6 页。

⑧ ［美］凯文·D. 阿什利：《人工智能与法律解析》，邱昭继译，商务印书馆 2020 年版，第 217 页。

推理决策过程间存在实质关联。

在前述技术积累的基础上，一些研究提出了更具前瞻性和可行性的新思路。如美国霍夫斯塔拉大学法学院的“法律、逻辑和技术研究实验室（Law, Logic and Technology Laboratory，LLT Lab）”为证据性法律论证的模型化发展所提供的研究思路。概言之，该实验室通过将基于逻辑的分析框架和体现相关行业先进水平的技术引入法律分支领域的经验问题研究中，从而实现法律问题研究的科学化、模型化。①

弗恩·沃克教授在其文章中以美国“疫苗损害赔偿项目（VICP）”中涉及的争议案件为例，探讨了LLT实验室的经验研究方法。这类案件的代表性意义在于，它们通常涉及复杂的事实认定问题。涉及“医学、科学的以及其他专家和非专家的证据”，尤其是经常需要在两种冲突的专家证据间作出决策或者将专家（技术性）证据与非专家（经验性）证据整合到一条推论链中。因此，对该类案件中事实问题的逻辑框架的模型化处理，将有助于我们理解证据性法律论证的实际情形。弗恩·沃克通过缺省逻辑范式（Default-Logic Paradigm）将疫苗损害赔偿案件中的证据性论证活动描述为一种颠倒的“规则树”②。在规则树的最顶端，是赔偿请求权人所需证明的最终诉求，即因疫苗侵害受损而享有请求赔偿的主张。整个规则树的推论活动是自下而上的，而逻辑结构的分支则是从最顶端的主张向下扩展的。在证据性论证的推进过程中，分支与分支之间、层级与层级之间的逻辑结构和功能特征是通过连接词实现的，包括和“and”（在所有的推论条件均同时为真时，结论才为真）；或“or”（在推论条件至少有一个为真时，则结论为真）；除非“unless”（如果该阻碍条件为真，则结论为假，并且阻碍条件具有优先性，优先于初步具备的前提条件）等。我们可以在弗恩·沃克所描述的论证“规则树”基础上，将证据性法律论证的形式框架作如下呈现：

最终层“要件事实”：

---

① Vern R. Walker, *Empirically Quantifying Evidence Assessment in Legal Decisions*, Presentation at the Second International Conference on Quantitative Aspects of Justice and Fairness (Feb. 25-26), 2011, Fiesole, Italy, p. 2.

② Vern R. Walker, *Empirically Quantifying Evidence Assessment in Legal Decisions*, Presentation at the Second International Conference on Quantitative Aspects of Justice and Fairness (Feb. 25-26), 2011, Fiesole, Italy, p. 3.

基于客观法规范而产生的主观权利，呈请者享有源于“国家疫苗损害赔偿项目”的赔偿请求权。

第三层“证据性事实（证伪）”：除非（unless）条件

有优势证据表明，呈请者的疾病、残疾、损害、其他状况，或死亡是由于与接种疫苗无关的因素造成的；且这些无关因素是指，根据申请人的证据或记录中的其他材料，可能包括感染、中毒、创伤，或无法确认与疫苗接种有关的代谢紊乱……①；

第三层“证据性事实（证明）”：和（and）条件

证据性事实1：呈请人所接种疫苗见载于“疫苗损害表”②；

证据性事实2：呈请人承受持续的，或已经显著恶化的，由接种疫苗导致的任何疾病、残疾、损伤，或其他疫苗损害表中表述的状况③；

证据性事实3：呈请人在接种疫苗之后超过6个月的时间，仍遭受这些疾病、残疾、损伤，或其他疫苗损害表中表述的状况所带来的副作用或并发症……④；

证据性事实4：未曾从民事损害赔偿的诉讼或和解协议中就疫苗相关的损害或死亡获得赔偿⑤；

证据性事实5：损害与疫苗接种间的明确因果关系⑥

（以上1-4源于成文法规定，5源于先前判例）

第二层“证据性事实（证明）”：或（or）条件

证据性事实51：已明确的疫苗与特定损害间的因果关系⑦；

证据性事实52：非在“疫苗损害表”上的伤害：疫苗与伤害之间存在“实质上的因果关系”⑧。

第一层“证据性事实（证明）”：和（and）条件

---

① See 42 USC 300aa-13（a）（1）（B）; 42 USC 300aa-13（a）（2）（B）.

② See 42 USC 300aa-11（c）（1）（A）.

③ See 42 USC 300aa-11（c）（1）（C）.

④ Sec 42 USC 300aa-11（c）（1）（D）.

⑤ See 42 USC 300aa-11（c）（1）（E）.

⑥ Althen v. Secretary of HHS, 418 F. 3d 2005, at 1274.

⑦ Althen v. Secretary of HHS, 418 F. 3d 2005, at 1278.

⑧ Althen v. Secretary of HHS, 418 F. 3d 2005, at 1278, 1281.

证据性事实 52（1）：疫苗与损害之间存在医学理论上的因果联系；

证据性事实 52（2）：存在逻辑顺序上的因果次序，表明疫苗接种是造成伤害的原因；

证据性事实 52（3）：在疫苗接种与伤害之间存在大致的时间发展顺序①。

在上述证据性论证框架中，每上一层的证据性事实（相较）均是下一层证据性事实的待证主张。最终层为最终待证主张，是与实体法规范要件相对应的事实主张。在计算机模型化系统中，每一层主张均被赋予三种价值可能："真""伪""真伪不明"；在赋值计算之始，所有主张均处于"真伪不明"状态，其最终状态由下一层级证据性事实的运算结果决定。这种证据性的逻辑推导过程同法庭证明的"证据性事实—推断性事实—要素性事实—犯罪构成要件"的结构相一致。在 LLT 实验室的论证模型中，与证据相关的推理首先源于对事实问题中包含的命题或主张的提炼，这些主张可以是"证人的证言，文书中的主张，以及事实认定者的解读或认证的事实，在此基础上，证据性法律论证的模型得以展现。

首先，参考 VICP 模型的赋值方法，对这些被提炼出的命题或主张进行赋值。这种赋值是依据概率可能性的语言表述完成的，在 VICP 模型中，任一命题或主张均会被赋予七种连续的可能性价值形态中的一种②：极有可能、非常可能、轻度可能、悬而未决、轻度不可能、非常不可能、极不可能。而在这种赋值中，我们可以看到对新证据学研究中概率模型的批判与继承。在某种程度上，这也是概率观念在批判反思中所获得的"更大包容性"的体现。

其次，将赋值后的命题或主张对应带入论证"规则树"中，如上述"从证据性事实 52（1）+证据性事实 52（2）+证据性事实 52（3），到证据性事实 52，再到证据性事实 5"的因果关系推论链条所示。在 LLT 实验室的论证模型中，传统的"逻辑运算符（Unless-And-Or）"被赋值后的"可能性价值（plausibility-values）"连接词"Rebut-Min-Max"所对应取代，以体现命题或主张间的逻辑结构关系。例如，Min 对应 And，表示推论前端的最初也即"最低"可能性价值；Max 对应 Or，表示拥有"最高"可能性价值的推论前端；作为可

---

① Althen v. Secretary of HHS, 418 F. 3d 2005, at 1278.

② Vern R. Walker, *A Default-Logic Paradigm for Legal Fact-Finding*, Vol. 47 Jurimetrics, 2007, p. 193-243.

能性连接词对应 Unless，即如果标注为“Rebut”的主张是具有任何程度的可能性，该连接词所指向的结论则具有对应程度的“不可能性”度量。

最后，上述被可能性赋值的命题组成逻辑论证结构，以此即完成了有关事实认定推理逻辑模型的建构过程。该过程是借助“学徒系统公司（Apprentice Systems，Inc）”[①] 设计的“法律学徒软件（Legal Apprentice Software）”实现的，该软件运算的逻辑结构基于当前互联网通行的标准 XML 格式文件和 HTML 格式。其中 XML 文档格式是当前互联网平台的标准通用可扩展标记语言，其已经“成为数据交换事实上的标准、SOA 架构的基石”[②]。这在很大程度上保障了该算法模型对开放性互联网数据的兼容性，为证据推理模型提供了基于海量数据的“概率准确性”。算法系统将通过不断的数据“填喂”，而作出越来越符合普遍经验认知的事实认定结论。

三、法定推理的规范化模型范式——基于“事实”与“法律”在认识论本质上一致性的思考

传统上认为，法律适用阶段的典型推理形式是强调“规范性”特征的，它在实质性和形式性两个层面体现了法学科的排他性。而正是这种排他性在某种程度上赋予了法律适用阶段及其推理形式对于整个法律推理研究的特殊意义，并使得研究者常常以法律适用阶段的推理内容代指整个法律推理过程，而忽视了事实认定阶段及其推理内容的重要意义。究其原因，演绎逻辑所包含的“公理系统”同法律的规则体系，尤其是成文法的条文规范体系间的相似性造成了传统研究中将法律推理等同于法定推理的误读。

但在实际上，“‘事实问题’与‘法律问题’在本质上都属于认识活动”[③]，二者遵循相同的推论基础和逻辑形式。在法律推理的“实质性依据”层面，无

---

① Vern R. Walker, *Empirically Quantifying Evidence Assessment in Legal Decisions*, Presentation at the Second International Conference on Quantitative Aspects of Justice and Fairness (Feb. 25-26), 2011, Fiesole, Italy, p. 5.

② 周军锋、孟小峰：《XML 关键字查询处理研究》，载《计算机学报》2012 年第 12 期。且该语言标记规范的功能在于“定义计算机和人都能方便识别的数据类型”，而 XML 在模糊数据建模方面的发展，进一步拓展了其在“模糊推理及决策支持”方面的发展，同司法数字化的需求相一致。参见严丽等：《基于关系数据库映射的模糊数据 XML 建模》，载《计算机学报》2011 年第 2 期。

③ 巩寒冰：《刑事诉讼中事实与法律区分的传统逻辑与解释路径》，载《环球法律评论》2020 年第 4 期。

论是源自道德的、经济的、政治的、制度的或其他的社会因素的“目的性依据”，还是源自判决（或规则）对一条正当的社会道德规范的遵从的“正当性依据”，均是以特定事实获得自身的说服力为基础的；而在“形式性依据层面”，法律推理的过程本身即“涉及众多得到承认的法律事实”①。因此“法律推理”尽管呈现独特“规范性”特征，但仍是以事实材料及其蕴含的理性认识因素为基础的。在这个意义上，事实认定语境下的司法数字化，以命题主张及逻辑结构关系建构的模型范式也应当适用于（狭义）法律推理的规范化模型。此外，除了这种实质上的关联以外。在形式上，传统成文法系统所蕴含的演绎体系同计算机语言系统的逻辑理性也存在诸多相通之处。换言之，用以书写法律条文的文字语言结构与计算机编程所使用的程序语言遵循着相同的逻辑理性。

因此，在以计算机和互联网运算为主要工具的事实认定数字化进程中，传统法律推理的模型化变革也将是同步推进的。人工智能交叉下，司法数字化将不可避免地打通“法律推理”和“证据推理”的樊篱。也正是在这种背景下，有研究者指出“成文法推理的计算机模型化被认为是简单的”②。诚然这种简单仅仅是直观感受上的，并且也是相对而言的，人类语言的模糊性、法律概念语词的抽象性、语法构词的歧义性等都对这一模型化过程提出了重要挑战。并且“从（符合计算机逻辑语言编程需要的）句法结构的观点来看，即便是那些被认为经过严密审查和审慎书写的法律文件的语句逻辑也是非常糟糕的”③，因此相关研究的形式化路径正体现为对传统法律条文的“规范化”过程。

即便如此，制定法条文的模型化也大体上找到了可被称为共识的探索方向，即“对法定推理的形式逻辑模型的建构”④。这种建构的实质是运用命题逻辑重新阐释法律条文的句法结构，从而使相对非形式化的法律条文更符合形式化要求，并在不改变条文本意的情况下对法律条文的表述逻辑进行梳理与调整，其

---

① ［美］P. S. 阿蒂亚、R. S. 萨默斯：《英美法中的形式与实质——法律推理、法律理论和法律制度的比较研究》，金敏、陈林林、王笑红译，中国政法大学出版社 2003 年版，第 5 页、第 11 页。

② Kevin D. Ashley, *Artificial Intelligence and Legal Analytics: New Tools for Law Practice in the Digital Age*, Cambridge University Press, 2017, p. 38.

③ Layman E. Allen & C. Rudy Engholm, *Normalized Legal Drafting and the Query Method*, 29 J. Legal Educ. 1978, p. 388.

④ Kevin D. Ashley, *Artificial Intelligence and Legal Analytics: New Tools for Law Practice in the Digital Age*, Cambridge University Press, 2017, p. 33.

过程同第三章“运用命题逻辑重新描述从证据性主张到结论性事实的过程”相一致。即首先，将法律规范条文提炼抽象为命题；其次，用逻辑连接词连接上述命题。诚然以此完成的模型化建构是理想情形下的简单示例，实际的规范面临着复杂的条文语境，如“公园禁令”是否应对“参加节日游行的展示车辆、救济车辆”等确立“可予撤销”的例外情形；此外“车辆”本身也是一个尚待明确界定的复杂概念[①]。因此对规范条文的具有实际可操作性的计算机模型化改造是一个复杂的系统性工程，而我国研究者提及的“数据的结构化改造与语言难题”[②]，实质也反映了该问题。但模型化过程的复杂或者说困难，并不意味着模型化的不可能。甚至复杂或困难本身正反映了 AIL 研究推进以来对人类法律推理和事实认定本质的渐进的正确性认识，尤其相较新证据学研究时期，逻辑理论与运算形式结构的引入，使得我们前所未有的接近着数字化事实认定的应然形式。

在前述简单命题基础上，研究者们也尝试了对更复杂规范内容的模型化改造。如莱曼·艾伦与鲁迪·恩霍姆在其研究中，以《美国国内税收法案》第 354 条为例，表述了“规范化版本（Normalized Version）”的逻辑结构形式[③]。经过规范化改造后的法律条文，在结构上呈现为形式化的由简单语句构建的复杂逻辑关系组合，相较传统的行文模式，这种句法结构更加便于理解和使用。凯文·D. 阿什利则进一步指出莱曼·艾伦和鲁迪·恩霍姆的“规范化版本”的优势实质上是模型化的优势，是能够直接在计算机上运行的形式化句法结构。也即“建立在霍恩子句逻辑（Horn clause logic）基础上的计算机编程语言”[④]，是更符合人工智能与计算机语言需求的法律行文模式。

此外，袁中华教授在探讨劳动合同解除争议中的证明责任分配问题时也有相似发现，2012 年修正的《劳动合同法》中，由第 36 条、第 38 条、第 40 条、第 41 条以及第 46 条构建的解雇补偿金请求权体系存在结构性句法问题，而这种法律行文结构上的问题将会导致司法实践中证明责任分配适用的混乱与不合

---

① Douglas Walton, *Legal reasoning and Argumentation*, *in Handbook of Legal Reasoning and Argumentation*, Giorgio Bongiovanni eds., Springer, 2018, p. 49.

② 栗峥：《人工智能与事实认定》，载《法学研究》2020 年第 1 期。

③ Layman E. Allen & C. Rudy Engholm, *Normalized Legal Drafting and the Query Method*, 29 J. Legal Educ. 1978, p. 388-393.

④ ［美］凯文·D. 阿什利：《人工智能与法律解析》，邱昭继译，商务印书馆 2020 年版，第 52 页。

理。袁教授指出造成这种问题的根源在于原法律规范将“权利妨碍规范的事实列入权利形成要件之中”[①]，其解决依赖于规范模式的修正——修正为“原则/例外的表达”[②]，而这种修正在本质上正是一种形式化的法律条文句法逻辑结构的调整，同莱曼·艾伦所表述“规范化版本”有着相似的意涵。

原则：劳动者与用人单位解除劳动合同，用人单位需要支付补偿金（废除原第46条的规定）。

例外：用人单位证明如下情形，则不需要支付补偿金。

第36条：用人单位与劳动者协商一致，可以解除劳动合同（劳动者主动）。

第37条：劳动者提前30日以书面形式通知用人单位，可以解除劳动合同。劳动者在试用期内提前3日通知用人单位，可以解除劳动合同。

第39条：劳动者有下列情形之一的，用人单位可以解除劳动合同……（劳动者过错）

该修正后的条文，可以用计算机逻辑语言清晰展现，形成该法规的形式化版本的简单命题逻辑示例如下：

如果

S1. 劳动合同解除

除非

S2. 用人单位证明系合意解除

或

S3. 用人单位证明劳动者主体提出

或

S4. 用人单位证明劳动者过错再现

那么

S5. 用人单位需支付补偿金

在上述逻辑命题中，每个命题均存在为真或为假两种赋值，计算机通过询

---

① 袁中华：《劳动合同解除争议之证明责任分配——基于法教义学的分析》，载《法商研究》2019年第1期。

② 袁中华：《劳动合同解除争议之证明责任分配——基于法教义学的分析》，载《法商研究》2019年第1期。

问或调用用户对 S1、S2、S3、S4 简单命题的真假赋值情况，进而得出结论 S5 的真假判断。这种调整一方面更符合立法设立补偿金请求权的设立本意；另一方面也使得条文逻辑更为清晰，更符合计算机逻辑语言的形式化要求。在这个意义上，这种“规范化版本”可看作人工智能与法律交叉研究的努力方向。

第四节　事实认定人工智能化的风险与评估

如前所述，AIL 助力的司法数字化正呈现打通“狭义法律推理”与“证据推理”的模型化区别的发展趋势。而相关模型原型的发展和测试工作在结论“可靠性”和“有效性”两个层面揭示了司法数字化在推理模型化以及协助处理解决事实认定问题时的方向正确性。其中“可靠性”反映不同的研究者对相同判决进行模型化建构时的一致性程度，而“有效性”则意味着模型在捕获事实认定所采取推理形式的准确性程度。① 如左卫民教授在其文章中对“弗吉尼亚理工大学、伊利诺伊理工大学、斯坦福大学……多所大学的法学院和相关研究机构，以及美国法律人工智能平台……和英国、加拿大等国研究机构”② 的实证预测性研究的梳理，总结了相关计算机模型在“预测裁判、分析法官立场、胜任律师工作”等方面的可靠性与有效性。而我国“上海刑事案件智能辅助办案系统”在“逮捕条件审查、全案证据审判判断、类案推送、量刑辅助”③ 等实质涉及事实认定问题的人工智能模型化应用，以及在北京、浙江、江苏、广东、贵州、河北、重庆等地④的试点和推广，也都在很大程度上反映了与人工智能交叉的司法数字化在实践发展中的普遍性趋势。这是完全超出此前“司法数字化”的历史认知范畴的。并且这种超越的广泛意义甚至在某种程度上意

---

① Vern R. Walker, *Restoring the Individual Plaintiff to Tort Law by Rejecting "Junk Logic" About Specific Causation*, 56 Alabama Law Review, 2004, p. 381-481.

② 左卫民：《热与冷：中国法律人工智能的再思考》，载《环球法律评论》2019 年第 2 期。

③ 崔亚东：《人工智能与司法现代化——“以审判为中心的诉讼制度改革：上海刑事案件智能辅助办案系统”的实践与思考》，上海人民出版社 2019 年版，第 111-116 页。

④ 左卫民：《关于法律人工智能在中国运用前景的若干思考》，载《清华法学》2018 年第 2 期。

味着威廉·特文宁所预言的“一个整合性的‘证据科学’”① 的实现可能。人工智能及其算力和数据库发展的可预期未来提供了囊括“概率和统计学、法学、医学、地理学、教育学、哲学、古代史学、经济学、心理学和计算机科学”② 的跨学科基础，使得戴维·舒姆参与并实践的“伦敦大学学院吸收了超过20个系”③ 的事实认定跨学科研究规模相形见绌，而这更是理查德·兰帕德在新证据学研究发展之始描述的“迅速增长的研究兴趣以及被吸引而来的（多学科）精英人才”④ 的规模所无法比拟的。而伴随着这种超越，AIL研究也激起了前所未有的广泛争议，而这些争议声音中其实也包含了AIL研究发展的可能方向：包括人工智能必然会实现并深刻影响着事实认定活动，人工智能注定无法实现也即人工智能无法理解事实认定的理性前提，以及对人工智能与事实认定交叉持开放性态度的预设探索。

一、事实认定人工智能化实现的伦理困境

在某种程度上，AIL研究已经破除了新证据学研究“不能作为法庭决策过程的具体指引”的理论共识，机器“像‘法律人那样思考’已经不再是一种远景，更不是一种奢望”⑤。而人工智能研究本身仍在迭代发展，尽管我们还不能预期“人工智能全面模拟人类智能的初心”⑥ 何时实现，但该交叉方向的可行性已经是被预设在当前部分研究的展开基础上的。诸如探讨人工智能与司法交叉“对公正价值的冲击、对诉讼权利的影响、对诉讼原则的削弱”⑦，分析人工智能交叉“对法律认知、法律规则形态、法律价值”⑧ 等法学科观念的未来影

---

① ［英］威廉·特文宁：《反思证据——开拓性论著》（第二版），吴洪淇等译，中国人民大学出版社2015年版，第455-458页

② 巩寒冰：《证据科学：UCL模型与CUPL模型中的跨学科趋势研究》，载《师大法学》2017年第2期。

③ ［英］威廉·特文宁：《反思证据——开拓性论著》（第二版），吴洪淇等译，中国人民大学出版社2015年版，第458页。

④ Richard Lempert, *The New Evidence Scholarship: Analyzing the Process of Proof*, 66 B. U. L. Rev., 1986, p. 439-440.

⑤ 左卫民：《关于法律人工智能在中国运用前景的若干思考》，载《清华法学》2018年第2期。

⑥ 张保生：《人工智能法律系统：两个难题和一个悖论》，载《上海师范大学学报（哲学社会科学版）》2018年第6期。

⑦ 郑曦：《人工智能技术在司法裁判中的运用及规制》，载《中外法学》2020年第3期。

⑧ 李晟：《略论人工智能语境下的法律转型》，载《法学评论》2018年第1期。

响；以及相较更具体的对“人工智能的社会风险及法律规制”① 的关注，包括对“人工智能的立法规制、司法规制”②，人工智能“在诉讼各阶段中的具体运用”③ 等；甚至尝试明确“证明力评判方式的算法本质”④，以及“基于证明原理的升级、提供证据评价的概率测算、实现整体主义的认知监控”⑤ 等方式实现事实认定人工智能化的远景目标。概言之，这些研究以人工智能真正理解并模拟事实认定的理性本质为前提，而由此所引发的司法事实认定领域的诸多变革，无疑将是一场颠覆此前所有经验观念的认知革命。在这场认知革命中，除却技术认知的革新压力，事实认定人工智能化还将面临着不匹配的传统政治和伦理观念所造成的困扰。如有研究者指出，即便机器具备了人类智能，其“‘不能独立担任法官职务’将是一条最重要的禁止性规定”⑥。

首先，事实认定的人工智能化即意味着司法权力运行的人工智能化。司法权的“第一特征”是对争讼案件的裁判，也因此“司法权往往被直接称为司法裁判权”⑦。而一个国家的司法制度正是围绕着司法权力运行构建的，其“……在政治制度中占有非常重要的地位”⑧。就司法权设置的根本目的来看，“司法权是（国家）以权威方式解决利益争端”⑨ 的功能配置，而事实认定又是利益争端解决的核心过程。正是在这个意义上，事实认定的人工智能化在根本上涉及政治和制度伦理问题。尽管以孟德斯鸠和早期美国宪法起草者为代表的现代

---

① 马长山：《人工智能的社会风险及其法律规制》，载《法律科学（西北政法大学学报）》2018 年第 6 期。刘宪权：《人工智能时代的刑事风险与刑法应对》，载《法商研究》2018 年第 1 期。

② 汪庆华：《人工智能的法律规制路径：一个框架性讨论》，载《现代法学》2019 年第 2 期。

③ 纵博：《人工智能在刑事证据判断中的运用问题探析》，载《法律科学（西北政法大学学报）》2019 年第 1 期。

④ 周慕涵：《证明力评判方式新论——基于算法的视角》，载《法律科学（西北政法大学学报）》2020 年第 1 期。赵艳红：《人工智能在刑事证明标准判断中的运用问题探讨》，载《上海交通大学学报（哲学社会科学版）》2019 年第 1 期。

⑤ 谢澍：《人工智能如何“无偏见”地助力刑事司法——由“证据指引”转向“证明辅助”》，载《法律科学（西北政法大学学报）》2020 年第 5 期。

⑥ 张保生：《人工智能法律系统：两个难题和一个悖论》，载《上海师范大学学报（哲学社会科学版）》2018 年第 6 期。

⑦ 陈瑞华：《刑事诉讼中的问题与主义》（第二版），中国人民大学出版社 2011 年版，第 4 页。

⑧ ［法］托克维尔：《论美国的民主》（上卷），董果良译，商务印书馆 2013 年版，第 122 页、第 171 页。

⑨ 陈瑞华：《刑事诉讼中的问题与主义》（第二版），中国人民大学出版社 2011 年版，第 8 页。

国家权力学说缔造者们都认为“司法权是国家权利中最弱小的”①，但不可否认的是司法权对于平衡钳制其他国家权力形式而言，具有不可或缺的功能性价值，或言之，其权威性源于“国家治理中的功能需要”②。也因此，事实认定人工智能化的实现将面对国家司法权力让渡机器行使职能的政治伦理问题。在传统上国家权力被认为是从属于“一个整体意义上的人民及一个权力”③ 的，司法权是这个整体当中的国内法律秩序的创造和适用的特定阶段，其职能向智能机器的让渡必然要重新解决同其他法律秩序的创造和适用的阶段的协调与统一问题。而在更深层次上是传统国家作为社会学统一体在其“共同意志、利益构成、相互作用构成”④ 等方面的政治伦理问题的深刻检讨。

其次，回顾历史“每一项重大技术出现，都会给传统社会带来风险和挑战”⑤，而人工智能的出现会将这种挑战推升至关于存在、意识、生命等终极伦理命题的全面反思中。一旦事实认定的人工智能化真正实现，也即意味着人工智能对人类理性经验和逻辑规则的全面理解与掌握，这是人工智能的“自我意识”觉醒。而拥有这种意识的“机器法官”一旦出现，无疑将引发对科技伦理的重新审视。例如，这类“法官”的社会定位问题，其行使司法的权力来源问题，职业责任的承担问题，其与同行人类司法从业者的关系问题，社会公众的信任与接受问题等。而这些问题都将使近代启蒙思想家所构筑的法学体系面临重新一次的再启蒙。如孟德斯鸠在《论法的精神》中开篇即论证“法是人类的理性”，人类生活之空间、时间、宗教信仰、偏好、财富，乃至风俗，凡此种种之关系组成了其所谓“法的精神”⑥。而彰显科技伦理的机器理性的出现，势必将重新审视这些命题。

最后，刑事案件事实认定的人工智能化将面临新的社会伦理和责任伦理问题。刑事案件事实认定是界定刑事权利义务关系，落实刑事责任的基础，而如

---

① ［美］亚历山大·汉密尔顿、［美］约翰·杰伊、［美］詹姆斯·麦迪逊：《联邦党人文集（四）》，张晓庆译，九州出版社 2006 年版，第 999 页。

② 包括“增强国家治理系统的内、外部适应性，维护国家政治文明和核心价值观”。参见曹士兵、施新州：《国家治理视野下的中国司法权构建》，载《中国社会科学》2015 年第 3 期。

③ ［奥］凯尔森：《法与国家的一般理论》，沈宗灵译，商务印书馆 2013 年版，第 366 页。

④ ［奥］凯尔森：《法与国家的一般理论》，沈宗灵译，商务印书馆 2013 年版，第 272 页。

⑤ 莫宏伟：《强人工智能与弱人工智能的伦理问题思考》，载《科学与社会》2018 年第 1 期。

⑥ ［法］孟德斯鸠：《论法的精神》（上卷），许明龙译，商务印书馆 2012 年版，第 15 页。

前述分析，事实认定推理与法定推理又存在模型化范式的一致性。也即意味着一旦人工智能能够理解并从事刑事案件的事实认定工作，那么它在处理法律适用问题方面也将不存在任何的技术困难。而此时的困难则集中在伦理语境，类似困难对人类社会而言，并非首次出现，克隆技术、DNA 编辑技术的出现都曾引发过人类主体伦理的危机预警，而针对潜在危机的反思又切实反向抑制了甚至直接立法明确禁止了前述新技术在特定方向上的发展。人工智能技术在事实认定中的应用是否也终将止步于未来的某次危机预警当中？而如果事实认定的人工智能化终将实现，那么这些主体伦理又当如何克服？具体而言，事实认定人工智能化的主体伦理困境包含两个层面：第一，是否应赋予人工智能以“司法裁判的主体资格”[①]。尽管技术发展赋予了机器裁判案件事实的相应能力，但与能力相伴生的责任是否也能被机器所一并承担才是更重要的问题。也即“机器法官”是不是“法官”，其是否也应同人类法官一样，承受考核评价、责任追究。而一旦责任落实，则奖惩机制确立，这是否进一步意味着，“机器法官的公民权”[②] 的实现，而对比“克隆人”和“DNA 编辑婴儿”所引发的现实抵制，“机器法官”面临的伦理困境更加突出。第二，涉案主体是否接受“机器法官”的裁决结论。法律权威的本质是“获得普遍服从”[③]，而这种权威无论做何种立场的考察，它最终都会反映在“司法角色的文化定位”[④] 中。其中作为事实认定者的法官、检察官以及侦查人员凭借彰显着职业技能、社会经验、理性良知、人文精神的办案实践对涉讼当事人、参与者甚至旁观者们带来深切的影响，这种影响正是司法公信力和权威性的现实来源。而无论是法律的职业伦理，还是事实认定者的经验良知，都是通过主体与主体之间的互动而产生的，正如研究者所言“是来自与公众特殊形式的对话”[⑤]。而一旦涉案个体将要面临的是一种脱离主体经验感知的机器“黑盒”裁决，这种建立普遍服从的权威性也就缺失了其来源的主体依据。

---

① 于海防：《人工智能法律规制的价值取向与逻辑前提——在替代人类与增强人类之间》，载《法学》2019 年第 6 期。

② 高奇琦、张鹏：《论人工智能对未来法律的多方位挑战》，载《华中科技大学学报》2018 年第 1 期。

③ ［英］约瑟夫·拉兹：《法律的权威——法律与道德论文集》，朱峰译，法律出版社 2005 年版，第 4 页。

④ 季金华：《司法权威的文化建构机理》，载《法律科学（西北政法大学学报）》2013 年第 6 期。

⑤ 季金华：《司法权威的文化建构机理》，载《法律科学（西北政法大学学报）》2013 年第 6 期。

二、事实认定人工智能化的技术困境

同“人工智能”概念所蕴含的浪漫主义精神不同，一些研究者认为通过计算机模型算法完全模拟或代替司法事实认定中的人类经验和逻辑理性存在无法克服的现实困难。如张保生教授认为，现阶段人工智能在模拟证据推理和法律解释的推理中存在根本障碍“大数据挖掘、深度学习，乃至所谓‘简单案件——法律适用量刑系统’，都无法解决高度复杂的法律推理模拟问题”①。刘艳红教授也认为当前“人工智能法院研究中多是概念附会、伪问题横行、对策论优先的产物”②，尤其对法学群体的知识储备和智识结构而言，这种交叉研究是浪费资源的“象征性立法”③。左卫民教授更是指出包括司法事实认定领域在内的法学研究在人工智能研究“整体的前期准备、标准的统计学定量实证研究方法、法律数据的成熟程度”④ 等方面都存在相当的局限性，法学群体应当保持充分的冷静与警醒。

上述“冷”思考其实是有着强烈的现实依据的。自20世纪中叶人工智能概念出现以来，尽管计算机系统逐步发展出了“机器学习、自然语言理解、仿生芯片、机器神经网络”等展现计算机技术在数据处理、算法革新、算力迭代发展方面的巨大潜力，但不可否认的是这些技术在司法领域的应用仍然停留在为法官核心工作提供工具性辅助和决策资料输送的定位，是“弱人工智能”⑤的应用体现。在我国法检系统中试点施行的，如“刑事案件智能辅助办案系统”“刑事执行检察职能辅助系统”⑥ 等，以及海外技术公司开发应用的“法律专家系统（Legal Expert System）”，其中较具代表性的有“Neota Logic”⑦ 公

---

① 张保生：《人工智能法律系统：两个难题和一个悖论》，载《上海师范大学学报（哲学社会科学版）》2018年第6期。

② 刘艳红：《人工智能法学研究的反智化批判》，载《东方法学》2019年第5期。

③ 刘艳红：《象征性立法对刑法功能的损害——二十年来中国刑事立法总评》，载《政治与法律》2017年第3期。

④ 左卫民：《热与冷：中国法律人工智能的再思考》，载《环球法律评论》2019年第2期。

⑤ Stephen Lucci & Danny Kopec, *Artificial Intelligence in the 21st Century: A Living Introduction (Second Edition)*, David Pallai, 2016, p. 10-11.

⑥ 江苏省镇江市人民检察院课题组：《刑事执行检察智能辅助系统应用实证研究》，载《中国检察官》2019年第12期。林竹静：《“人工智能+大数据”驱动的智慧检察路径规划——兼论检察大数据（上海）实验室的发展》，载《上海法学研究》集刊2019年第9卷。

⑦ https://www.neotalogic.com/#，最后访问日期：2021年1月6日。

司为评估企业合规风险、跨境交易中的破产风险以及合法规避《反海外腐败法》的监管等开发的计算机系统，以及芝加哥肯特法学院的司法和技术中心以及计算机辅助法律教学中心联合开发的网络工具“A2J Author ©”[①]，该工具用于帮助那些没有聘请代理律师的当事人起草完成诉讼需要的相关文书等。这些主流典型应用在本质上都属于“弱人工智能”，而其完成完整事实认定工作是依赖计算机与人类合作的“认知计算（Cognitive computing）范式”[②]。在该范式中，工作既不是由计算机独立承担，也不是由人类独立运行，而是依靠计算机与人类“取长补短的相互协作”完成的。机器将在其中发挥“分析、记忆存储和强大的运算能力”方面的优势，而在人类掌握的“知识体系、经验认知、决断能力、直觉、共情、道德规范以及创造力”等核心范畴中，机器仍缺乏基本的参与能力。在上述核心范畴中，机器无法真正“‘理解’其所处理的信息”，也并不“‘理解’在人类的问题解决机制中的信息相关性”[③]。而这种协作模式“难以突破”的背后，正是事实认定人工智能化的根本障碍。

三、事实认定人工智能化的解释性结构困境

我们在前文探讨了以命题主张为最小核心基础的推论过程。命题凭借与经验事实同构性的特征实现了经验事实在主体之间的传递和交流，这个过程是以命题构建的推理完成的。而计算机技术正是通过识别命题并将其转化为机器语言，纳入逻辑运算过程，进而实现对事实认定推论活动的模型化建构。正如前文分析，这个建构过程具备理论可行性，并且在技术层面一些研究者已经基于上述原理构建了具有可操作性的系统模型。例如，凯文·D. 阿什利提出的“Hypo 模型”[④]，该模型在法律语境中将支持或反对特定主张的事实材料转化成一种类似“专家知识”的法律要素，其后这些要素又被转化成计量维度（Di-

---

① Seehttps：//www. kentlaw. iit. edu/institutes-centers/center-for-access-to-justice-and-technology/a2j-author，最后访问日期：2021 年 1 月 6 日。

② Kevin D. Ashley，*Artificial Intelligence and Legal Analytics*：*New Tools for Law Practice in the Digital Age*，Cambridge University Press，2017，p. 12-14.

③ John E. Kelly & Steve Hamm，*Smart Machines*：*IBM's Watson and the Era of Cognitive Computing*，NY：Columbia University Press，2013，p. 13.

④ Kevin D. Ashley，*Modeling Legal Arguments*：*Reasoning with Cases and Hypotheticals*，Cambridege，MA：MIT Press，1990，p. 28.

mensions），最终这些维度构成了记录向系统提供信息的一般框架。例如，在盗用商业秘密案件中，“Hypo”法律论证模型采用了13种法律要素，对应13种计量维度，而这些维度被用于裁断商业秘密案件的模型化指标。文森特·阿列文探讨了“CATO模型”①，该模型就给定问题，通过给定的标准条件检索相关案件，并依据检索结果预测推论结果。此外，在前述“疫苗损害赔偿项目（VICP）”案中的弗恩·沃克的论证模型也是非常具有代表性的计算机论证模型。

然而，对于一个完整的刑事案件事实认定过程而言，推论与解释是构成完整心证结构的两个要素，缺一不可。在人工智能论证整体语境中，与“解释性结构”相关的部分主要是依靠人力的前期拣选、分类、赋值或后期的总结、筛选、精练等作为辅助或铺垫性工作完成的，是前述计算机与人类合作的“认知计算范式”的体现。其中人力发挥优势的专业知识体系、经验认知、决断能力、直觉、共情、道德规范以及创造力等方面恰恰是“解释性结构”诸要素赖以建立的关键。也因此才说，计算机事实认定模型化在当前阶段的根本障碍是其无法理解在人类决策机制中的信息与信息相关性。或言之，机器对信息的读取和处理过程并不等同于人类依靠感官和大脑对信息的理解和解释活动。

就目前司法人工智能论证模型的典型应用而言，仍然缺乏对“解释性结构”的有效转化。包括对解释性假设的形成机制、解释的引导作用、解释的发生机制等问题的理解和转化仍然缺乏相对成熟有效的模型建构。所谓机器的“理解”过程在原理上是通过算法识别同问题相关的要素点，并利用极高的处理速度和精度，筛选精细化结果的过程。尽管“机器学习”和“大数据填喂”的发展使得该过程逐步具备并完成了对包含“评估相关性、识别、排序以及拣选候选方案”等能力的进化，趋向于“智能”，但并不意味着机器对“主体经验范畴的解释和理解”的真正把握。

正如前述对“指导性案例制度”之下的“类案判断和类案检索”过程的研究。首先，这一过程涉及对相似或相关事实的判断识别，这在本质上需要判断主体理解事实认定的完整内在逻辑，当然包括其解释性结构本身；其次，针对

---

① Vincent Aleven, *Using Background Knowledge in Case-based Legal Reasoning: A Computational Model and an Intelligent Learining Environment*, 150 Artificial Intelligence, 2003, p. 183-237.

该过程的计算机（智能化）模型化改造有着相对充足的研究材料，提供了我们观察人工智能是否能够对事实认定解释性结构进行“把握”的有益样本。而通过对前述研究所得结论的审视，不难发现以当前结构化（特征点）模型去描述案件事实或事实关联关系的尝试更是无法真正描述解释过程的。因为在当前一些依托“智慧司法”“智能办公平台”等计算机技术加持的类案检索系统中，“认知计算范式”仍然是计算机理解事实认定结构的标准样式。具体而言，类案的计算机识别判断仍然是以大量人力的前期投入和铺垫为条件的，法官对“关键词、案由、法律问题”等特征概念的先行提炼仍是基础性的工作①。而“通过关键词、争议焦点及案由来检索类案，所得到的案例是海量的”很难实现精准推送②。虽然在相较先进的上海“206 智能辅助办案系统”以及贵州“法律镜像系统”中，智能系统可以根据司法处理的内部文书等自动提取情节③，但所谓的“自动提取”也仍然是依据算法对预先选定特征的赋值实现的④。这个预先赋值的过程也同样是人工完成的。例如，白建军教授探讨的具体案件是多个法定情节的多种排列组合的结果，通过对这些情节信息的量化处理，从而将案件的各种属性换算为可比的量值，并借助数据库、计算机量化分析软件，对这些变量进行赋值加权计算，摒弃仅仅凭借法官的经验甚至感觉，便可得出“实然罪量”的具体情形，以量化审视“同案同判”⑤。孙海波教授在驳斥“同类案件”的“否定论”基础上，提出同类案件的判断需要借助于理性化的实质判断，并进而在把握“同（类）案”的“关键性事实+争议焦点”的共有特征基础上，将“规范目的”纳入其中，从而发展出理解类案的一种多角度、多层次、非形式的“评价性思考过程”⑥。左卫民教授在考察了现阶段大

---

① 左卫民：《如何通过人工智能实现类案类判》，载《中国法律评论》2018 年第 2 期。万发文、蒋静芬：《类案检索机制的构建技术及应用分析——基于法官需求角度的实证分析》，载《山东法官培训学院学报》2019 年第 4 期。

② 孙海波：《类案检索在何种意义上有助于同案同判?》，载《清华法学》2021 年第 1 期。

③ 谷昌豪、高新峰：《类案检索如何发挥作用》，载《人民法院报》2019 年 1 月 17 日。

④ 法律数据结构化不足，乃至算法设计本身，都可能蕴含着潜在的危险。参见郑曦：《人工智能技术在司法裁判中的运用及规制》，载《中外法学》2020 年第 3 期。

⑤ 白建军：《同案同判的宪政意义及其实证研究》，载《中国法学》2003 年第 3 期。白建军：《刑罚轻重的量化分析》，载《中国社会科学》2001 年第 6 期。

⑥ 孙海波教授认为，虽然存在简单版本的“同案”，可以由法官凭借感性经验判断，但仅靠主观判断是远远不够的。参见孙海波：《重新发现“同案”：构建案件相似性的判断标准》，载《中国法学》2020 年第 6 期。

数据与人工智能在类案类判中的作用机制后，指出新技术的运用需要依靠人工“贴标签”将具体司法案例结构化为数十个法律标签，或者依靠人工赋予“关键词”，进而才能实现菜单式标签选取与自主搜索①。而通过对这些路径的考察不难发现，它们无一例外也同样建立在法官或事实认定者对“基本事实、争议焦点、法律适用”等共有特征的理解与把握上。只是在具体路径的选择中，它们或基于特定理论对“相关事实情节”进行人工筛选、赋权；或诉诸价值判断，探讨基于规范、原则、政策目标下的事实与法律解释；或是将关键事实、争议焦点、法律关系等问题“标签”化、“关键词”化，而后借助逐步发展起来的所谓“弱人工智能”的计算机辅助技术或程序的应用，实现案件分类。整体而言，这些技术层面的发展无法真正用来表述解释性形成机制、解释性考量或解释性关联关系等概念。

而值得深思的是，在法官以“人力”完成的解释“外化”过程中，即便法官描述相似案件事实的“解释”逻辑体现了作为人类主体（法官）对“类案的具体识别”的抽象化表述是以“关键事实、法律关系、争议点、争议法律问题”② 等特征要素识别为前提的，但这并不意味着“弱人工智能”能够通过对这些特征点的识别而模拟解释活动。这其实对应了事实认定者或许可以很好的从解释性结构立场上识别和应用类案，却缺乏用概念化语言将之加以描述的能力。而目前这种通过结构化特征描述内心确信的理解过程显然是存在问题的，一方面要素化的关键词往往不能反映案件全貌，法官即便提炼出了相关关键词，但由此得出的相似结果可能只是不具有实质关联的相同词句而已，目前阶段的人工智能技术能否依据这些关键词评估据此形成的“内心确信”仍是一个无法回答的问题。另一方面要素化关键词的能力本身也是个体化差异程度很大的经验性行为，“‘检索词’难以被科学、精准、周延的设计”③，如在跨人工智能类案识别的具体情境中，计算机是在“人工识别”的个案“案件事实、争议点及法律适用”基础上，进行一一比对，找出相似点及差异点的。这一过程无疑将面临“案件事实、争议点的要素化”本身的不准确性、合理性争议等问题。

---

① 左卫民：《如何通过人工智能实现类案类判》，载《中国法律评论》2018 年第 2 期。

② 北京市三中院课题组：《类案检索报告制作和运用机制研究》，载《法律适用》2020 年第 12 期。

③ 梁平：《基于裁判文书大数据应用的区域法治化治理进路——以京津冀类案检索机制的构建为例》，载《法学杂志》2020 年第 12 期。

这也直接导致了接受这种“外化”赋值的计算机系统更加难以正确把握理解和解释的实际情形。甚至被选取的特征点是否能够涵盖“统一法律适用”的要求往往都是难以衡量的，这也是法官反映“无法把握具体如何去实施”的关键。而这在本质上也进一步说明了，跨人工智能依然缺乏对“事实认定的解释性结构”的理解和把握。

四、事实认定人工智能化的开放性探讨与反思

回看人类进化史，从古猿到现代人类，我们耗费了数百万年的时间才超越了动物属性获得理性智慧，而遍观与我们一同进化的诸多生命形式，理性智慧仅此孤例。这是必然还是偶然，其中的原因和机理在科学上仍布满谜团。我们拥有并使用着理性智慧，却并不真正理解和掌握理性智慧。于是在宗教典籍中，它是造物主的恩赐，我们只是承其用之的皮囊。但今天理性智慧的使用者似乎正站在创造理性智慧，化身造物主的门前，只是这一未来注定难以预料。

或者人类注定无法摆脱被创造的命运，造物主终究高高在上，而由被创造者创造的机器也终将止步于门前；又或者我们从普遍偶然中窥见了必然，正在唤起机器意识的觉醒，只是机器进化出智慧的过程是否也同样漫长，而人类的助力又是否会加速该过程，以及机器能否最终演化出真正的理性智慧都仍然是无法预料的开放性问题。而这种开放性也反映在诸多学者的研究中，如莫宏伟教授即区别探讨了弱人工智能与强人工智能所引发的不同伦理问题。在司法事实认定中，前者引发的问题包括“隐私问题、责任问题和算法歧视问题”①，明显不同于前文所述强（真正）人工智能所可能带来的全面反思。还有研究者从域外个案实践出发，分析探讨算法伦理基础及其与法律原理相结合的完善可能②，而这当然蕴含未来人工智能算法用于事实认定时的调整与规制。此外，研究者还从（弱）人工智能在司法裁判中的实际应用出发，指出当前智能司法在“数据库结构优化、算法的进化与纠错”方面的不足，并强调了在计算结果

---

① 莫宏伟：《强人工智能与弱人工智能的伦理问题思考》，载《科学与社会》2018 年第 1 期。

② 丁晓东：《算法与歧视——从美国教育平权案看算法伦理与法律解释》，载《中外法学》2017 年第 6 期。

与规范性目的之间谋求合理路径的法律解释方法运用的独特价值①。总之，在这个开放性问题发展的过程中，源自科学技术的完善进化与法学科本身的积极应对都是必不可少的。

最终，探讨人工智能在事实认定语境中的演化本质上是“探讨和把握未来演变中的人的性质”②。即一切站在当下对未来的把握都是主体语境的，因而都不得摆脱对人类理性普遍原则的遵循，而这种把握也将永恒是人的主体语境，上述种种可能只是基于自然科学和人文主义的必然结论。未来事实认定人工智能化的完成与否其实正对应着人自身性质发展的转变与否。

① 李飞：《人工智能与司法的裁判及解释》，载《法律科学（西北政法大学学报）》2018年第5期。龙飞：《人工智能在纠纷解决领域的应用与发展》，载《法律科学（西北政法大学学报）》2019年第1期。

② 韩水法：《人工智能时代的人文主义》，载《中国社会科学》2019年第6期。

第五章　刑事案件事实认定的跨学科趋势与问题

有关刑事案件事实认定的基础理论研究，将在法学跨学科发展的趋势中扮演重要角色。法庭裁判的认识论本质，决定了“事实认定”过程将为多学科介入裁判过程进而实现社会控制提供有效途径。法庭事实认定与多学科求真探索活动的内在同源性，以及共通的“经验性”基础为这一过程提供根本保障。以“新证据学研究”为标志的第一次探索实践，宣告通过概率模型描述事实认定的形式无法作为法庭决策过程的具体指引；而跨人工智能研究的第二次实践，在大数据和算法的结合下，为传统决策方式的全面提升提供了某种可能。而未来，以人类思维推理为模本的人工智能算法结构的进一步发展，或许将解决新证据学研究以来的认识论基础问题；而大数据的持续发展也将在技术上满足人工智能运用的“经验性”内核。以此跨人工智能或许将能够提供“整合性”事实认定科学概念的完善契机。

第一节　跨学科基础：事实认定的窗口性意义

一、法学跨学科的整体趋势

理查德·波斯纳法官在《法学科独立性的衰退趋势：1962—1987》一文中，描述了美国法律体系中，法学作为一门封闭学科独立性的丧失趋势。“法学科独立性”这一概念源于英美资产阶级对抗封建皇权的政治共识。① 伴随着20世纪50年代到60年代对孤立主义的反思以及冷战带来的冲击，极右以及极左的学术思潮受到压制，法学得以暂时摆脱政治语境，而获得纯粹的专业性或

① Richard A. Posner, *The Decline of Law as an Autonomous Discipline*: 1962-1987, 100 Harv. L. Rev., 1987, p. 762.

技术性解读。此后，所谓“意识形态的终结”① 使得上述共识的存在基础消失殆尽，并且在实际上“很多法律领域深涉政治问题”，且这些领域正呈现增长之势，在笔者看来，正是这种政治上的争议问题的展开最终打破了法学科自足的传统观念。随之而来是广泛的法学问题开始向学科外或学科交叉领域寻求解答。这些问题可以划分为两个层面。

第一个层面涉及具体法律规则或制度的实施问题。这些问题是特殊的，是出现在法律运行实践中的具体难题。法外学科或将提供新思路和更优解。如针对特定刑罚制度的实施效果问题，经济学家们就刑罚效果与犯罪率关系的解读(计算)② 要远远优于其他社会科学学者，甚至是律师或法官所能做到的。正如理查德·波斯纳所言，在一些重要（法律）领域，基于经济学的研究正居于或将要扮演至关重要的角色。

第二个层面涉及抽象法律观念或思想问题。这些问题是一般化的，是关涉法学科整体认识基础的。尤其来自哲学以及认识论学科领域的新发展，提出了对传统法学观念或文本权威解释的深刻怀疑。如在证据学领域，哲学“社会认识论”的研究发展被西方证据学研究者认为有助于破除传统证据理论研究遭遇的限制与困境，能够为“证据学的（深入）发展提供更适宜的理论框架”③。而这种观点也正深刻影响着我国相关的理论研究和法律实践，越来越多的证据法学研究者开始探讨法庭事实认定活动的认识论基础问题。对此，理查德·波斯纳断言由于缺乏真正的智识独立性，法学极易面临其他学科领域的侵蚀，这是趋势也是现实。

理查德·波斯纳在前述文章末尾，进一步描述了法学正日益跨学科化的真正内涵。他指出，法学并不只是法教义学的分析过程，学习法律也不只是获取传统职业资格的途径，而是包含“源于外部的”，运用科学的和人文的方法，去扩充法律知识系统的过程。这与威廉·特文宁教授对证据法学教育的“激进”畅想正相对应，即证据法学研究者将关注“几乎是无限范围的潜在课程”，

---

① Daniel Bell, *The End of Ideology: On the Exhaustion of Political Ideas in the Fifties*, Harvard University Press, 1988, p. 393.

② David J. Pyle, *The Economics of Crime and Law Enforcement*, The Macmillan Press LTD, 1983, p. 3-4.

③ Ronald J. Allen & Brian Leiter, *Naturalized Epistemology and the Law of Evidence*, 87 VA. L. REV., 2001, p. 1492. Dale A. Nance, *Naturalized Epistemology and the Critique of Evidence Theory*, 87 Virginia L. Rev., 2001, p. 1552-1554.

包含“认识论、逻辑学、统计学、历史编纂学、心理学所有的行为科学”①。尽管他们的论述都明确了跨学科性质本身，但二者之间的差别却是显而易见的。理查德·波斯纳的叙述更宏观，立足于法学科整体，与之相应也就未能描绘出学科交叉的具体演进场景，颇有“鼎中之变，弗能言精妙微纤”之感；而威廉·特文宁的探讨选择聚焦于证据法学科或者说“事实”本身，从而更具体地阐释了对法律的研究比对规则的研究要有更多的东西。

二、法学跨学科的窗口——法庭裁判

从理查德·波斯纳与威廉·特文宁等研究者的叙述中，我们可以看出“法学跨学科”的本质即对法律问题的跨学科解决方案的探索。而正如霍姆斯所言“法律是实现某种社会目的的工具”②，法律问题也即法律在实现某种社会目的的过程中需要解决的问题。罗斯科·庞德概括了法律的三种意义③：（1）法律秩序——通过法律实现的秩序；（2）法律文本；（3）司法过程——为了维护法律秩序依照权威性的指示以决定各种案件和争端的过程，他进而用“社会控制”的观念统一了上述三种意义。在这个基础上，法律寻求实现的社会目的可以具体化为“通过法律的社会控制”，进而“法律在实现某种社会目的”过程中出现的问题也就等同于“法律实现社会控制”过程中出现的问题。换言之，法律问题是“法律如何实现社会控制的问题”。在这个意义上，法学跨学科的含义可以明确为：多学科辅助法律实现社会控制的过程。

而这里的一个关键问题是，法律是如何实现社会控制目的的？对这个问题的研究决定了其他学科介入传统法学领域的窗口和途径。哈特的论述回应了这一问题，他指出“法律通过规定某种普遍的行为态样，并适用于一般大众来实现社会控制”④。其进而借由“劫匪情境”推导出这种控制源于“不服从会导致裁判”的信念。在这个意义上，我们可以得出“法律是通过裁判实现社会控制

---

① ［英］威廉·特文宁：《反思证据——开拓性论著》（第二版），吴洪淇等译，中国人民大学出版社2015年版，第16-17页、第32页。

② Richard A. Posner, *The Decline of Law as an Autonomous Discipline*: 1962-1987, 100 Harv. L. Rev., 1987, p. 762.

③ ［美］罗斯科·庞德：《通过法律的社会控制》，沈宗灵译，商务印书馆2010年版，第24页。

④ ［英］哈特：《法律的概念》（第二版），许家馨、李冠宜译，法律出版社2011年版，第20页、第129页。

的”这样的初步结论，而哈特在论述司法裁判的终局性和不谬性时，指出最高法院（法院系统）对于法律是什么拥有最后的决定权，也从另一个角度肯定了该初步性结论。陈瑞华教授的研究也得出了大体相似的结论，即司法权通过救济权利以及控制权力①来实现其控制目的，而司法权基本上定位于裁判权。因此，在理论上，法学跨学科的实现过程是：多学科通过介入裁判进而实现社会控制的过程。

法庭裁判的窗口意义在实践中的体现更为直接。梅特兰说：“只要法律是不成文的，他就必定被戏剧化和表演。正义必须呈现出生动形象的外表，否则人们就看不见她。”② 相较于抽象、晦涩的法律条文和教义学文献，充满神圣仪式感和戏剧化冲突的法庭裁判过程，无疑将是吸引广泛（法外学科）关注的重要窗口。从人民诉柯林斯案③激起的关于概率理论在法庭事实认定应用中的大讨论，或者更确切地说是“关于数学推理在陪审团审判中明确适用可行性”④的争论中可见端倪。而对于正逐步确立以审判为中心的法治国家诉讼制度的我国而言，“作为裁判根据的案件信息形成于审判程序”被视为这一制度的核心要求。在此基础上，审判活动的重要性和戏剧性无疑都将得到很大程度的加强，这种魅力同样将吸引社会最广泛的关注，为法学的跨学科发展提供重要准备。

三、推论与解释的内在要求

法庭裁判是围绕解决法律适用和事实认定问题展开的。如前所述，法律适用与事实认定是两个并不相同的过程，二者在有关“狭义法律推理”与“证据推理”的结构性对比中存在差异，也在“裁判过程”与“证明过程”的价值取向与形成机制方面存在不同。反映在直观形式上，法律适用是职业法官“司法感知”的专属领域，在“三段论”的法条主义传统中，对法律规则大前提的遴选以及将其与案件事实相匹配的应用过程都是专属于法学科的内部事务，甚至在一些极端法条主义者的思维中，“法律是一套不用诉诸政策就可以决定案件的技巧法条主义……法律是自给自足的知识领域，与社会科学完全隔离，且不

---

① 陈瑞华：《司法权的性质——以刑事司法为范例的分析》，载《法学研究》2000 年第 5 期。

② ［美］哈罗德·J. 伯尔曼：《法律与革命（第一卷）——西方法律传统的形成》，贺卫方等译，法律出版社 2008 年版，第 55 页。

③ People v. Collins, 68 Cal. 2d 319, 438 P. 2d 33, 66 Cal. Rptr., 1968, p. 497.

④ Finkelstein & Fairley, *A Bayesian Approach to Identification Evidence*, 83 Harv. L. Rev., 1970, p. 489-481.

为政策或后果关切所玷污”①。相较而言，事实认定过程才可为前述法学跨学科展开提供内在途径。

在这个意义上，事实认定提供的跨学科途径也应体现在事实与法律相区分的逻辑层次当中。西方学者认为事实与法律的区分很大程度上是源于三对变量的互相作用，分别是：第一，涉及事实与法律概念的常规内涵；第二，涉及陪审团与法官以及初审法院与上诉审法院的结构性关系；第三，涉及明确具体的地方性（专业性）现象与概括的一般性规范的区别②。而这“三对变量”间存在对应关系，如果一个问题被视为传统上的法律问题，那么它通常会被交到法官手中，由法官负责裁决，而一旦存在法官裁决的结论，便具有了规范意义的一般约束性。而事实问题由陪审团负责裁决，陪审团裁决的事项通常只是高度具体的地方化现象。在我国，认定事实与适用法律的裁判过程也同样受到上述“三对变量”的影响：

1. 就常规内涵而言，我国《刑事诉讼法》条文规范中包含大量事实与法律的比照使用③，但这种对照是笼统的、直觉意义上的，并不特别计较其中的精确边界④。然其成因并非我国刑事诉讼法疏于“权力配置”所致，而是概念本身的范畴属性使然，其中又以事实概念的问题性（problematic nature）⑤ 最为突出。事实有超出法律的宏大内涵，除对经验事实的认知把握外，事实认定过程还会涉及跨学科的“专门性”问题，由英国伦敦大学学院组建的证据科学研究机构即包含概率和统计学、医学、地理学、教育学、哲学、经济学、心理学、

---

① ［美］理查德·波斯纳：《法官如何思考》，苏力译，北京大学出版社 2009 年版，第 166 页。

② Ronald J. Allen & Michael S. Pardo, *The Myth of The Law-Fact Distinction*, 97 Nw. U. L. Rev., 2002, p. 1770. Ronald J. Allen & Michael S. Pardo, Facts in Law and Facts of Law, Vol. 7 International Journal of Evidence & Proof, 2003, p. 153-171.

③ 如《刑事诉讼法》第 2 条：“中华人民共和国刑事诉讼法的任务，是保证准确、及时地查明犯罪事实，正确应用法律……”第 6 条：“人民法院、人民检察院和公安机关进行刑事诉讼……必须以事实为根据，以法律为准绳……”第 233 条第 1 款：“第二审人民法院应当就第一审判决认定的事实和适用法律进行全面审查……”等。

④ 魏晓娜教授得出这一论断的原因是，她认为中国刑事诉讼法长期以来不以“事实问题”与“法律问题”的区分作为刑事诉讼权力配置的依据。魏晓娜：《刑事审判中的事实问题与法律问题》，载《中外法学》2020 年第 1 期。笔者认同魏教授就“事实”和“法律”概念的上述结论性认识，但其归结的“原因”其实是混淆了上述“三对变量”的对应关系。事实与法律区分在涉及“结构性关系”时，才与权力配置发生联系。

⑤ Barbara Shapiro, *The Concept "Fact": Legal Origins and Cultural Diffusion*, 26 Albin: A Quarterly Journal Concerned with British Studies, 1994, p. 227.

哲学等20个学科系统的研究人员，此外在中国政法大学证据科学研究院的组建过程中，也呈现了综合运用自然科学和社会科学的方法体系①。而这些跨学科研究者和研究方法的介入，更多的是服务于事实认定问题的。

2. 就结构性关系而言，审判法庭存在区分事实与法律关系的结构性基础。一方面，随着2018年《人民陪审员法》的颁布，有关人民陪审员参与审判的“二分式”② 规定，使得区分事实认定和法律适用，不再是纯粹的学术讨论……成为迫切的现实需要。③ 上述规定起始于对人民陪审员参与审判权限的明确与细化，尤其在“七人合议庭”中，“四名陪审员—三名审判员”的结构性关系，确实引发了关于事实与法律区分的重新思考，但这种思考其实并未涵盖“事实问题”的区分④。另一方面，我国《刑事诉讼法》第236条规定的“第二审后的处理”，以及2012年《高法解释》第428条、第429条“复核死刑缓期执行案件的处理”“复核死刑立即执行案件的处理”也都体现了“一审程序—二审程序”“审判法院—复核法院”在处理事实与法律问题上的职能区分。这不同于西方“初审—上诉审”结构，其“上诉审是相对比较纯粹的法律审理程序”⑤，而我国的“二审程序”呈现混合模式⑥，即二审法院在处理仅法律问题有错误时，应当改判，而在“事实问题”出现错误时，可以改判，也可发回重审。这些规定也在一定程度上体现了两级法院在处理事实与法律问题区分的结构性差别。而这种结构性差别其实正对应了事实认定问题与法律适用问题在处

---

① 巩寒冰：《证据科学：UCL模型与CUPL模型中的跨学科趋势研究》，载《师大法学》2017年第2期。

② 《人民陪审员法》第21条、第22条分别规定了人民陪审员在三人合议庭中“对事实认定、法律适用，独立发表意见，行使表决权”与法官“平权”；而在七人合议庭中“对事实认定，独立发表意见，并与法官共同表决；对法律适用，可以发表意见，但不参加表决”。由此“事实认定”和“法律适用”，凭借“人民陪审员”与“审判法官”的职能差异，获得了形式上的区分。“事实问题”被定位为独立于“法律问题”之外的非职业的常识性经验性判断活动。

③ 魏晓娜：《刑事审判中的事实问题与法律问题》，载《中外法学》2020年第1期。

④ 如果作进一步的考察，可以发现这种差别带来的不同制度设计并未涵盖“事实问题”。立法规定，人民陪审员在三人合议庭中同职业法官“平权”，共同处理简单或疑难的事实问题以及简单的法律问题；而在七人合议庭中，人民陪审员同职业法官一样就简单或疑难的事实问题发表意见并表决，但只能就疑难的法律问题发表意见，不能参与表决。可见对事实问题而言，并未在法官和陪审员之间进行权责分配。

⑤ Chad M. Oldfather, *Appellate Courts*, *Historical Facts*, *and the Civil-Criminal Distinction*, 57 Vanderbilt Law Review, 2004, p. 512.

⑥ 有学者认为：“在我国刑事审级制度以解决纠纷为导向的情况下，第二审程序只能是事实审理与法律审理之间的混合，而无法像美国那样孕育出相对独立的事实审理。”参见王超：《刑事审级制度的两种模式：以中美为例的比较分析》，载《法学评论（双月刊）》2014年第1期。

理方式、处理机制和基本理念方面的不同。事实认定问题的经验性是有着超出法律职业的一般社会性属性的，而随着这种差别的进一步立法确立与完善，外行事实认定者将进一步影响原来固守于职业法官，并在层层审级制约之下的法律职业“独立性”。

3. 从处理一般性问题与地方性（专业性）现象的功能定位差别来看，最高人民法院本部的工作主旨是“集中精力制定司法政策和司法解释、审理对统一法律适用有重大指导意义的案件”①，而“巡回法庭”② 的设立主旨正在于就地解决纠纷。胡云腾法官也认为巡回法庭将利用接近巡回区法院的便利条件，开展广泛的调查研究，在案发地解决审判中的问题。此外研究者和实务界也普遍认为分区设立巡回法庭，则不同区域的案件类型、数量会呈现不同特征，巡回法庭可以更好地适应“区域案件发展形势和特征”③，针对集中、多发的特定案件事实，事实认定者可以“着力打造这方面的司法能力”④，而这种能力显然不仅包括相关法律业务知识，更包含对地方性现象、办案环境、地区背景的充分了解和认识。此外，在民商事领域，如知识产权法庭、海事法庭的组建也在一定程度上反映了事实认定问题的跨学科属性。

综上而言，事实与事实认定在其概念内涵、体现于法律程序中的处理机制以及地方性（专业性）特征，都包含了对跨学科知识体系和方法论体系的吸收与借鉴。而在本质上这种借鉴又是通过两个独立的却又彼此关联的过程实现的。

（一）事实认定推论的跨学科基础

事实认定的理性过程是由推论和解释构成的，其中推论的核心内容是以证

---

① 刘贵祥、胡云腾：《巡回法庭：司法改革的“排头兵”——专访最高人民法院第一、第二巡回法庭庭长》，载《中国法律评论》2015 年第 3 期。

② 关于“巡回法官”“巡回法院”“巡回法庭”等概念的使用和规范，理论界仍存在争议。中国共产党第十八届四中全会审议通过的《中共中央关于全面推进依法治国若干重大问题的决定》最终明确使用了“巡回法庭”的称谓，旨在表明其并非一级独立的法院，而是作为最高人民法院派出的常设审判机构。

③ 纵博：《最高人民法院巡回法庭的设立背景、功能及设计构想》，载《法律科学（西北政法大学学报）》2015 年第 2 期。

④ 胡云腾法官在回应《中国法律评论》的访谈时，如是回答。他指出“第二巡回法庭巡回区为东北三省。这三省案件有三个特点：一是传统案件比较多。尤其是在国企改制中，资源开发利用、土地征用、拆迁等方面的案件比较多。而在第一巡回法庭，由于经济发达、毗邻港澳、高新技术产业多等因素，新类型案件、商事案件和知识产权案件可能会比较多。参见刘贵祥、胡云腾：《巡回法庭：司法改革的“排头兵”——专访最高人民法院第一、第二巡回法庭庭长》，载《中国法律评论》2015 年第 3 期。

据为基础的推理，以发现事实真相。在这个从证据事实到要件事实的推论链条中，多学科知识与方法论体系将以两个主要途径介入推论过程当中。首先，刑事证据作为历史事实发生的遗存，其收集和获取途径必然涉及多学科知识方法的运用，是包括“侦查科学、司法鉴定科学、司法心理学等的……多种不同学科的知识来源”① 的实践体现。而无论是我国证据理论研究中的广义“证据学”概念，还是威格摩尔所畅想的“司法证明科学”，都包含了对这种多学科参与理论架构的创想。诚然，受到学科本身的复杂关系、学科壁垒、人员和学习成本等问题的限制，上述跨学科概念体系并未成为现实，但这并不影响证据现象本身包含多学科信息的重要特征，甚至广义证据学、司法证明科学概念的创设本身已经佐证了围绕证据展开推论的多学科属性。而结合第四章对跨人工智能交叉前景的分析，人工智能、大数据以及更先进算法的发展，确实为这种广义“证据学”的再发展，提供了某种现实可能。而戴维·舒姆将哲学家戴维·奥伊洛特描述的“认知拱”结构从哲学、自然科学领域引入法学相关的社会科学领域当中，其原因在于证据推理所包含的事实与事实问题的解答又需要从法学领域回到自然科学乃至哲学思考当中去汲取养料。这是前述法庭裁判的社会纠纷解决机制的终局性设置所决定的，事实认定者不能拒绝裁判，其也当然不能拒绝跨学科证据事实出现在法庭当中。其次，在“证据性事实—推断性事实—要素性事实—要件事实”的推论链条中，证据推理的实质性特征决定了主体参与者的理性评估和理性引导在其中扮演着重要角色，一切科学的人文的经验都将经由理性活动注入其中。即便抛开事实认定过程中，面对专门问题时的多学科知识的直接借用形式，如专家证言、鉴定意见等。在一般情形中，推论链条具体展开的每一步骤也都离不开对跨学科知识成果的依赖，如前述念某案、赵某海案、甘肃白银案中，都体现着对多学科性的经验常识的运用。这些经验源于“我们生活环境中一般人和物”的普遍观念，而其可能包含的学科范围是非常广泛的，从关于人的行为、心理、社会关系的判断（念某案、赵某海案、彭某案），到关于物的涉及物理状态、运行机制、科学原理等知识的表达（交通肇事案的车辆速度、纵火案的火灾成因、凶杀案中的死亡原因）。因此，完成事实认定推论才被认为是对理性经验的综合性运用过程。

---

① 陈瑞华：《刑事证据法学》，北京大学出版社 2012 年版，第 5 页。

此外，这种跨学科性还体现在事实认定本身所采用的技术手段和方法体系中，以及与技术创新相伴随的认知观念的革新。伴随着时代的科学技术、生产力水平的发展，几乎每隔一定时期，刑事案件事实认定的技术水平都会迎来某种程度的提升，如指纹提取、血型识别、视频信息的录制和存储、声纹信息采集、DNA 技术的出现。这些多学科技术的发展成果以某种形式被运用到司法事实认定活动中，实质上推动了司法事实认定者对跨学科知识的学习和接受；而新技术的出现和运用又将带来事实认定者进行推论时的认知和观念的全新变化，如信息侦查技术的全面提升，使得片面依赖口供的时代一去不返，罪从供定或刑讯逼供被从技术上否定，使得刑事原则对人性尊严的回归获得了空间和土壤，也使得有效惩罚犯罪与不侵害人权间（保障人权）取得了普遍可接受的某种平衡。

（二）事实认定解释的跨学科属性

刑事案件事实认定中的解释性活动主要发生在三个方面，分别是：引导（引起）推论、解释证据现象、对推论过程的解释，分别对应第二章刑事案件事实认定的解释性结构的三个部分：决策动因、逻辑前提以及推论过程的解释性发生机制。解释活动的跨学科属性也分别不同地体现在以下三个方面。

1. 引导推论的解释活动

推论是由约翰·塞尔所称的“目的性现象”所引发的，这种目的性现象体现了主体理性与外在行为之间的决定性关系。也即在事实认定者作出一个推论之前，其需要首先在理性层面形成作该推论的决定。这个决定在刑事案件事实认定语境下可以被纳入解释性模型中，即做该推论决定的整体目的是获得（观察到的）证据现象与特定历史事实之间关联关系的理解。这里需要再次强调的是，发现历史事实（真相）是推论活动的直接目的，而非解释活动的。而为了获得这种理解，我们便极有可能需要借助跨学科的多种知识来源。如在喧嚣一时的朱某铊中毒案中，侦查人员最初并不了解或知晓铊这种化学物质，缺乏相关的跨学科知识导致推论无法进行，一直到侦查人员通过其他渠道获知了该种化学物质及其毒理特征，证据现象与特定案件事实之间的关联关系才为事实认定者所理解，推论的大致方向也才得以确立。再如，一起“制糖厂爆炸案”[1]中，在案发当时的1820年，化学家尚未发现爆炸燃烧与氧气之间的关系，也即人们并不知晓氧气是支持爆炸燃烧的必要条件这一科学事实。因此在法庭的辩论过程中，双方当事人是反复围绕着制糖厂的设备安全性问题或制备工艺本身的问题而展开举证和推理论证，法官最终选择了支持其中一方当事人。然而科学发展的后续实践证明，双方当事人当时的推论过程都是错误的，与之对应的解释性目的所寻求的理解角度当然也是错误的。而化学学科的持续发展才揭示了理解证据现象与特定案件事实关联的正确方向，也即未隔绝氧气才是导致爆炸燃烧的真正原因。通过这两个案件我们可以发现，解释寻求内心理解的过程也同样离不开多学科知识背景的积累与探索。

2. 对证据现象的解释

对证据现象的解释——形成解释性假设——是以命题主张的形式呈现的，这些命题主张被直接用于指向事实真相的推论。尤其是在对抗性语境中，解释主体从各自立场出发，会选择有利于己方主张的解释角度。如在一起交通肇事案件——安德森诉格里芬案[2]的附带赔偿诉讼中，案件的起因是一辆半牵引式卡车的刹车系统出现了问题，其刹车系统中用于连接刹车踏板和刹车装置的“动力传导系统”出现了损坏并导致交通事故的发生。本案的被害人向对该车动力传导系统提供检修服务的经销商提出了索赔请求，在事故发生的数周之前，该经销商提供了车辆的检修服务。原告驾驶这辆经过检修服务的卡车，在之后的交通事故中受伤。对此，被害人在获得专家证人证言的支持后提出了如下解释性主张：是该检修服务经销商因疏忽大意导致未能发现并检修好动力传导系统存在的隐患；而该经销商也同样在获得专家证人证言的支持后，提出了如下的解释性主张，其声称是“道路垃圾”，或高速公路上堆积物，被行驶中的车轮带起来后，卷入动力传导系统，并导致了其损坏，进而造成了此次交通事故。在本案中原被告双方的解释立足两种不同的立场，而在不考虑进一步证据支持的情况下，这两种解释方案似乎都可以在满足理性人标准的情况下，说明证据现象的形成原因。而这两种解释，一是涉及机械检修的专业领域的，其检修标

---

① W. B. Gurney, *A Report of the Trial of the Action, Brought by Messrs. Severn, King, and Co. Against the Imperial Insurance Company*, Jhon Major Press, 1820, p. 8.

② Anderson v. Griffin, 397 F. 3d 515, 7th Cir., 2005.

准、检修行业规范、检修容许的误差比例以及是否属于检修的范围等，都属于法外学科的知识领域；而相对方解释中涉及成因的推断则主要是源于日常经验领域的事项。对于第一种解释方案，普通事实认定者缺乏直接判定其可信性、可靠性，以及其可能起到的原因力大小的程度问题。而对于第二种解释方案，普通事实认定者是可以凭借自己的主观经验进行判断的，如其对案发区域道路路面整洁情况的整体感知，即道路通常是相当整洁的还是经常会出现抛洒物、堆积物，而这是典型日常经验的判断领域。此外，我们换一种思考角度，即便第二种解释也并非只依靠经验领域的事项，如在该“道路垃圾”的解释中，事实认定者对其的采信至少还需要如下证据的进一步佐证：（1）在离开被告人的维修店时，该车的动力传导系统工作正常并且看起来状态良好；以及（2）在交通事故发生时动力传导系统损坏的特定区域并非结构性原因导致。而这两个条件的满足，仍然需要借助专家证人、专门知识对上述潜在可能性的排除。综上可见，对证据现象的解释过程常常会需要多学科知识的参与，即便是对经验常识的援用，也有可能需要建立在跨学科专门知识辅助的框架之下。

3. 解释性发生机制的跨学科属性

在前述对解释性假设形成机制的探讨中，无论是直觉性推理、创造性推理、最佳解释推论，还是黑盒推理的称谓，其实际上都是在描述解释性发生机制本身蕴含的复杂性与综合性。解释性发生过程是对经验知识库的整体调用，这个调用的整体目的是在于建立对推论结论的内心确信。而这个形成确信的过程是非常复杂的，前文对理解事实认定过程的理论模型的描述也支持了这一观点。理论模型的多样性恰恰说明了解释与理解本身的多样性。在不同的场景中，我们作出解释或获得理解的角度、程度、标准都是不同的，如有时是对因果关系的寻求，有时是对某种认知紧张关系的缓解，有时是对某种潜在规则的发掘等，也即解释性发生机制可能包含多种解释与理解的不同侧面。而这些解释学的描述模型可能都是对“解释与理解”过程的某个侧面的正确描述。而对抗性的法庭程序设置，又进一步促使了这种多侧面解释与理解的内在动力，当对抗双方为了获得事实认定者心证的更多支持倾向时，寻求不同的角度，利用不同的学科方法等就成为有着内在动力的必然选择，而这些努力都将丰富事实认定者接触到的解释性内容。

根据非演绎型推理的形式类型来看，解释当然可能是假的，这是因为解释依其性质而言，与经验归纳有着密切的内在联系。这个问题影响了对任意解释模型的理论描述，即解释性考虑并非真相的保障，这就使得在理论上可以有很多标准用于检验解释性过程的合理性和正当性（而非真相的唯一性），但也可以认为似乎任何标准都无法被用来指导法律证明背景下的解释性过程。正如研究者所言，“在法律证明的作用范围内，不存在其他的标准，用以判断在给定案件中一个更好的解释是不是虚假的——既无法得见解释方案背后的形成机制，也无法直接有益于真相的评估”①。基于此，尽管任何尝试都可能承受源自解释框架内部的对解释方案准确性的质疑，但一般而言，在其他条件相同的情况下，一个好的解释相较于一个坏的解释而言，更可能为真，但也仅是可能而已。至此，解释与真实性之间的关系似乎陷入了某种僵局。而突破这种局面就需要我们重新调整思路。

就推论而言，真相是衡量其质量的外在标准，是这套理性逻辑活动所要达到的“目标”，但对解释而言，其与“客观的”“外在的”真相之间的关系并不直接。解释更多的是寻求内心接纳的过程，如认识心理学研究所揭示的，当一个经验性问题发生时，竞争性解释方案及解释者立场在评估过程中将使解释方案发生扭曲。尤其在为什么一个解释被认为优于另一个的关键性检验发生时，这些扭曲所造成的影响就是非常明确的②。而这些影响自然不兼容于推论对真相的探寻活动。丹·西蒙教授在其所谓的“连贯性转变（coherence shifts）”③概念中，也揭示了解释中的主体作用。当事实认定者构思形成一个关于发生了什么的解释模型时，他们可能会高估那些支持这一故事模型的证据并且低估或减扣与之冲突的证据。如果这些转变（或其他类型的认知偏见）发生了，而后这些（被扭曲误解的）信息就可能纳入这个解释性评价过程中，也就暴露出了偏离认识论保证的（主体）确信的发生环节。

综上而言，在刑事案件事实认定的具体行为中，与解释相关的好与坏的判断是实践理性的范畴，而与推论相关的真相与虚假则是认识论领域的内容。而

---

① W. Bradley Wendel, *Explanation in Legal Scholarship: The Inferential Structure of Doctrinal Legal Analysis*, 96 Cornell. Rev., 2011, p. 1074.

② Michael J. Saks & Robert F. Kidd, *Human Information Processing and Adjudication: Trial by Heuristics*, 15 L. & SOC' Y Rev., 1980—1981, p. 123, 123 - 126.

③ Dan Simon, *A Third View of the Black Box: Cognitive Coherence in Legal Decision Making*, 71 U. CHI. L. Rev., 2004, p. 511.

在实践理性的具体判断准则中，好与坏并非无标准的。而这些标准正是源于多学科发展所共同塑造的实践理性。

第二节　跨学科实质：经验推论的科学化论证

前述威廉·特文宁的差异选择并非偶然，证据问题或许才是这场跨学科大幕开启的首要篇章。如前所述，外在视角的结果取向并不能提供跨学科研究者介入法庭审判（法学问题）的有效途径。这就需要我们重新评估法学跨学科发展在法庭审判中的途径选择及其作用机制。何福来教授提出了一种“内在视角”，其称为“作为道德主体的事实认定者的视角”①，这个“内在视角”是完全相对于“结果取向”的“外在视角”而言的。因摈弃了外在视角的天然局限，而具有一定的合理性，但或许因为过于强调“内”“外”的对应，而使得该视角忽视了审视法庭裁判的本质。

概言之，对跨学科研究者介入途径的分析，须回溯到法庭裁判的认识论事件本质当中，而这才是真正的“内在视角”。这场认识论事件（法庭裁判）包含了两个部分“事实认定与法律适用”，其中法律适用是充分体现法学科传统的特殊性和排他性的，该阶段基本对应了理查德·波斯纳所指的传统法律教义学研究的全部内容，很难为外行（跨学科者）所掌握。也因此多学科介入裁判过程的有效途径将体现在“事实认定”过程当中。而事实认定的推论基础与解释结构则进一步提供了介入的具体路径。

一、经验论证的正当性依据问题

事实认定活动在本质上是主体对证据现象的经验性把握过程，有研究者指出事实认定是“事实认定者对一个争议性事实主张持有的三种信念状态”②，即相信其为真实、相信其为假以及存疑状态。而这三种状态确实涵盖了我们在刑事案件中面对证据现象与争议主张时的可能内心状态。尽管这似乎意味着事实

① ［新加坡］何福来：《事实认定》，张保生译，载《证据科学》2019年第1期。
② ［新加坡］何福来：《事实认定》，张保生译，载《证据科学》2019年第1期。

认定是完全取决于主体的内心喜好的，是主体“相信什么”的问题，但正如何福来教授所指出的，这只是第一个层面上的，在其背后是更为关键的第二个层面，即“认定什么”的问题。也就是说，尽管事实认定的结果反映为内心把握的三种状态，但这些状态的形成并非完全的“内部状态”的考量，而是“在当一项命题为真时才接受这项命题”的主观与客观符合的过程，或主观对客观把握的过程。当我们指称事实认定是经验性的，其实质正是指这个符合与把握的过程是经验性的，即依据经验推理的一般方法或经验推论的积累结论去完成内心信念的构建。而事实认定过程的正当性问题也正在于此，经验性推论并不具有结论为真的形式保障，无论是经验归纳的一般方法，还是经验判断形成的结论本身，都存在可能为假的情形。而当仅从论证理论本身的逻辑形式去看待这一问题时，会发现依靠经验归纳探寻真相的追求将陷入某种“begging the question”的过程。

前述笛卡尔的“第一沉思”正是第一次被抛出的对传统论证经验推论正当性的方法的质疑。笛卡尔将对经验推论过程正当性的质疑直接置于人类经验归纳的产生源头，即来源于人类经验的“感官证词（testimony of the sense）”。经验归纳或经验知识在最本源上是形成于人类感官对自然事物的本能把握的，亚里士多德所谓的“直觉性推理”也正是在这个意义上。以最直观的情形为例，我们对山峦远近的判断正是基于眼睛的“看起来如此”的证词，我们对“远小近大”的经验总结就构成了我们确定山峦远近不同的判断结论。但笛卡尔指出，“感官的感知并不能给予我们对经验性结论的足够确信”，也即无论你的眼睛看起来多么清晰地捕获了某种现象，但你始终无法证明它是真实存在的，这可能是幻觉，因为向大脑呈递“感官证词”的正是“证词”的形成者——眼睛。他假设了一个存在于感官中的“邪恶魔鬼”，如果这个魔鬼存在于你的眼球中，他将某种被篡改的幻象传递进你的大脑，而大脑也只能相信被这个魔鬼“供证”的证词。笛卡尔以此说明对经验观察结论正当性的证明会陷入某种循环论证，即你相信你看到的是真实的是因为那是你看到的。这与“大脑判断大脑是人体最聪明的器官”的结论一样，无法满足正当性的基本诉求。但笛卡尔的上述论证的问题也是明显的，因为在人类漫长历史的发展过程中，需要事实认定的相关行业领域都经历着各自的逐步发展，经验的可靠性、正当性都切实经历了反复的验证，也无疑实际发挥了重要的作用，戴维·舒姆对“经验知识库”的着重强调也正基于此。

其后，大卫·休谟尝试了经验推论正当性论证的新思路。他认为，经验推论的正当性体现在通过对过往现象的观察总结（经验），进而成功预测了那些无法观察的未知现象的发生。这就意味着在可观察的已知现象与不可观察的未知现象之间存在某种“关联性”，其称为“自然属性的一致性”。而正当性论证的核心正是要揭示或证明这种关联关系的存在。但在大卫·休谟看来，这种关联关系的论证似乎并不存在一种合理的方法。因为论证这种关联关系本身仍然只能凭借经验观察，当人们反复观察到一种方法总能通过观察已知现象准确地（成功地）预测无法观察的未知现象时，那么这种方法就是解释这种“关联性”的正当性方法，而显然对这种正当性方法的判断仍然是源于经验观察本身的，这就又陷入了“循环论证”的处境。

从笛卡尔与大卫·休谟的对经验推论正当性论证的尝试中，我们可以发现为这种推论形式提供逻辑辩护的尝试并不能真正解决对其正当性质疑的问题。而这甚至可以看作经验推论的“非演绎型”属性本身所决定的。也即前述论证在某种程度上是破除“非演绎型”与“演绎型”推论间的根本区别的尝试，其失败也就在所难免。

因此，要论证经验性推论的正当性只能尝试调整其他思路。依据此前论述，“经验性”的确在很大程度上保障了或者说维持了法庭事实认定概率性准确结论的持续输出。无论是戴维·奥伊洛特的“认知拱”、戴维·舒姆的“经验知识库”，还是司法实践在面对事实认定问题的处理现状都揭示了“经验概括”是多学科共通的认知基础。法学同其他一切人文学科乃至自然科学学科在本质上分享并受益于该观念基础。或言之，其正当性源于多学科实践本身。也因此，法庭事实认定活动的“经验性”也是保障多学科有效且实际介入裁判过程进而实现社会控制的认知基础。毕竟相较抽象的“外在视角”，经验性本身提供了可供检验和预期的认识基础。如阿尔文·戈德曼所言“观念被视为真知的前提是，它经由一套可靠的程序得出”①，而经验性推论过程正是这套可靠程序的核心机制。因此“经验正当性”不应当只是抽象的哲学逻辑探讨，而应是对事实认定过程方法的某种科学性与合理性评估。对刑事案件事实认定活动而言，推

---

① Alvin I. Goldman, *Epistemology and Cognition*, Harvard University Press, 1986, p. 51.

论与解释是共享这些方法的科学性与合理性本身的。我们在推进推论时所依据的经验概括与形成解释性假设时所依赖的经验基础并无本质区别，而构建推论的命题与通过命题构建的解释也都遵循着相似的路径。总而言之，对经验论证（事实认定）的正当性考察，应当尝试从对其结论的真实性保障，转向对经验推论过程方法的科学性考察。诸如事实认定结论是经由一套被普遍接受的程序规则——交叉询问、平等武装得出的；或者是经由一套被当时科学界所普遍接受的共识理论所决定的——如弗赖伊标准和多伯特标准所揭示的；或者基于某种共识的人文伦理观念等，都可看作经验性论证过程的正当性保障。

二、从结论正当到过程正当性论证

（一）证据科学概念肇始

跨学科智识在司法事实认定中的运用，最终仍需落脚在证据层面。因为在这场法庭事实认定活动中，证据扮演着至关重要的角色。尽管这并非天然造就的。在早期的审判法庭上，神明裁判、诅誓或司法决斗等形式也常被用来裁决纠纷。而一直到摆脱了蒙昧的现代法庭，才呈现出对事实的关注。也在此时，证据的意义和价值才获得重视，证据裁判原则被认为是法治国家的基本司法原则。加之“司法最终裁决原则”的普遍确立，法庭事实认定的跨学科成为必然。“司法权存在的基础之一就在于为各种各样的权利提供一种最终的救济机制。”① 这里的“各种各样”并非夸张的文法修辞，而是确有所指的事实陈述，从民事纠纷、行政诉讼到刑事领域，现代法庭为一切权利提供最终的救济机制，这使得法庭事实认定活动将涵盖一切承载权利的法律关系领域②，并进而介入相应的社会关系领域。尽管有学者对“一切法律关系皆可化约为‘权利’与‘义务’”的观点提出了批判和质疑，并且指出权利和义务关系只是法律关系概念的一个部分，但这恰从另一个角度说明了一切权利和义务都必然体现为某种法律关系。因此，法庭事实认定为权利提供救济的过程，也是事实认定介入相应法律关系领域的过程。而事实认定活动将包含对承载这些权利或法律关系

---

① 陈瑞华：《司法权的性质——以刑事司法为范例的分析》，载《法学研究》2000 年第 5 期。

② 陈锐：《法律关系内容的重构：从线性结构到立体模型》，载《法制与社会发展（双月刊）》2020 年第 2 期。

的社会事实乃至自然事实的分析和判定。并且伴随着科技水平的发展，这种关联正从理论变为现实，“专家证据已成为现代诉讼证明活动的主角，各个领域的专家们不时走进法庭”①。我国在刑事和民事领域，针对“鉴定制度”进行的改革正说明了这一问题，包括明确“鉴定意见”的表述，对“专家辅助人”出庭的规定等，都说明了专业法庭的事实认定者，正遭遇到越来越多的跨领域跨学科问题，也越来越需要借助跨专业的知识能力，而这些问题最终都要借由事实认定活动获得法律裁决。也正是在这个意义上，法庭事实认定活动将为法学跨学科发展提供根本途径。

与此同时，伴随着证据在现代法庭事实认定活动中日益增显的数量和影响力，世界各国的法律体系中，都相应出现了规制证据运用和事实认定的规则与制度。当我们从“内在视角”审视近现代法庭裁判的变化实质时，在这场法庭认识论实践中，一个最显著的特点是通过证据完成的事实认定。这一过程在证据法的规制之下进行。法外学科通过法庭窗口介入事实认定活动的过程，也就相应地被纳入证据法的规制之下。而跨学科知识和技术通过在取证、举证、质证、认证等活动中发挥作用，从而辅助发现事实，找到关于事实问题的解决途径；反过来，证据法学的跨学科发展又将在很大程度上推动传统研究框架和固有研究思路的深刻转变，而证据科学概念的出现正是这种转变的必然。因此，多学科介入的有效途径应当首先成规模性地体现在证据法学科范畴中。

（二）证据科学概念的推论与解释结构

如前所述，伴随着法庭认定事实问题的跨学科化，证据也日益呈现出越来越模糊的内涵和越来越丰富的外延。而这种“模糊性”的极致是“证据科学”概念的提出，其出现伊始是“借虚构人物之口表达的一种宽泛的证据及证明理念”②，其对应理查德·波斯纳对“持续提升的科学的声望与权威”③ 的描述。这一概念的深刻性体现在对“证据法学”的“旧的学科体系——‘法律自治

---

① 季美君：《专家证据的价值与我国司法鉴定制度的修改》，载《法学研究》2013 年第 2 期。

② ［美］特伦斯·安德森等：《证据分析》（第二版），张保生等译，中国人民大学出版社 2012 年版，第 62 页。

③ Richard A. Posner, *The Decline of Law as an Autonomous Discipline*: 1962-1987, 100 Harv. L. Rev., 1987, p. 772.

性'，以及旧的研究方法——'传统教义学分析'的双重突破"[①] 中，其蕴含着围绕证据及事实认定的相关研究"从规则体系向证明研究的转变"，而这种转变是向跨学科范畴属性的，即威格摩尔所谓的向"科学的司法证明"的转变。而这种突破或者说转变在东西方研究者中达成了某种共识，即"证据科学概念在性质上必然是跨学科的"[②]。

一个常见的关于"科学"的定义是，使用证据建立对自然现象的可检验的解释和预测，以及经由这一过程所产生的（可检验的解释和预测的）知识。这对应了前述阿尔文·戈德曼在其经典著作《认识论和认知》中对"可靠程序"的描述。"科学"正是这样一种可用于衡量、筛选信念，以形成知识的可靠的程序或方式的统称。证据科学概念的出现，在本质上，正是将这种多学科的"能够产生知识的可靠方式"引入司法事实认定的过程，并以此保障经由这一科学过程的拣选，从法庭审判中得出的事实认定结论能够被称为"真知"。因此在这个意义上，本书认为，证据科学概念本身将通过对自然科学以及社会人文学科中的认识论体系和方法的借鉴，突破传统证据理论研究中存在的诸多局限，包括对结果导向的或"外在"标准的依赖，转而"向内"通过对过程可靠性的把握，判断认识或信念的准确性或可接受性，而这也是跨学科性质的根本体现和优势所在。

此外，值得一提的是，有学者将证据科学概念定位于"证据法学与法庭科学的交叉"[③]。这种定义尽管阐明了"学科交叉"的属性，但其实割裂了"证据法学"与"证据科学"间的关系，其二者实质上并非两个独立的概念，而应当是证据学科发展不同阶段的称谓。在这个意义上，证据科学是证据法学的跨学科发展形态。而这一以科学为名的概念在众多传统法学科领域中，首先出现在与证据及证据法交叉的学科范畴内，也进一步说明了证据法及其规制下的事

① 巩寒冰：《证据科学：UCL 模型与 CUPL 模型中的跨学科趋势研究》，载《师大法学》2017 年第 2 期。

② David A. Schum, *Thoughts about a Science of Evidence*, University College London Studies of Evidence Science, Dec 29, 2005, Accessed August 20, 2020. http://128.40.111.250/evidence/projects/integrated/index; 在我国"证据科学"概念最早出现在张保生等提交的《证据科学教育部重点实验室申请书》中，指"综合运用自然科学和社会科学的方法，研究证据采集、鉴定技术以及案件事实认定和法律适用之一般规律的科学理论和方法体系"，张保生、常林主编：《中国证据法治发展报告（1978—2008）》，中国政法大学出版社 2011 年版，第 23 页。

③ 张保生、常林主编：《中国证据法治发展报告（1978—2008）》，中国政法大学出版社 2011 年版，第 237 页。

实认定活动同多学科领域间存在的密切关联。也因此，证据法学将是法学跨学科发展的首要篇章。

1. 关于推论过程的科学化

推论的科学化即在于论证过程的科学化。前述道格拉斯·沃尔顿对非形式逻辑理性论证过程的梳理，以及威格摩尔对“论证构建方法”的探讨都是对事实认定推论过程所作的科学化建构，使得事实认定的评价从对结论真相的关注，转向对论证过程本身的科学性、合理性的评估。而随着大数据和人工智能的持续发展，以计算机语言描述事实认定推论过程的尝试已经受到了越来越多法学研究者的关注。尽管在其“拟人化”方面仍然存在司法伦理、算法伦理、准确性、可接受性等方面的问题，但毫无疑问，其中蕴含的未来潜力已经在中外的法学研究者中获得了某种共识。正如前文对命题化论证过程的深入分析，通过机器学习、大数据、更高效的算力支持，计算机模拟的智能推论结论已经有了相当程度的准确性。而这种技术的进步已经使得推论的科学化模型从虚拟人物口中的理念设想变成了现实。在这个意义上，“算法的黑箱”或许正是对计算机人工智能推理的正当性质疑，而这又从另一个侧面佐证了推论的科学化应当是关注过程的，“算法黑箱”的概念恰恰是针对过程提及的，强调结论将会在逻辑上陷入前文所述悖论当中。有研究者指出“法定证据是一种人工算法……自由心证运用的是生物算法”①，而人工智能算法在本质上只是前述“算法”的升级与发展，它们并不存在本质上的差别。在这种“算法论”之下，司法事实认定活动的过程属性就显得尤为重要。因为算法被认为是“解决问题的一个逐步过程，是利用一系列的计算步骤解决某一特定的问题而制定的一个实现过程”。因此，对算法的评估其实就是对事实认定推论过程的评估。

诚然，人工智能真正实现对事实认定推论活动的替代仍然需要一个漫长过程，这一方面有赖于大数据、机器学习、更合理算法的持续的迭代发展与完善；另一方面或许更为重要的是我们对事实认定推论过程本身科学性的充分认识。而这也是本书所期实现的一个重要目标。前述包括对事实概念的清晰认知，对认识论基础的适当修正，树立关于证据证明活动的多元价值观，以及对推论的

① 周慕涵：《证明力评判方式新论——基于算法的视角》，载《法律科学（西北政法大学学报）》2020年第1期。

命题化前提的理解，对其与经验知识库之间关系的认知，对经验知识库本身跨学科属性的明确等，都各自构成了对刑事案件事实认定推论过程的科学化构建的重要部分。

2. 关于解释的科学性

解释整体上服务于建立内心确信的理解过程。在具体的事实认定活动中，解释引导推论，通过解释证据现象帮助构建命题主张，以及提供接受推论结论的理解模型。因此，解释性结构伴随着推论的全过程，从主体发现未知现象意图探寻真相的动机，到构建命题完成客观现象到语言命题的转化，再到得出逻辑结论并获得内心确信的整体过程。这个过程同“认知拱”结构呼应，并提供该形式结构的实质内容。而这个完整的解释过程并非近现代法庭的创造物，而是对人类自出现以来的漫长演进过程中探索未知事物时的（普适）理性思维过程的总结。但对这个过程的认知却是逐步发展演变的，伴随着科学技术和时代观念的发展与改变，用于解释的具体方法、解释的原理范畴、解释的内容都相应发生着变化。在刑讯合法化、奉行口供为王的司法环境中与强调程序正当，甚至宣扬零口供定罪的证明语境下，解释寻求的理解过程、理解角度，以及解释的具体方法都必然存在极大的不同。从主要依靠传统的调查走访、摸底排队、审讯技巧的案件侦办环境，到可以借助 DNA 鉴定技术，微量物证鉴定技术，身份、指纹等数据库，以及利用视频监控与人脸识别的信息化侦查语境，我们用于引导推论的解释视角，构建命题主张的假设的精确度，以及完成内心确信的准确性程度、效率和稳定性都发生了质的改变。这些无不展示了来自生物学、医学、物理学、化学、心理学、法庭科学等多学科研究成果供给事实认定解释性活动的重要价值。当我们已经习惯于或谙熟于当今时代刑事案件事实认定的解释过程时，不要忽视技术进步和观念革新在其中起到的根基性价值。当多学科成熟技术成果的不断涌现，才使得事实认定者可以摆脱对传统刑讯、口供工具的高度依赖，才从实践上保障了“正当程序”“人权保障”等概念伦理的落地。因此，当我们为文艺复兴以来资产积极革命破除纠问式诉讼，倡导天赋人员、无罪推定、正当程序等文明理念欢欣鼓舞时，我们更应认识到科学技术成果在其中起到的重要作用，并且其持续发展仍将以无法预计的方式回馈到其后的事实认定解释活动实践中。因此，解释的科学性体现在解释方法和解释观念的科学性，以及主体内心的科学信仰——这决定了主体对源于科学方法的结论的内心确信，而这种科学性在性质上也必然是跨学科的。

此外，如前所言，解释好与坏的判断是属于实践理性的范畴。而实践理性的具体判断标准是多学科发展共同塑造的。在有关“实践理性”的一种广义概念中，其意指“特定条件下，对某一行为或信念的选择符合最优的特征”①。这里所谓的“最优”与“最佳解释推论”中的“最佳”都是在对有关事项的把握、预测及其特定条件下对行为的优化选择的结果。诚如研究者所指出的，这里的“最优”或“最佳”并非对“所谓‘定律’的发现”，而是借助“对行动和实践的引导和规范，是行动和实践所作用的对象合乎人的理想与人的合理需要”②。因此，推论作为认识论活动的属性，其寻求的事实真相，是以符合论的或外化的“客观性”或相“印证”的外在条件实现的，而解释作为实践理性支配下的过程，其对“最佳”或“最优”结论的寻求，是对“认识的普遍形式在整合材料、(是在) 形成普遍知识”的过程中体现的。这种普遍形式即体现在“直观形式”当中，如我们观察到刑事案件的发生过程必然会伴随生物物质痕迹的遗留，当物质接触即发生物证的转移，如言词证据会受到主体感知、记忆和表达过程的影响等。此外，其还更多地体现在“知性范畴”的加工过程中，通过统计学、生物学技术，我们理解了指纹、DNA 证据所具备的生物统计学特异性判断特征，也理解并掌握了人脸识别、声纹识别、虹膜识别等技术的结构性原理，而这些技术也正被应用于刑事案件事实认定解释过程的实践理性范畴中。因此，解释是科学性的，并且是以过程体现科学性的，这也是其归属于实践理性活动的实质必然。

三、跨学科的认识论实质

要充分理解法学跨学科问题的本质，我们仍需回到法庭事实认定的“认识论”本质上。如戴维·舒姆所言“证据（事实认定）研究中的大多数问题是深植于认识论研究的”③。跨学科介入法庭裁判的典型方式也同样是围绕认识问题

---

① 许传玺：《从实践理性到理性实践：比较、比较法与法治实践》，载《浙江大学学报（人文社会科学版）》2014 年第 5 期。

② 杨国荣：《实践理性：基于广义视域的考察》，载《学术月刊》2021 年第 3 期。

③ David A. Schum, *Thoughts about a Science of Evidence*, University College London Studies of Evidence Science, Dec 29, 2005. p. 14. Accessed August 20, 2020, http://128.40.111.250/evidence/projects/integrated/index.

展开的，如最早关注证人认知准确性问题的是心理学家而非法学家，在这一领域的划时代著作是美国认知心理学家伊丽莎白·洛夫特斯的《目击证人证言》①。此外，围绕“品性证据”和“传闻证据”的研究也在很大程度上借鉴甚至直接引用了来自心理学科的研究成果②；而法庭科学在辅助法庭事实认定方面的研究与贡献更是东西方证据理论研究者们长期关注的问题，如美国 1993 年联邦最高法院对“多伯特案”③ 的裁决，即开启了科学证据在法庭事实认定中广泛使用的繁荣景象。而在我国法庭科学的相关建设与发展也已经逐步迈入标准化规范化进程④，正将“证据科学”从理论概念变成现实。

这些源于“自然科学以及社会科学方法”的引入，对应了自然认识论体系中的“经验性事实和经验性信息将限制和形塑理论形成”⑤ 的重要趋势。法庭裁判活动正是在吸收这些跨学科“经验事实”的基础上，实践着认识论基础的转变。由此法庭事实认定活动的认识论基础将不再局限于传统的“先验的概念分析（priori conceptual analysis）”⑥ 的过程，而是回归到“自然主义认识论（Naturalizing Epistemology）”所蕴含的对“认知主体的认知能力”⑦ 的尊重，如阿尔文·戈德曼所强调的“‘应当’包含‘能够’”的标准，以及对“认识过程的运行做一种手段性的评估”⑧ 的要求。而超过认知主体的认识能力而对特定行为的要求都是违背这一认识论基础的，如当前我们对“铁案”“命案必破”“100%标准”的提出，都是对上述认识论标准的违背。

这种转变也对应了拉德布鲁赫的观察：“法定证据理论已被科学证据理论

① Elizabeth F. Loftus, *Eyewitness Testimony*, Harvard University Press, 1979, p. 1-10.

② 围绕品行证据的法庭应用，以及其存在价值的争论也大量包含了心理学研究成果。See H. Richard Uviller, *Evidence of Character to Prove Conduct: Illusion, Illogic, and Injustice in the Courtroom*, 130 U. PA. L. Rev., 1892, p. 845, 867-868, 887-888. Edward J. Imwinkelried, *Uncharged Misconduct Evidence*, The Cambridge Law Journal, 1986, p. 1-42. 围绕传闻证据规则的大量研究论文和成果是在证据学家与心理学家的共同参与下完成的。See Roger C. Park, *Visions of Applying the Scientific Method to the Hearsay Rule*, Mich. ST. L. Rev., 2003, p. 1171-1174. Stephan Landsman & Richard F. Rakos, *Research Essay: A Preliminary Empirical Enquiry Concerning the Prohibition of Hearsay Evidence in American Courts*, 15 Law & Psychol. Rev., 1991, p. 65.

③ 参见巩寒冰：《专家证据评判标准的演进思考》，载《时代法学》2013 年第 6 期。

④ 王跃、易旻：《迈向“证据科学”——法庭科学学科建设模式的“大证据学”视野》，载《法制与社会发展（双月刊）》2011 年第 3 期。

⑤ Philip Kitcher, *The Naturalists Return*, 101 Phil. Rev., 1992, p. 53-55.

⑥ Brian Leiter, *The Naturalistic Turn in Legal Philosophy*, 00 APA Newsl. Law & Phil., 2001, p. 142.

⑦ Alvin I. Goldman, *Epistemics: The Regulative Theory of Cognition*, 75 J. Phil., 1978, p. 509.

⑧ Larry Laudan, *Normative Naturalism*, 57 Phil. Sci., 1990, p. 46.

所取代”[①]，这也是对传统上证据理论基础研究同陈旧、僵化的哲学认识论结合的有力反击。正如罗纳德·J. 艾伦与布赖恩·莱特在其文章中所指出的，当前证据理论研究领域所出现的很多问题都可以归因于认识论基础方面存在的问题，而这在根本上是因为证据理论研究者们有意或无意地忽视了哲学认识论研究领域所取得的新发展[②]。换言之，证据理论研究者们仍然因循守旧地持有对认识论基础的陈旧过时的观念，而没有及时地跟进更为正确或合理的认识论发展，由此导致了作为证据理论研究基础的认识论的缺陷，并引发了一系列的问题。

总而言之，“证据科学”研究中的认识论概念，相较于在传统阶段的证据理论基础中的含义，已经发生了很大的变化。它不再是对传统证据理论研究中的认识论概念的机械适用[③]，而是更为务实、科学地探讨在整个事实认定活动中证明的过程、证明的规律等。其中最重要的内容包括对科学推理活动和科学化事实认定性质的探讨。法庭科学在事实认定活动中的应用，将帮助确定何种事实认定方式能够得出正确的认知或知识，而这种新的事实认定方式在性质上是科学的或称“事实认定科学化”。

结合对认识论基础的分析，可以将本章开篇所述的两个层面的问题进一步整合。作为第一层面的对具体问题的跨学科解决方案，其合理性以及是否为法学共同体所接受，最终是要回到第二层面的基于思想或原理的检视中的。典型的如数学以及统计学工具在法庭裁判中的运用，便曾引发英美法学理论研究和实践中“能否依靠数学裁判的迥异立场的激烈讨论”[④]，这些各执角度的争论最终指向了对“关涉法学科整体认识论基础的，一般观念和思想问题的深刻反思”[⑤]。并且得益于这些立场迥异的思想交锋，从而引起了一大批有着深刻洞察力的学者的关注，并由此产生了一大批卓有成效、颇具影响的理论成果。如美国科学哲学家、证据学家拉里·劳丹所主张的“无论其他方面做如何看待，刑

---

① ［德］拉德布鲁赫：《法学导论》，米健译，法律出版社 2012 年版，第 145 页。

② Ronald J. Allen & Brian Leiter, *Naturalized Epistemology and the Law of Evidence*, 87 VA. L. Rev., 2001, p. 1507.

③ 张保生、常林主编：《中国证据法治发展报告（2012）》，中国政法大学出版社 2014 年版，第 112 页。

④ Peter Tillers, *Trial by Mathematics—Reconsidered*, 10 Law, Probability and Risk, 2011, p. 168.

⑤ Michael S. Pardo, *The Nature and Purpose of Evidence Theory*, 66 Vanderbilt L. Rev., 2013, p. 547-613.

事审判首先也最重要的是一个认识引擎”[①]，认识论学者阿马亚·艾美雅也强调“在证据法中赋予认识论以重要角色”[②]。而美国证据学家迈克·帕多教授更是直接以《证据理论的性质和目的》成文，系统性地反思了数学、统计学等概率工具在事实认定、法庭证明活动中适用存在的各种问题，以及造成这些问题的背后原因。

第三节　整合性“证据科学”概念的完善契机：事实认定的人工智能化

一、威廉·特文宁的反思：后“新证据学研究”时代的迷茫

从文献溯源来看，“证据科学”概念最早出现于英美 19 世纪的相关记载中[③]，但直到英国伦敦学院大学（UCL）在 2005 年开展有关“证据科学”的专项研究时，项目参与者们也并没有对“证据科学的描述达成一致意见”[④]，甚至“证据的科学”（Science of Evidence）这一称谓本身也仍招致反对。这种反对不仅是理论层面的，更是涉及一些非常具体的问题。威廉·特文宁即提出了 11 个涉及科学与证据交叉的“一般性、融贯性与效用性等”[⑤] 的问题。即便如此，威廉·特文宁仍然对彼时隐显的，但似乎又将必然到来的“证据科学”时代充满了警惕。他在“跨学科的警示”中进一步明确指出“‘事实’观念的独特性，以及过分简单的故事——比如，马戏团问题和蓝色出租车问题——一般无法完

① Larry Laudan, *Truth, Error, and Criminal Law: An Essay in Legal Epistemology*, Cambridge University Press, 2006, p. 1-9.

② Amalia Amaya, *Justification, Coherence, and Epistemic Responsibility in Fact-Finding*, 5 Episteme, 2008, p. 306-309.

③ Israel Zangwill, The Big Bow Mystery [1981], Carroll&Graf Publishers, 1986, p. 143-144.

④ 该项研究的项目名称为“证据、推理和探究：迈向整合性的证据科学（Evidence, Inference and Inquiry: Towards an Integrated Science of Evidence）”。See David A. Schum, *Thoughts about a Science of Evidence*, University College London Studies of Evidence Science, Dec 29, 2005, http://128.40.111.250/evidence/projects/integrated/index, Accessed August 20, 2020.

⑤ [英] 威廉·特文宁：《反思证据——开拓性论著》（第二版），吴洪淇等译，中国人民大学出版社 2015 年版，第 457-458 页。

全描述程序的复杂性"[①]，而包括证人心理学家、叙事学家、符号学家以及其他类似的（跨学科）专家在内，都将选择在相当不同的框架内来组织他们的研究，而最终的具体语境也即诉讼的性质和复杂性本身还是应当交由法学家予以判定。

威廉·特文宁的担忧与告诫并非虚言，"新证据研究"以来的诸多尝试与争论带给了一代人深刻的刺激和影响。这种跨学科化的、数学模型化的司法事实认定模式，即便在当时已经达成"并不能作为法庭决策的具体指引"的共识，但它也一定触及了威廉·特文宁"反思证据、反思证据法未来"的思想根源。而他的反思仍然是局限于时代的，是后"新证据学研究"时代的产物，他既看到了证据法学跨学科发展的某种必然性，也看到了（当时）跨学科知识与技术无法模仿或是替代那些传统法学从业者（法官或律师）的大脑功能也无法解释发生在其中的"复杂性科学"的问题，正如他的结论性认识所言，希望这些有关复杂性的信息可以抑制一部分贝叶斯主义者和决策理论学者的过分狂热。

而在我国，证据法学及相关学科的发展尽管并未受到"新证据学研究"的直接影响，但精细化的社会分工和时代科技的发展，也将我们的法庭带到了跨学科的门前，并进而制造了许多相似的问题与挑战。诚然受"专家参与司法的功能与体系方面问题"[②]的影响，我国法庭（尤其刑事法庭）在应对专门性问题时的处理逻辑不同于西方法庭，但一些来自基层系统的调研数据，正揭示了这些专门性问题在数量和范围上在我国司法实践中的冰山一角[③]。尤其"在新一轮信息革命浪潮的冲击下，电子数据在诉讼中的广泛运用"以及这些新证据信息在"收集提取和审查判断时往往面临的专门性问题"[④]，都已经向立法实践和理论研究释放了明显的压力与变革潜势。"新证据学研究"式的跨学科"模型化"探讨虽未发生，但其包含的"以科学精神的思维模式代替传统的经验思

---

① 这些故事均诞生于"新证据学研究"蓬勃开展的学科交叉研究中，因而也带有当时研究存在的客观局限，对此我们已经在前文有所论及。参见［英］威廉·特文宁：《反思证据——开拓性论著》（第二版），吴洪淇等译，中国人民大学出版社 2015 年版，第 267-268 页。

② 陈如超：《专家参与刑事司法的多元功能及其体系化》，载《法学研究》2020 年第 2 期。

③ 陈如超：《专家参与刑事司法的多元功能及其体系化》，载《法学研究》2020 年第 2 期。

④ 李学军：《诉讼中专门性问题的解决之道——兼论我国鉴定制度和法定证据形式的完善》，载《政法论坛》2020 年第 6 期。

维"① 的本质，已经切实存在于我国法庭活动当中。这里的"科学精神"当然包含自然科学、数学等在内的思维模式，"新证据学研究"以来的数学化（形式化）事实认定模型便是这种应用尝试的具体形式。具体到我国的司法实践，从专家辅助人参与诉讼以来，"鉴定意见的质证过程"实际上就已经包含了对传统"经验性"质证过程的突破。例如，其中包含了"鉴定所依据的标准受到检验的过程"②，这些相关行业的"技术标准"将融入司法事实认定活动当中，从而"形成一门打通基础科学与应用科学，打通多门具体学科"的"大证据学"③ 体系。在这个意义上，"大证据学"与"证据科学"有着大体上相同的内涵。在世界范围内，这两种概念都可看作是后"新证据学研究"时代的探索，二者也有着相似的命运。在西方，正如威廉·特文宁将"证据科学"仅仅看作一个悬而未决的，尚需花费"许多年来进行争论"的开端而已，戴维·舒姆的实践研究也已经遇冷；在我国"多年来，法庭科学与证据法学的研究各自为阵……缺乏借鉴"④，甚至有研究者指出，建立这种"普适性的大证据学，既无必要，也不可能"⑤。在张保生教授及其团队编撰的《中国证据法治发展报告》丛书中也可直观看出，证据法学与法庭科学在研究整体范围上，仍是缺乏交流的两个独立部分⑥。

二、跨人工智能的整合路径

结合前文分析，证据法学或将是提供人工智能与法学交叉研究体系化的最佳突破口。其实现途径有赖于事实认定活动与人工智能模型化人类思维过程"求真探索实践"的内在同源性。而在更进一步的本质上，是二者在认识论基础上追求目的的推论基础和解释性结构的一致性，人工智能化模型将通过模拟人类的经验性推论基础，以及与之相伴生的获得内心确信的解释性活动，而

---

① 钱洪良：《论循证视角下的证据科学》，载《证据科学》2013 年第 5 期。

② 王旭、陈军：《2018' 中国的法庭科学/司法鉴定标准建设与步伐》，载《中国司法鉴定》2019 年第 2 期。

③ 龙宗智：《"大证据学"的建构及其学理》，载《法学研究》2016 年第 5 期。

④ 王跃、易旻：《迈向"证据科学"——法庭科学学科建设模式的"大证据学"视野》，载《法制与社会发展（双月刊）》2011 年第 3 期。

⑤ 何家弘：《证据学抑或证据法学》，载《法学研究》2008 年第 1 期。

⑥ 张保生、常林主编：《中国证据法治发展报告（2013）》，中国政法大学出版社 2015 年版，目录部分 1-4 页。

(最近似完美的) 完成对人类事实认定心证过程的模拟。毕竟人工智能的发展目标，也是目前阶段最难以实现的功能即是机器对“常识推理或感知的学习与理解”①。

就其学科属性和技术基础而言，人工智能是“运用概念框架以及计算机科学工具研究人类心智”② 的学科门类。而在刑事案件事实认定活动中，人类心智集中体现在理性推理能力的运用。在人工智能与法律交叉中“大多数研究的目的是对‘法律推理的计算机模型化’的发展”③，其实质是通过计算机程序表明人类法律推理的某些特性的过程，主要包括对规则（成文法）推理模型、判例（案例）推理模型、裁决推理模型等的建立和完善。而这是一个渐进的过程。

人工智能概念描述的是机器智能的拟人化，抛开对“智能”概念属性和程度分类的争议，仅就关于“人是什么这个问题”④ 而言，还尚未形成明确认识。因此几种主流定义均回避了对人工智能概念抽象内涵的把握，转而采用阐释性或描述性的表述。如人工智能是指“机器能在复杂环境中进行推理、学习、交流以及采取行为”⑤，或者是“使计算机完成那些传统上更适宜由人类来完成之事”⑥，或者“机器能够为完成特定目标而自主分析环境，并采取相应行为”⑦等。因此，本部分对跨人工智能整合路径的探讨也将是基于对人工智能的描述性概念的。

---

① 对人工智能而言，实现像数学问题计算或赢得国际象棋等棋牌游戏，通常是较为简单的。E. Charniak, *Toward a Model of Children's Story Comprehension*, 266 MIT AI Lab Technical Report, 1972, p. 271-274.

② Eugene Charniak & Drew Mcdermott, *Introduction to Artificial Intelligence*, Addison-Wesley, 1985, p. 6-7.

③ Kevin D. Ashley, *Artificial Intelligence and Legal Analytics: New Tools for Law Practice in the Digital Age*, Cambridge University Press, 2017, p. 29.

④ 参见韩水法：《人工智能时代的人文主义》，载《中国社会科学》2019 年第 6 期。

⑤ Nils J. Nilsson, *Artificial Intelligence: A New Synthesis*, *Morgan Kaufmann Publisher*, Inc., 1998, p. 1-2.

⑥ Wolfgang Ertel, *Introduction to Artificial Intelligence*, Springer-Verlag London Limited, 2017, p. 2.

⑦ 这一定义源自欧盟高级别人工智能专家组（European Commission's High-Level Expert Group on Artificial Intelligence）的研究报告。See Robin Allen & Dee Masters, *Artificial Intelligence: The Right to Protection From Discrimination Caused by Algorithms*, Machine Learning and Automated Decision-Making, 20 ERA Forum, 2020, p. 586.

（一）推论基础的人工智能化

第一，算法模型以人类理性心证的推论过程为典范。尽管以上阐释或描述的角度存在差异，但其中的共同观照在于“自主决策”和“机器学习”，而机器的“自主决策”行为又是建立在“机器学习”基础之上的。因此，人工智能阐释性特征的核心应当是“机器学习”。隐私权专家国际协会（IAAP）将机器学习表述为“在最少外部管理的情况下，允许通过算法从数据中抓取相关关系的技术”①。换言之，机器学习是建立在特定算法基础上的。其中每个特定的算法都被称为一个“模型”，这些模型接受外部输入的数据，并输出特定的结论。从数据到特定结论得出，其运算过程隐藏于技术性的“神秘算法”② 中，即“机器学习的过程是隐而不可见的，也是无法通过有意义的询问而获取的”③，这也是其被称为“黑盒”的原因。

而这一“黑盒”机制对应了人类大脑的思维过程，托马斯·霍布斯认为“人脑的推理活动本质上是一个计算过程”④。这个推理活动典型地体现在“从证据事实到假设形成”的事实认定推论活动中，大脑接受外部输入的证据信息，经过计算，得出假设性结论。即便是早在古希腊时代，亚里士多德便发觉到了大脑思维的这一独特功能，但一直到今天，人工智能以及机器学习的深度发展，才在某种程度上提供了机器模仿甚至“超越”人脑这一独特功能的未来可能。

在这个意义上，人工智能概念的当然内涵是其算法结构以人类思维推理为模本。可以预见，“计算机完成那些传统上更适宜由人类来完成之事”的实现，其前提在于算法模型对整个人类思维推理活动的理解与刻画。而在法学领域，人脑思维推理的典型应用正体现在“从证据、推理到真相信念形成”的司法事实认定过程中。而正如前文所言，法庭事实认定在本质上又分享了人类一切社会生活和其他学科领域求真探索活动的基本内容。因此，人工智能依靠机器学

---

① International Association of Privacy Professionals（IAAP）P. https：//iapp. org/news/a/the-privacy-pros-guide-to-explainability-in-machine-learning/. Last Accessed times 18：00，Dec. 25th 2020.

② Alessandro Campo，*Metaphorical Use of Algorithm in Legal Reasoning*，33 Int. J. Semiot Law，2020，p. 1194.

③ Robin Allen & Dee Masters，*Artificial Intelligence*：*The Right to Protection From Discrimination Caused by Algorithms*，Machine Learning and Automated Decision-Making，20 ERA Forum，2020，p. 590.

④ ［英］托马斯·霍布斯：《利维坦》，黎思复等译，商务印书馆 1985 年版，第 28 页。

习完成对“某一事实或情况认知过程”的思维图景同法庭事实认定活动并无二致，二者统一于戴维·奥伊洛特描绘的“拱形结构”。也即真人工智能与司法事实认定，二者在思维推理上具有同源性。而其中尤以人工智能在决策、裁判以及风险评估中的参与最为体现人工智能分享事实认定推论能力的核心。也因此，就人工智能对司法裁判活动的影响而言，裁判过程中的事实认定环节是一个较为理想的观察场域，而这正对应了本书对法庭裁判窗口性价值的关注。换言之，“理想场域”并非偶然促成，其关联关系是建立在“基于认识论基础、数学逻辑本身，以及控制论、意识以及符号化语言的哲学传统”① 中的。

第二，大数据提供了人工智能的经验性保障。如前所述，事实认定推论的“经验性”基础来源于戴维·宾德和保罗·伯格曼所描述的人类积累、学习于日常生活过程中的被普遍持有的观念的巨大知识库。而人工智能以及机器学习的核心要件也同样依赖于对该“知识库”的学习和吸收，表现为大数据及数据库的建立和完善过程。有研究者指出人工智能运用于司法裁判的主要障碍即在于“法律数据不充分、不真实、不客观以及结构化不足”②。这既是当前“人工智能”经验化不足的体现，也从另一个侧面反映了人工智能与事实认定在算法逻辑或推理基础本质上的一致性。

对传统事实认定活动而言，人类认识能力的经验性本身提供了可供检验和预期的认识基础。对于人工智能而言，大数据也提供了机器学习的“经验”基础。人工智能以及机器学习依靠数据库对典型行为进行归纳概括，并进而完成从证据到待证事实的“推理”过程。因此，通过数据库（数据信息）积累而完成的机器学习过程，实际上是赋予了人工智能某种“经验性”认知能力，而这种经验性也保障了概率性准确结论的持续输出，从而使得机器所作的结论是“经由一套可靠的程序得出”的，这对应了阿尔文·戈德曼对“真知”的定义。2016 年英美多所大学联合开展了通过人工智能算法对欧洲人权法院判决的预测研究，以及美国伊利诺伊理工大学的研究团队利用大数据人工智能算法对美国

① Alessandro Campo, *Metaphorical Use of Algorithm in Legal Reasoning*, 33 Int. J. Semiot Law, 2020, p. 1189.

② 郑曦：《人工智能技术在司法裁判中的运用及规制》，载《中外法学》2020 年第 3 期。

最高法院的案件审理结果和法官投票情况的预测[1]，也在某种程度上揭示了“经验性”算法的可靠性。

第三，我们回到前文的结论性认识，即法庭事实认定活动的经验性是保障多学科有效且实际介入裁判过程进而实现社会控制的认知基础。这个认知基础对于人工智能而言，也有着同样的功能和意义。

（二）解释与理解结构的人工智能化

解释的目标是理解，是获得事实认定主体内心确信的过程。传统上，围绕这一过程的研究既缺乏如对推论形式和实质的研究那般清晰的演进脉络和系统规范的阐述，也缺乏一种相对统一、完善地获得普遍接受的描述模型。这在一定程度上也说明了，“解释或理解”相较推论而言，是很容易受到忽视的理性活动形式。跨人工智能技术的持续发展，或将提供模拟理解解释过程的唯一途径。

而纵观人类围绕事实认定研究的历史发展过程，自亚里士多德展开并初步完善对论证理论的研究伊始，历经千年，人类在有关推论论证活动基本类型和逻辑结构方面的研究认识并未发生根本变革，演绎与非演绎型的逻辑形式分类依然是我们今天研究理性推论活动的基本认识工具。人类从建立文明，一路演进到工业革命，再到信息革命的技术发展，伴随这一过程发生深刻改变的是人类“解释和理解”自然现象和人类社会现象的能力。在这个意义上，推论基础与解释性结构的关系定位也越发清晰。推论的基础性定位体现于其在事实认定发展过程中的方法论属性，以及其作为人类认识客观现象的基本途径。而解释性结构则是基于推论基础而发生的一种演变不拘的获得内心认同的途径。也因此，技术文明的每次进步，都伴随着人们对相关现象的认识深化，也就相应产生了新的不同的解释方法、解释角度和获得理解的不同接受程度。如前述“制糖厂爆炸案”中，技术认知的发展已经深刻改变了人们解释爆炸现象的内心确信标准。正是在这个意义上，“解释与理解”的过程是与“科学技术”的发展内在关联的。而在此基础上，当我们重新审视“证据科学”概念时，就会发现解释与理解过程的人工智能化趋势将补足证据科学概念整合确立的关键缺失

---

① Daniel Martin Katz et al. , *A general approach for predicting the behavior of the Supreme Court of the United States*, 2 Physics and Society, 2017, p. 1-3.

环节。

如果说“证据科学”概念在形成之初，仅是虚拟的宽泛理念的表达，那么到威格摩尔开始尝试将“科学”作为一种方法论引入到司法证明活动当中，并尝试将“科学”确立为评判具体“证据规则”的标尺时，这一概念才开始迈入实质性探索阶段。然而即便在当时，威格摩尔也清醒地意识到问题的复杂性，一是“科学”本身尚未发展到足够程度；二是法律共同体们尚缺乏基本的“科学”素养。因此，激进的“科学化”将是危险的，但这种概念结合的根本优势却逐渐清晰。“科学”的持续开放性赋予了这种结合以包容性①。威格摩尔提出的“证明科学”，便明确指出是以“逻辑学、心理学和一般性经验”为基础的，这使得该概念很容易便容纳了新证据学研究广泛探讨争论之时，出现的有关证据与推论的研究文献。如果说理查德·波斯纳主要阐释的导致法学科独立性丧失的交叉结合研究还是在人文社会学科内部的话，到“新证据学研究”时期的短暂尝试才真正打开了潘多拉的盒子。纯粹形式理性的数学、统计学、概率学被引介到法庭事实认定的证据证明活动中，在数学化视野下重新获得解释理解的诸如相关性和证明力等概念，以及用数学模型描述证明和法庭裁判过程的尝试，将理查德·波斯纳的法学独立性的衰落趋势推向了新的阶段。进入 21 世纪以来，东西方部分研究者分别独立地尝试了证据科学的“实践化探索”②，使其第一次（粗略）涵盖了包括数学、医学、地理学、哲学、史学、经济学，乃至法庭科学在内的广泛学科。至此，证据科学概念至少在实践规划的理想范畴上，已经彻底打通了“证据”与“科学”交叉的（涉及各个学科内容）的知识障碍，但这种理想终究未能照进现实③。如此广泛的跨学科“整合”，在经济、技术和人力成本上已经远远超出了“司法”体系的容纳，这也是该概念一度饱受争议的根本原因。

而今天，打通这种根本屏障的技术革命似乎正在加速孕育。如在前文所说，我们无法在今天做结论性的分析，也无法预测技术革命的奇点在何时出现或能

---

① ［英］威廉·特文宁：《反思证据——开拓性论著》（第二版），吴洪淇等译，中国人民大学出版社 2015 年版，第 250 页。

② 张保生、常林主编：《中国证据法治发展报告（1978—2008）》，中国政法大学出版社 2011 年版，第 236 页。

③ 巩寒冰：《证据科学：UCL 模型与 CUPL 模型中的跨学科趋势研究》，载《师大法学》2017 年第 2 期。

否出现，但这种可能性正日益明显的展现在所有关心该问题的观察者、研究者们面前。伴随人工智能的深入发展和技术瓶颈的突破可能，一个“整合的、开放的、融贯的”证据科学似乎正越来越清晰的呈现。

首先，人工智能技术能够解决模型化研究以来的解释发生的基础问题。例如，新证据学研究中模型化数学工具与司法事实认定间的紧张关系在本质上是“过于简单”的量化计算，无法模拟或表述解释与理解的实际过程。而人工智能技术所带来的算力和算法的革命性发展，正持续不断地推进这一模拟过程。今天关于机器算法的认识已经取得了质的飞跃。传统上认为专属人脑的，包括“非逻辑思维、情感”等活动，都已经获得了某种算法解读。它们在人工智能的学科话语中，被认为是一种“生物算法”，是“有规律可循”① 的，并且是可以通过人工智能技术加以模拟和描述的。而对“人类理性内在活动的理解与刻画”正是人工智能的题中应有之义，这在本质上确立了人工智能算法与解释性结构的目的一致性。

其次，人工智能技术蕴含破除当前科学技术发展与事实认定解释研究中学科壁垒的问题。法律在本质上可以看作“向以法律规范为内容的职业共同体提供信息，并从法庭上的争论中探知信息”② 的技术性手段。而在这个抽象视角下，多学科实际上各自充当了法庭事实认定活动的“信息提供渠道”。而计算能力的指数级提升、大数据信息库的完善现实、模糊数学逻辑的实践应用都将使得我们能够越来越有效地将“信息收集过程嵌入法律本身”③。破除学科壁垒造成的信息的传递、转化与计算受阻问题。

最后，解释性结构在事实认定过程中的核心功能是服务于建立主体内心确信的，这也就意味着事实认定的人工智能化必然建立在人工智能对主体内心世界的理解和把握基础上。在这个意义上，解释性结构的模型化程度才是衡量强或弱人工智能的关键指标。结合此前分析，证据学科发展的两条脉络如下，一是从关注规则的“教义学”证据法学到关注证明过程的证据科学理论概念的探讨；二是从法学独立性衰微到“新证据学研究”再到“（证据）法学与人工智

---

① 周慕涵：《证明力评判方式新论——基于算法的视角》，载《法律科学（西北政法大学学报）》2020 年第 1 期。

② John O. McGinnis & Steven Wasick, *Law's Algorithm*, 66 FLA. L. Rev., 2014, p. 991.

③ John O. McGinnis & Steven Wasick, *Law's Algorithm*, 66 FLA. L. Rev., 2014, p. 1019.

能”交叉研究的模型化实践与认识论研究的深化。而这两条脉络的核心属性是“跨学科”。其中第一条脉络是证据学科发展的整体趋势；第二条脉络是在整体趋势之下的认识实践。就整体趋势而言，相较教义学的规则分析，解释性结构在证明过程的动态研究中无疑扮演着更重要的角色，解释是完整证明活动的关键组成部分，对证明的模型化研究不得脱离对其解释性结构的涵盖。就具体实践而言，“新证据学研究”从探索“数学化（概率化）证据及证明过程”的研究论证开始，得出了数学模型不能作为法庭决策过程的具体指引的理论共识。这似乎否定了人工智能与法律交叉研究的前景。而当重新审视“两次跨学科实践”的关系时，可以发现，遥相呼应的逻辑主线是通过模型算法描述司法事实认定活动的尝试。而大数据、算法、机器学习等内容在近几十年突飞猛进的发展，正是从不可能到可能的破局转变的关键。总而言之，围绕解释与理解过程的人工智能化发展，将为证据法学跨学科提供智识基础。而在更广泛意义上，法学科跨人工智能的体系化发展，将同样遵循这一路径。也正是在这个意义上，解释性结构的人工智能化探索为整合性“证据科学”的最终实现提供了契机。

三、跨人工智能整合的现状与未来发展

整体而言，事实认定跨学科研究的第二次规模性的探索实践出现在跨人工智能领域。目前这一跨学科领域在“世界范围内正呈现方兴未艾”[①] 之势，且该交叉研究的未来限度与价值深受“智能技术的迭代进化与机器决策能力的指数级提升”[②] 发展程度的影响。而“究竟能否创造出人类级别思考能力的机器仍是未知之数”[③]。因此，在此时对其作结论性的分析尚为时过早。而可行的分析路径是在明确现有局限的前提下，探讨并分析跨学科技术发展的未来趋势与潜在问题。

（一）东西方的统一：跨人工智能研究的现状

在新证据学研究的喧嚣过后，证据学科的跨学科探讨日渐式微。这一时期的西方法学界，围绕人工智能与法学交叉的研究在经历了形成初期长达 25 年左

---

① 左卫民：《关于法律人工智能在中国运用前景的若干思考》，载《清华法学》2018 年第 2 期。

② 栗峥：《人工智能与事实认定》，载《法学研究》2020 年第 1 期。

③ “即便乐观者对这一问题的答案持肯定态度，但他们也承认其实现进程会晚于先行者的预计。” See Nils J. Nilsson, *Artificial Intelligence: A New Synthesis*, Morgan Kaufmann Publisher, Inc., 1998, p. 2.

右的致力于发展“法律信息检索系统”① 的基础探索后，终于迎来了某种突破。到20世纪80年代初期，得益于计算机科学技术发展的“摩尔定律”，人工智能与法学交叉的研究应用也开始走向纵深。以1979年在英国斯温西召开的围绕人工智能应用的第一次国际会议为契机，到1989年的斯温西会议“十周年”之际，这一年接连召开了在波洛尼亚的以“法学中的专家系统”为主题的国际会议，以及在温哥华和佛罗伦萨分别召开的第二届和第三届围绕人工智能、逻辑学、信息学与法学交叉应用的国际会议，包括1989年5月在波洛尼亚召开的“法律中的专家系统（Expert Systems in Law）”；同年6月在温哥华召开的“第二届人工智能与法律国际会议（Second International Conference on Artificial Intelligence and Law）”，以及同年11月在佛罗伦萨召开的“第三届逻辑学、信息学与法学国际会议（Third International Conference on Logic，Informatics，Law）”②。这些会议基本完成了对人工智能与法学交叉研究初期成果的交流与共识的达成。尤为重要的是，这些共识也基本奠定了西方相关研究的发展方向。

而在我国，相较西方传统的法学与心理学、哲学、法庭科学等学科交叉中法学研究者的被动性。我国法学本学科研究者表现出了极为鲜明的研究热情。这集中体现在颇具代表性的法学大刊《法律科学》和《东方法学》分别在其“科技新时代法学专论”和“智慧法治”子栏目下，集中推出了一大批传统法学学者发表的以“人工智能”为题，且有极高“引用量”和“下载量”的法学跨学科文章。③ 其中较具代表性的有吴汉东教授发表于2017年9月10日的《人工智能时代的制度安排与法律规制》一文，截至2020年12月5日的下载量和引用量已经分别高达“25312”次和“805”次，这相较于传统的法学科专业文章的一般下载量和引用量而言，几乎是“天文数字”。而在司法实践中，我

① Richard E. Susskind, *Expert Systems in Law: A Jurisprudential Approach to Artificial Intelligence and Legal Reasoning*, 49 Mod. L. Rev., 1986, p. 168.

② L. Thorne McCarty, *Artificial Intelligence and Law: How to Get There from Here*, 3 RATIO Juris, 1990, p. 189-192.

③ 参见 https://epub.cnki.net/kns/brief/default_result.aspx，最后访问时间：2020年12月5日。此外还包括，如易继明：《人工智能创作物是作品吗?》，载《法律科学（西北政法大学学报）》2017年第5期。王迁：《论人工智能生成的内容在著作权法中的定性》，载《法律科学（西北政法大学学报）》2017年第5期。司晓：《论人工智能的民事责任：以自动驾驶汽车和智能机器人为切入点》，载《法律科学》2017年第5期。袁曾：《人工智能有限法律人格审视》，载《东方法学》2017年第5期等文章，都有着很高的下载量与引用量。

国法院检察院系统对人工智能技术的运用相比其他国家也更显“激进与乐观”，典型的以上海市三级法院系统使用的“刑事案件智能辅助办案系统”[①]，该项目被认为是法院系统参与和应用人工智能的“标志性工程”。该系统已经突破了“电子档案管理”[②]式的辅助类应用，而介入了“证据审查判断、类案推送、危险性评估等”部分模拟人脑功能的智能化运用中。在官方决策层面，从2017年第十二届全国人大第五次会议《政府工作报告》[③]中对“加快……人工智能……技术研发和转化”的官方背书，到最高人民法院在2016年第三届世界互联网大会上所作“积极推动人工智能在司法领域的应用”[④]的表态，都传递出决策层对推进“人工智能”研究与应用的决心与力度。

在这个意义上，可以说得益于我国在新技术领域的迅猛发展，使得围绕法学与人工智能的交叉研究，东西方再次站在了同一条起跑线上。抛开西方“新证据学研究”短暂的独有序曲，东西方的相关研究再次回到了相似的探索阶段当中。首先是逐步发展起来的即所谓“弱人工智能”的计算机辅助技术或程序的应用。其中被广泛采用且较具代表性的是“法律专家系统”。如前述用以评估企业合规风险、跨境交易中的破产风险以及合法规避《反海外腐败法》的监管，帮助当事人起草完成诉讼需要的相关文书等；而在我国法检系统中试点施行的，如“刑事案件智能辅助办案系统”“刑事执行检察职能辅助系统”等，也可划归为此类技术的交叉应用。

正如埃德温娜·里斯兰教授所言，法律与人工智能的交叉将是“卓有成效的互为增进”，其原因在于“法律通常是数据完备、有内在逻辑以及内省精神”的。而法律从业者对法律推理的目标和方法的描述，以及由此积累的法律知识库，对于人工智能的研究者来说是极为便利的理解法律的通道，而在另一方面“人工智能展现出的在数据细节方面的极高关注度以及对数据量的梳理整合的

---

① 严剑漪：《解密“206”：法院未来的人工智能图景——上海刑事案件智能辅助办案系统164天研发实录》，载《人民法治》2018年第2期。崔亚东：《人工智能与司法现代化——“以审判为中心的诉讼制度改革：上海刑事案件智能辅助办案系统”的实践与思考》，上海人民出版社2019年版，第111-116页。

② 郑曦教授在文章中总结了中国、美国、欧洲等代表性国家和地区在司法裁判中运用“人工智能”的软件系统及实现功能，从中可以非常明显的看出，我国在相关应用中的“进阶态势”。参见郑曦：《人工智能技术在司法裁判中的运用及规制》，载《中外法学》2020年第3期。

③ 李克强在该报告中明确强调了国家层面对“人工智能”的支持。参见《政府工作报告》，载《人民日报》2017年3月17日。

④ 邓恒：《人工智能技术运用与司法创新》，载《人民法院报》2017年12月14日第7版。

优势”对于法律体系的发展也是极为重要的。

（二）“全面性”跨人工智能的危险与隐忧

时至今日，困扰“新证据学研究”始末的“算法工具与法律决策过程间的紧张关系”①，伴随人工智能“加速发展，深度学习、自主操控”② 的算法以及算力的发展革新，似乎迎来了破局的转折点。仅在30余年前，阿莫斯·特沃斯基和丹尼尔·卡内曼的“蓝色出租车案”，便是以“忽视基准比率”而对“新证据研究”交叉中数学模型化的算法和算力问题提出的关键批判。决策者在评估概率性时忽略背景信息的基准比率统计是非常典型的，这就会导致认识模型化的根本错误，而事件本身及其证据包含一个实际上无限的数据组，而计算全部组数据比率所包含的计算量对于当时的人类而言是不可能完成的任务，这才是问题产生的根源。而这在技术层面是当时的计算机算法或算力条件不足以完成对特定事件的真实发生概率的计算或模拟导致的。今天，人工智能展现的“机器通过感觉、推理、学习、沟通等对人类行为理解和模仿的智能化技术手段”③，进一步预示了机器学习接近甚至超越人类智能的未来可能。或许正是这种可能性再次引发了对曾被西方法学界的普遍共识否定的数学算法模型辅助司法裁判的新期待。

在目前，尽管实践中多有以“智能”为名的司法管理或办案辅助系统，但绝大多数应用在本质上仍只能被定义为“智能增强”，即IA（Intelligence Augmentation）④，其并非实质意义上的“人工智能”。在此，值得一提的是“人工智能”称谓最早出现在1997年《哈佛法律评论》的一篇文章中，其概念界定至今尚无统一定论。而主流定义模式是“描述性”的，其中包含的一个基本共同要素是，将着眼点置于系统的功能性评价上，即该系统实现的功能能否模拟、代替甚至超越人类。在这个意义上，人工智能概念将伴随科学技术的发展和数学算法的优化而保持开放性。而对比这一要素，由英国杜伦警察局创造了英国

---

① Ronald J. Allen and Michael S. Pardo, *The Problematic Value of Mathematical Models of Evidence*, 36 The Journal of Legal Studies, 2007, p. 110.

② 纵博：《人工智能在刑事证据判断中的运用问题探析》，载《法律科学》2019年第1期。

③ Nils J. Nilsson, *Artificial Intelligence: A New Synthesis*, Morgan Kaufmann Publisher, Inc., 1998, p. 1-2.

④ 马长山：《人工智能的社会风险及其法律规制》，载《法律科学（西北政法大学学报）》2018年第6期。

国内第一个用以预测暴力或暴力犯罪未来风险的复杂人工智能系统“伤害评估风险工具 Harm Assessment Risk Tool（HART）”[①]，其实质上是通过对 34 项涉及历史犯罪记录变量的复杂计算，进而得出的概率预计结果，与我国学者探讨“类案识别”的主流逻辑相一致。

而我们可以预想，伴随着所谓“人工智能时代”[②] 的来临，跨人工智能对于法学研究的理论和实践的影响将是全面性的，这正是不可避免的时代特征。在我国，这种“新近”研究已经涵盖了法学从“从宏观视角到部门立法，再到具体制度与技术”[③] 的各个层面。这种“全面性”本身，已经滋生了一系列复杂的横跨诸多学科领域的新法律问题[④]。伴随着人工智能的迭代发展与领域辐射，法学研究者的关注也必将跟随着“人工智能化时代”席卷社会方方面面的触角，而延伸到层出不穷的专业性问题和技术性问题中。跨人工智能给传统法学研究带来挑战的深刻性和广泛性将是前所未有的。因此，如果不能重新全面地系统地评估法学与人工智能的交叉研究，那么法学跨人工智能研究将在当前的繁荣中，逐渐走向疲于应对全学科、全门类的“百科全书式”的研究中，它将是传统问题贴着人工智能标签的“旧瓶装新酒”。这种研究的“不可持续性”还在于，它很难吸引到其他学科——几乎将包含所有人类现有学科体系的精英人才专注于解决法律及其相关问题。因此，这种研究的实际呈现形式将是所有法律研究者（从业者）的噩梦——法学研究者将不得不利用各种途径学习、理解、掌握相关学科领域的知识结构、概念术语、内容体系等。诚然，这种研究形式对于个体研究者而言，或许是无可厚非的。但就法律系统的整体而言，我们需要寻求的法学与人工智能交叉研究应当是法学研究回应人工智能时代的一

---

① Alexander Babuta, *Innocent Until Predicted Guilty? Artificial Intelligence and Police Decision-Making*, 38 RUSI Newsbrief, No. 2 March 2018, available here: https: //rusi. org/sites/default/files/20180329_ rusi_ newsbrief_ vol. 38_ no. 2_ babuta_ web. pdf. Last Accessed times 18: 30, Dec. 25th 2020.

② 研究者认为：人工智能“在帮助人类解决各类复杂问题并满足其现实需要上所展现出来的强大功能，以及它的发展速度和运用于各种领域的拓展潜力”是在于其具有的普遍影响力。参见韩水法：《人工智能时代的人文主义》，载《中国社会科学》2019 年第 6 期。

③ 郑曦：《人工智能技术在司法裁判中的运用及规制》，载《中外法学》2020 年第 3 期。

④ 包括人工智能产出物的权属问题，如王迁：《论人工智能生成的内容在著作权法中的定性》，载《法律科学》2017 年第 5 期。梁志文：《论人工智能创造物的法律保护》，载《法律科学》2017 年第 5 期。人工智能产出物应用于社会生活实践催生的法律问题，如司晓：《论人工智能的民事责任：以自动驾驶汽车和智能机器人为切入点》，载《法律科学》2017 年第 5 期。

次内省，是人工智能时代的法律和法学研究有别于此前所有相关研究的根本所在。

具体而言，这些研究其实缺乏一个明确具体的突破方向，一方面人工智能与法学的交叉是计算机科学发展尝试的诸多领域之一，此外还包括自然语言处理、语音理解、视觉和感知、机器博弈、机器学习等①；另一方面人工智能与法学交叉研究的内部，也被认为存在诸多有价值的探索目标，包括围绕案件及类案的推理、规则的推理、多种推理类型的混合、对含混和开放概念的处理、构造论证和解释、对冲突或例外认知项目的处理、对经验共识的模型化、对目的和观念的模型化等②。如埃德温娜·斯里兰的结论所示，这些研究将朝向更微妙也更完整的模型化方向发展。而这种西方语境下的发展模式，同我国法学近几年“全面性”跨人工智能研究存在诸多相似，也当然面临着同样的局限性。这也是为何先于我国近30年达成上述共识的西方人工智能与法学交叉研究者们并没有真正实现法学视角下的研究升级或突破。

正如皮特·提勒斯在世纪之交的感悟“他震撼于那些非（甚至曾经反对）人工智能的领域的人们也开始使用人工智能技术；而在人工智能与其他领域（如决策分析）之间的界限正变得越来越模糊”③。概言之，这种“全面性”本身，其实有违人工智能与法学交叉“互为增进”的初衷。尤其在当前乃至可预期的未来，人工智能尽管展现了无尽可能，但在其目前的“智能”水平还远远未能达到理解或是模拟人类司法事实认定者的智能水平的情况下，去反思这种交叉研究的发展布局、可行路径就显得尤为重要。因此，就学科交叉的系统性而言，人工智能介入法学的窗口和途径就显得尤为关键。

（三）从新证据学研究到跨人工智能的承继与转变

回顾历史，正在法学理论和实践中发生的人工智能的“侵入”④，颇像19世纪80年代，英美证据理论研究领域对“新证据学研究”的孕育过程。从概

---

① Richard E. Susskind, *Expert Systems in Law: A Jurisprudential Approach to Artificial Intelligence and Legal Reasoning*, 49 Mod. L. Rev., 1986, p. 172.

② Edwina L. Rissland, *Artificial Intelligence and Law: Stepping Stone to a Model of Legal Reasoning*, 99 Yale L. J., 1990, p. 1963.

③ Peter Tillers, *A Personal Perspective on Artificial Intelligence and Judicial Proof*, 22 Cardozo L. Rev., 2001, p. 1373.

④ 左卫民：《热与冷：中国法律人工智能的再思考》，载《环球法律评论》2019年第2期。

率（统计学）模型面临的一系列认识悖论到“大数据和算法”引发的认知革命。“算法”无疑是贯穿“新证据学研究”与“人工智能”的核心概念，在法庭审判的数学化尝试中，算法是“在审判过程中正当地使用数学化工具，以便利在适当行为中的决策过程”①，贝叶斯定律、似然率的计算等都可以看作特定算法的产物；而在跨人工智能的研究中，算法更被认为是智能化技术的核心，并直接决定了其智能程度及正当性②。

在这个意义上，人工智能算法可看作新证据学研究以来的数学化（模型化）建构方式的延续。诚然，新证据学研究与跨人工智能的算法在技术层面是不可同日而语的，但在本质上其实并无差别。“算法不仅根源于数学逻辑本身”，更体现在与认识论相关的理论概念中。这也是为何似然率的计算不但需要满足数学符号的推导，也需同“相关性”概念的内在含义相一致。

前国际人工智能与法协会主席亨利·帕肯指出人工智能与法律的结合研究包含两种类型③，一是理论倾向的研究，研究者尝试通过算法理解并表述法律推理过程；二是实践倾向的研究，研究者更为关注运用信息技术辅助法律实践的功能与规范。而结合本章开始对法学跨学科研究“两个层面”的分析结论可知，对实践倾向研究的功能性与正当性的评估最终仍需回归到理论倾向的研究审视中。基于此，人工智能与法律交叉研究的核心内容可以概括为，通过数学算法理解和描述法律推理，并进而理解和描述司法事实认定的研究。

最终的结论是，英美“新证据学研究”从探索“数学化（概率化）证据及证明过程”的研究论证开始，得出了数学模型仅能作为理性思维的启发性工具使用，并不能作为法庭决策过程的具体指引的理论共识。而这种“否定”共识，其实并非对这一探索方向的否定，而是特定科技认知条件下的无奈放弃。“人工智能与法律”结合的理论探索则从一个全新的技术维度（大数据、算法以及算力），延续了这一方向的行进。在冲突之下，隐含着某种认识或者说理

---

① Laurence H. Tribe, *Trail By Mathematics: Precision and Ritual in the Legal Process*, 84 Harvard Law Review, 1971, p. 1330.

② 郑曦：《人工智能技术在司法裁判中的运用及规制》，载《中外法学》2020 年第 3 期。丁晓东：《算法与歧视——从美国教育平权案看算法伦理与法律解释》，载《中外法学》2017 年第 6 期。

③ 亨利·帕肯是 2008-2009 年度国际人工智能与法协会（IAAIL）主席、荷兰乌得勒支大学计算机科学系和格罗宁根大学法学院双聘教授。

论方向的融贯性。在这个意义上，新证据学研究与跨人工智能是同一套模型化理论研究体系在不同科学技术条件下的探索尝试。正如皮特·提勒斯所言："跨人工智能同新证据学研究一样是尝试数学的和数学模型的扩展应用"①。而他们在本质上是"跨学科的"。

① Peter Tillers, *A Personal Perspective on Artificial Intelligence and Judicial Proof*, 22 Cardozo L. Rev., 2001, p. 1366.

参考文献

一、著作类

［1］［法］孟德斯鸠：《论法的精神》（上卷），许明龙译，商务印书馆2012年版。

［2］［德］乌尔里希·克卢格：《法律逻辑》，雷磊译，法律出版社2016年版。

［3］［英］哈特：《法律的概念》（第二版）：许家馨、李冠宜译，法律出版社2011年版。

［4］［奥］凯尔森：《法与国家的一般理论》，沈宗灵译，商务印书馆2013年版。

［5］［美］罗纳德·J. 艾伦等：《证据法：文本、问题和案例》（第三版），张保生、王进喜、赵滢译，高等教育出版社2006年版。

［6］［英］约瑟夫·拉兹：《法律的权威——法律与道德论文集》，朱峰译，法律出版社2005年版。

［7］［美］特伦斯·安德森等：《证据分析》（第二版），张保生等译，中国人民大学出版社2012年版。

［8］［美］约翰·亨利·梅利曼：《大陆法系》，顾培栋、禄正平译，法律出版社2004年版。

［9］［英］威廉·特文宁：《反思证据——开拓性论著》（第二版），吴洪淇等译，中国人民大学出版社2015年版。

［10］崔亚东：《人工智能与司法现代化——“以审判为中心的诉讼制度改革：上海刑事案件智能辅助办案系统”的实践与思考》，上海人民出版社2019年版。

［11］［美］罗斯科·庞德：《通过法律的社会控制》，沈宗灵译，商务印

书馆 2010 年版。

[12] [法] 托克维尔:《论美国的民主》(上卷), 董果良译, 商务印书馆 2013 年版。

[13] [美] 詹姆士·Q. 惠特曼:《合理怀疑的起源——刑事审判的神学根基》, 佀化强、李伟译, 中国政法大学出版社 2012 年版。

[14] [意] 托马斯·阿奎那:《论法律》, 杨天江译, 商务印书馆 2018 年版。

[15] [德] 汉斯-格奥尔格·加达默尔:《哲学解释学》, 夏镇平、宋建平译, 上海译文出版社 2004 年版。

[16] [美] 亚历克斯·斯坦:《证据法的根基》, 樊传明、郑飞等译, 中国人民大学出版社 2018 年版。

[17] [美] 米尔伊安·R. 达玛什卡:《司法和国家权力的多种面孔——比较视野中的法律程序》, 郑戈译, 中国政法大学出版社 2004 年版。

[18] [美] 理查德·波斯纳:《法官如何思考》, 苏力译, 北京大学出版社 2009 年版。

[19] [法] 托克维尔:《旧制度与大革命》, 冯棠译, 商务印书馆 2012 年版。

[20] [美] 约翰·罗尔斯:《正义论》, 何怀宏等译, 中国社会科学出版社 2009 年版。

[21] [美] 凯文·D. 阿什利:《人工智能与法律解析》, 邱昭继译, 商务印书馆 2020 年版。

[22] [德] 哈贝马斯:《在事实与规范之间》, 童世骏译, 生活·读书·新知三联书店 2003 年版。

[23] 沈志先主编:《裁判文书制作》(第 2 版), 法律出版社 2017 年版。

[24] 王利明:《法律解释学导论——以民法为视角》(第 2 版), 法律出版社 2017 年版。

[25] [德] 卡尔·拉伦茨:《法学方法论》(第六版), 陈爱娥译, 商务印书馆 2020 年版。

[26] [美] R. M. 昂格尔:《现代社会中的法律》, 吴玉章、周汉华译, 译林出版社 2008 年版。

[27] Maria Alvarez, *Kinds of Reasons: An Essay on the Philosophy of Action*, Oxford University Press, 2010.

[28] David Lewis, *Causal Explanation*, *in Philosophical Papers Vol.* Ⅱ, Oxford University Press, 1986.

[29] Gloria Philips-Wren, *Advances in Intelligent Decision Technologies: Proceedings of the Second KES International Symposium IDT* 2010, Springer, 2010.

[30] Marcello Di Bello and Bart Verheij, *Evidential Reasoning*, *in Handbook of Legal Reasoning and Argumentation*, Giorgio Bongiovanni eds., Springer, 2018.

[31] Douglas N. Walton, *Argument Structure: A Pragmatic Theory*, University of Toronto Press, 1996.

[32] Oliver Wendell Holmes Jr., *The Common Law*, The Belknap Press of Harvard University Press, 2009.

[33] C. W. Tindale, *Acts of Arguing: A Rhetorical Model of Argument*, *Albany*, State University of New York Press, 1999.

[34] Van Fraasen, *The Scientific Image*, The Clarendon Press, 1980.

[35] Alan Garfinkel, *Forms of Explanation*, Yale University Press, 1981.

[36] John R. Searle, *Rationality in Action*, *Cambridge*, The MIT Press 2001.

[37] John Broome, *Reasons*, *In Reason and Value: Themes from the Moral Philosophy of Joseph Raz*, *Jay Wallace*, *P. Pettit*, *S. Scheffler*, *and M. Smith eds.*, Oxford University Press 2004.

[38] Larry Laudan, *Truth*, *Error and Criminal Law-An Essay in Legal Epistemology*, Cambridge University Press, 2006.

[39] Douglas N. Walton, *One-Side Argument: A Dialectical Analysis of Bias*, *Albany*, State University of New York Press, 1999.

[40] Paul Chevigny, *More Speech-Dialogue Rights and Modern Liberty*, Temple University Press, 1988.

[41] Joseph Horovitz, *Law and Logic-A Critical Account of Legal Argument*, Springer-Verlag Wien New York, 1972.

[42] Alvin I. Goldman, *Epistemic Folkways and Scientific Epistemology*, in H. Kornblith ed., Naturalizing Epistemology, 2nd edn, MIT Press, 1994.

［43］ Crook, *Modernist Radicalism and its Aftermath: Foundationalism and Anti-Foundationalism in Radical Social Theory*, Routledge, 1991.

［44］ David Oldroyd, *The Arch of Knowledge: A Introductory Study of the History of the Philosophy and Methodology of Science*, Methuen, 1986.

［45］ Larry Laudan, *Truth, Error, and Criminal Law*, Cambridge University Press, 2006.

［46］ Max Radin, *Interpretations of Modern Legal Philosophies-Essays in Honour of Roscoe Pound*, in Paul Sayre ed., OUP, 1947.

［47］ Peter Lipton, *Inference to the Best Explanation (Second Edition)*, Routledge, 2004.

［48］ Alvin I. Goldman, *Knowledge in a Social World*, Oxford University Press, 1999.

［49］ Philip Kitcher, *Explanatory Unification and the Causal Structure of the World*, *P. Kitcher and W. Salmon ed.*, Scientific Explanation, University of Minnesota Press, 1989.

［50］ Edward E. Smith and Douglas L. Medin, *Categories and Concepts*, Havard University Press, 1981.

二、论文期刊类

［1］ 张保生：《事实、证据与事实认定》，载《中国社会科学》2017 年第 8 期。

［2］ 陈瑞华：《以限制证据证明力为核心的新法定证据主义》，载《法学研究》2012 年第 6 期。

［3］ 施鹏鹏：《刑事裁判中的自由心证——论中国刑事证明体系的变革》，载《政法论坛》2018 年第 4 期。

［4］ 李训虎：《刑事证明标准“中体西用”立法模式审思》，载《政法论坛》2018 年第 3 期。

［5］ 张保生、阳平：《证据客观性批判》，载《清华法学》2019 年第 6 期。

［6］ 郑曦：《人工智能技术在司法裁判中的运用及规制》，载《中外法学》2020 年第 3 期。

［7］ 倡化强、余韵洁:《审判中心主义与卷宗制度的前世今生》，载《法学家》2020 年第 6 期。

［8］ 汪海燕:《印证：经验法则、证据规则与证明模式》，载《当代法学》2018 年第 4 期。

［9］ 熊明辉:《论法律逻辑中的推论规则》，载《中国社会科学》2008 年第 4 期。

［10］ 龙宗智:《刑事证明中经验法则运用的若干问题》，载《中国刑事法杂志》2021 年第 5 期。

［11］ 陈杭平:《论“事实问题”与“法律问题”的区分》，载《中外法学》2011 年第 2 期。

［12］ 傅郁林:《审级制度的建构原理——从民事程序视角的比较分析》，载《中国社会科学》2002 年第 4 期。

［13］ 董坤:《中国化证据排除规则的规范性梳理与反思》，载《政法论坛》2018 年第 2 期。

［14］ 周慕涵:《证明力评判方式新论——基于算法的视角》，载《法律科学（西北政法大学学报）》2020 年第 1 期。

［15］ 向燕:《论刑事综合型证明模式及其对印证模式的超越》，载《法学研究》2021 年第 1 期。

［16］ 吴洪淇:《证据法体系化的法理阐释》，载《法学研究》2019 年第 5 期。

［17］ 陈学权:《刑事陪审中法律问题与事实问题的区分》，载《中国法学》2017 年第 1 期。

［18］ 魏晓娜:《刑事审判中的事实问题与法律问题》，载《中外法学》2020 年第 1 期。

［19］ 洪汉鼎:《论哲学诠释学的阐释概念》，载《中国社会科学》2021 年第 7 期。

［20］ 傅永军:《现代诠释学类型阐论》，载《中国社会科学》2020 年第 3 期。

［21］ 谢澍:《从“认识论”到“认知论”——刑事诉讼法学研究之科学化走向》，载《法制与社会发展》2021 年第 1 期。

［22］龙宗智：《刑事印证证明新探》，载《法学研究》2017 年第 2 期。

［23］褚福民：《案卷笔录与庭审实质化改革》，载《法学论坛》2020 年第 4 期。

［24］张卫平：《认识经验法则》，载《清华法学》2008 年第 6 期。

［25］凌斌：《法官如何说理：中国经验与普遍原理》，载《中国法学》2015 年第 5 期。

［26］龙宗智：《庭审实质化的路径和方法》，载《法学研究》2015 年第 5 期。

［27］左卫民、王婵媛：《基于裁判文书网的大数据法律研究：反思与前瞻》，载《华东政法大学学报》2020 年第 2 期。

［28］周洪波、熊晓彪、张志敏：《“昆明陈辉故意杀人案”之无罪判决说得过去吗？——基于改良版威格摩尔图示法和第三层次有罪判决证明标准的证据分析与评价》，载《中国案例法评论》2017 年第 1 期。

［29］姜涛：《行为不法与责任阻却：“于欢案”的刑法教义学解答》，载《法律科学（西北政法大学学报）》2019 年第 1 期。

［30］曹志勋：《经验法则适用的两类模式——自对彭宇案判决说理的反思再出发》，载《法学家》2019 年第 5 期。

［31］栗峥：《印证的证明原理与理论塑造》，载《中国法学》2019 年第 1 期。

［32］左卫民：《“印证”证明模式反思与重塑：基于中国刑事错案的反思》，载《中国法学》2016 年第 1 期。

［33］雷磊：《同案同判：司法裁判中的衍生性义务与表征性价值》，载《法律科学（西北政法大学学报）》2021 年第 4 期。

［34］孙海波：《案例指导制度下的类案参照方法论》，载《现代法学》2020 年第 5 期。

［35］孙万怀：《判例的类比要素：情景、中项与等值——以刑事裁判为视角》，载《中外法学》2020 年第 6 期。

［36］杨知文：《指导性案例中的案件事实陈述及其编撰》，载《环球法律评论》2020 年第 5 期。

［37］顾培东：《我国成文法体制下不同属性判例的功能定位》，载《中国

法学》2021 年第 4 期。

［38］高尚：《司法类案的判断标准及其运用》，载《法律科学（西北政法大学学报）》2020 年第 1 期。

［39］杨波：《以事实认定的准确性为核心——我国刑事证据制度功能之反思与重塑》，载《当代法学》2019 年第 6 期。

［40］张保生：《人工智能法律系统：两个难题和一个悖论》，载《上海师范大学学报（哲学社会科学版）》2018 年第 6 期。

［41］谢澍：《人工智能如何“无偏见”地助力刑事司法——由“证据指引”转向“证明辅助”》，载《法律科学（西北政法大学学报）》2020 年第 5 期。

［42］纵博：《人工智能在刑事证据判断中的运用问题探析》，载《法律科学（西北政法大学学报）》2019 年第 1 期。

［43］［新加坡］何福来：《事实认定》，张保生译，载《证据科学》2019 年第 1 期。

［44］E. C. Lashbrooke Jr., *Legal Reasoning and Artificial Intelligence*, 34 Loy. L. Rev., 1988.

［45］Michael Friedman, *Explanation and Scientific Understanding*, 71 Journal of Philosophy, 1974.

［46］Michael S. Pardo, *The Field of Evidence and the Field of Knowledge*, 24 Law and Philosophy, 2005.

［47］David A. Schum, *Species of Abductive Reasoning in Fact Investigation in Law*, The Dynamics of Judicial Proof, Physica-Verlag, 2002.

［48］Edwina L Rissland, *Artificial Intelligence and Law: Stepping Stones to a Model of Legal Reasoning*, 99 YALE L. J., 1990.

［49］Michael S Moore, *The Plain Truth about Legal Truth*, 26 Harvard J of Law and Policy, 2003.

［50］Donald Nicolson, *Truth, Reason and Justice: Epistemology and Politics in Evidence Discourse*, 57 The Modern Law Review, 1994.

［51］Nancy Pennington & Reid Hastie, *A Cognitive Theory of Juror Decision Making: The Story Model*, 13 Cardozo L. Rev., 1991.

[52] Dennis Temple, *Discussion: The Contrast Theory of Why-Questions*, 55 Philosophy of Science, 1988.

[53] Michael S. Pardo, *The Nature and Purpose of Evidence Theory*, 66 Vanderbilt L. Rev., 2013.

[54] Ronald J. Allen & Michael S. Pardo, *The Myth of The Law-Fact Distinction*, 97 Nw. U. L. Rev., 2002.

[55] Ronald J. Allen & Brian Leiter, *Naturalized Epistemology and the Law of Evidence*, 87 VA. L. Rev., 2001.

[56] Mirjan R. Damaska, *Truth in Adjudication*, 49 Hastings L. J., 1997-1998.

[57] Barbara Shapiro, *The Concept "Fact": Legal Origins and Cultural Diffusion*, 26 Albin: A Quarterly Journal Concerned with British Studies, 1994.

[58] Timothy Endicott, *Question of Law*, 114 Law Quarterly Review, 1998.

[59] Richard A. Fumerton, *Induction and Reasoning to the Best Explanation*, 47 Philosophy of Science, 1980.

[60] Mirjan Damaska, *Rational and Irrational Proof Revisited*, 5 Cardozo Journal of International and Comparative Law, 1997.

[61] Richard A. Posner, *The Decline of Law as an Autonomous Discipline: 1962-1987*, 100 Harvard L. Rev., 1987.

[62] Gilbert H. Harman, *The Inference to the Best Explanation*, 74 The Philosophical Review, 1965.

[63] Vern R. Walker, *Epistemic and Non-epistemic Aspects of the Factfinding Process in Law*, Vol. 3 (1), American Philosophical Association Newsletter on Law and Philosophy, 2003.

[64] J. M. Unterrainer et al., *Planning Abilities and Chess: A Comparison of Chess and Non-Chess Players on the Tower of London Task*, 97 Brit. J. Psychol, 2006.

[65] Layman E. Allen & C. Rudy Engholm, *Normalized Legal Drafting and the Query Method*, 29 J. Legal Educ., 1978.

[66] William Twining, *The New Evidence Scholarship: A Comment on Christo-*

pher Finlayson's Proving Your Case-Evidence and Procedure in Action, 13 Cardozo L. Rev., 1991-1992.

[67] Ronald J. Allen & Michael S. Pardo, *Facts in Law and Facts of Law*, Vol. 7 International Journal of Evidence & Proof, 2003.

[68] John D. Jackson, *Analysing the New Evidence Scholarship: Towards a New Conception of the Law of Evidence*, 16 Oxford Journal of Legal Stud., 1996.

[69] Raquel Mochales and Marie-Francine Moens, *Argumentation mining*, Artificial Intelligence and Law, 2011.

[70] Barbara Shapiro, *Law and Science in Seventeenth Century England*, 21 Stanford L. Rev., 1969.

[71] Ronald J. Allen & Michael S. Pardo, *The Myth of The Law-Fact Distinction*, 97 Nw. U. L. Rev., 2002.

后　记

在建设中国特色社会主义法治体系过程中，关于法学科学化、现代化的诸多全新命题被创造性地提出，如“法治体系是各国在实现现代化过程中必须面对和解决的一个重大问题”“国家和社会治理是一门科学”等。研究者也指出“推动法学科学化和现代化是全面依法治国、建设法治中国的内在要求，是中国法学学术共同体的历史使命”①。在这一背景下，针对刑事案件事实认定的认识论基础和方法论体系的科学化、系统化研究将提供作为分支的部门法主题。在传统刑事程序语境下，对事实认定活动的研究主要是立足“外在观察者视角”对“程序产出或导致正确事实认定的结果”的关注。尽管从经验认识归类来看，“稳定导出准确结果”的程序制度确实是符合理性制度的基本要求的，但过分关注“结果”的程序又会带来一系列的副作用。如对“客观真相”的过分追求往往会陷入存在论范畴的伪命题争议，又或者是理论的应然需求超出了人的实际能力限制而导致异化实践。因此，对刑事案件事实认定的科学化研究，应当包含从传统对结果的关注转向对过程和方法的评估。

（一）刑事案件事实认定的理性主义特征

对刑事案件事实认定的研究应遵循证据及证明活动的相关理论概念和原则要求。现代诉讼程序背景下的刑事案件事实认定是遵循一套共通的理性逻辑前提的。这套前提包括：法庭重视裁决事实问题，将事实认定作为罪罚裁决的排他性方式正是“理性”的核心体现；法庭裁判（事实认定）本质上是一起认识论事件，法庭认识论从属于一般认识活动；事实认定是从证据、推理到真相信念的形成过程，该过程遵循裁判中主张事实真相的建立是与概率相关的，缺乏纯粹的确定性。

---

① 张文显：《迈向科学化现代化的中国法学》，载《法制与社会发展》2018 年第 6 期。

（二）刑事案件事实认定是探寻真相的实质性论证活动

刑事案件事实认定是事实认定者通过证据判定对“历史事实”真实发生与否的“内心确信”的过程，是理查德·波斯纳所言的“自然属性”的体现。刑事案件事实认定活动是从证据“前提”到事实认定之“结论”的理性论证过程。这一过程不同于“形式逻辑”的抽象与利益无涉，而是严重依赖主体参与者的理性评估和理性引导的。其正当性问题无法获取外在的形式保障，只能通过内在的实质性内容或要素加以评判。这就迫使相关研究从对结果的考察转向对过程的关注。刑事案件事实认定过程是一个层层建构的对抗性论证网络，受刑事程序约束性机制的影响，该过程包含大量来自第三方的信息，这使得多主体间的合作成为事实认定的必然选择。这个过程在形式上，符合道格拉斯·沃尔顿对对话性论证结构的定义：两到多方参与者通过目标导向型对话交流的方式相互论证。这种论证常被用来解决特定案件中的不明确或待决定的事实，是典型刑事案件事实认定活动的进行场景；而在认识论实质上，该过程同阿尔文·戈德曼所定义的“社会认识论”框架相兼容。相较传统的个体视角而言，社会认识论概念更强调知识（真相）获取、表达和传播途径的社会及群体维度。

（三）刑事案件事实认定是解释引导下内心确信的建立过程

刑事案件事实认定的过程体现为规范性理性的渐进表达，约翰·布隆姆称其为“一个不断权衡的解释”过程，其是在支持与反对特定行为或推论的“信念与期待”中寻求解释的过程，而这也是规范性理性本身区别于“真相符合论”的关键不同。规范性理性排斥所谓“唯一客观真相”的概念，而是强调理性推论活动的弹性，相较“真相符合论”这也更符合刑事案件事实认定的实际情形。在此基础上，刑事案件事实认定可以被定义为解释引导下的推论活动，对证据现象的解释需求产生推论，推论以证据为基础，以解释证据为指引，指向事实真相。在该模式下，程序性动因是解释性的，解释性动因在事实认定推论从产生到运行的整个过程中，都扮演极为重要的角色。首先，解释是源于理性需求的体现，主体通过对客体现象的解释而使其获得主观上的接纳与适应；其次，主体通过把握理性寻求解释的理解程度，进而控制推论的限度，并基于主体意图获得理解的角度而控制推论的方向，以及通过诉诸主体理解的具体程度而控制推论的具体标准。

（四）推论与解释构成刑事案件事实认定活动的心证闭环

刑事案件事实认定的心证是受理性推理规则和经验法则约束的，心证在理性中。而理性心证由推论和解释构成，推论以寻求结论真相为目的，强调过程中的规范形式；解释是建立内心确信的理解活动，同推论指向结论的方向相反，解释是对“已存在结论”的原因的寻求。其实质是为证据性主张或结论提供某种可接受性说明，并使其获得来自控辩双方理解的过程。概言之，一个完整的心证过程，包含推论提供的认定事实基础和解释形成的主体内心确信，二者构成理性证明的闭环结构，即从理性推论的“目的性现象”出发，最终又回到主体的内心确信世界中。以该闭环结构审视“印证”是否以寻求结论真相为目的的，其也缺乏严格的形式推导过程，而仅仅表现了指向内心确信的理解活动。因此，印证的主旨含义更趋近于理性证明活动中的解释范畴，并不包含严格意义上的推论。

（五）刑事案件事实认定的跨学科性质与模型化趋势

法庭裁判的认识论本质决定了“事实认定”研究将为多学科介入裁判过程进而实现社会控制提供有效途径。法庭事实认定与多学科求真探索活动的内在同源性以及共通的“经验性”认知基础为这一过程提供根本保障。“法学跨学科”的本质是对法律问题的跨学科解决方案的探索，多学科介入裁判过程的有效途径将首先体现在“事实认定”过程中。而事实认定的推论基础与解释结构则进一步提供了介入的具体路径。

而伴随着法庭认定事实问题的跨学科化，其认识论系统也不再是对传统证据理论研究中的认识论概念的机械适用，而是更为务实、科学地探讨事实认定活动中由推论和解释构成的结构模型的跨学科发展。而这一过程统摄了近现代以来围绕事实认定模型化的所有尝试，如在以英美“新证据研究”为标志的证据及证明过程的“数学化”尝试便引发了对事实认定活动的认识论和道德基础的哲学反思；而在我国，指导性案例制度下的“类案判断”作为事实认定模型化的一种独特表述形式，同样面临着认识论基础的不适。就刑事案件事实认定的研究关注而言，“类案”的判断涉及对个案“事实”间相似或相异的类型化把握，这在本质上是对事实认定的模型化处理，其也同样面临着模型化路径及其解读过程同传统认识论和哲学基础的冲突与调和问题；而人工智能作为“运